Alles Mythos!
20 populäre Irrtümer über die BRD und die DDR

Andreas von Seggern

Alles Mythos!

20 populäre Irrtümer über die BRD und die DDR

Die Deutsche Nationalbibliothek verzeichnet diese Publikation in der Deutschen Nationalbibliografie; detaillierte bibliografische Daten sind im Internet über http://dnb.d-nb.de abrufbar.

Das Werk ist in allen seinen Teilen urheberrechtlich geschützt. Jede Verwertung ist ohne Zustimmung des Verlags unzulässig. Das gilt insbesondere für Vervielfältigungen, Übersetzungen, Mikroverfilmungen und die Einspeicherung in und Verarbeitung durch elektronische Systeme.

Der Konrad Theiss Verlag ist ein Imprint der WBG

© 2013 by WBG (Wissenschaftliche Buchgesellschaft), Darmstadt
Die Herausgabe des Werkes wurde durch die Vereinsmitglieder der WBG ermöglicht.
Lektorat: Marit Borcherding, Göttingen
Satz: Satzpunkt Ursula Ewert GmbH, Bayreuth
Einbandabbildungen: © picture alliance / ZB; picture alliance / akg-images
Einbandgestaltung: Stefan Schmid Design, Stuttgart
Druck und Bindung: CPI – Ebner & Spiegel, Ulm
Gedruckt auf säurefreiem und alterungsbeständigem Papier
Printed in Germany

Besuchen Sie uns im Internet: www.wbg-wissenverbindet.de

ISBN 978-3-8062-2765-9

Elektronisch sind folgende Ausgaben erhältlich:
eBook (PDF): 978-3-8062-2867-0
eBook (epub): 978-3-8062-2868-7

Inhalt

Vorbemerkung 7

IRRTUM 1: Es gab eine „Stunde null" in West und Ost 11

IRRTUM 2: Der Wiederaufbau westdeutscher Städte nach 1945 war alternativlos 17

IRRTUM 3: Der Westen erlebte ein „Wirtschaftswunder" 31

IRRTUM 4: Die Nazis schlüpften alle im Westen unter 39

IRRTUM 5: Die DDR war sozial und gerecht 51

IRRTUM 6: Die westdeutsche Jugend ist amerikanisiert 57

IRRTUM 7: Der Westen war verklemmt, der Osten sexuell ungezwungen 67

IRRTUM 8: Die Westdeutschen sind Meister der Weltläufigkeit 77

IRRTUM 9: Der Alltag im Osten war grau 91

IRRTUM 10: In der DDR gab es keine Verbrechen 105

IRRTUM 11: Frauen waren in der DDR gleichberechtigter als im Westen 111

IRRTUM 12: Der Osten war humorlos 121

IRRTUM 13: Die DDR war eine Sportnation 131

IRRTUM 14: In der DDR verstand man nichts von Autos 141

IRRTUM 15:	Im Osten wurde viel getrunken und schlecht gegessen 147
IRRTUM 16:	Wessis waren (und sind) arrogant.............. 157
IRRTUM 17:	Ossis waren (und sind) faul 163
IRRTUM 18:	In der DDR fehlte ein Umweltbewusstsein 167
IRRTUM 19:	Die Ostdeutschen sind rassistisch 177
IRRTUM 20:	Die DDR war ein „Leseland" 187

Anmerkungen 200

Weiterführende Literatur 202

Register 203

Vorbemerkung

Warum noch ein Buch über deutsch-deutsche Befindlichkeiten, über Verständliches und Missverständliches diesseits und jenseits des Eisernen Vorhangs? Gibt es doch wahrlich hinreichend Lesestoff darüber, gleich ob als Geschichte der geteilten Nation oder als Betrachtung des Vereinigungsprozesses seit 1990. Ganze akademische Institute haben sich der Analyse von über 50 Jahren der „Teilung und Integration" (Christoph Kleßmann/Peter Lautzas) verschrieben. Der Acker der west-östlichen Befindlichkeiten ist extensiv gepflügt, seine Früchte füllen zahllose Regalmeter in den Bibliotheken. Das gilt namentlich für das missglückte Experiment des real existierenden Sozialismus in Deutschland, dessen Anfang, mehr noch das Ende klar umrissen und damit heute nahezu ausgeforscht scheint. Umso mehr erschüttert ein nüchterner Befund, der bis heute in Umfragen immer wieder bestätigt wird: Je intensiver die Forschung, desto größer die Unkenntnis in Ost und West über die getrennte Geschichte nach 1945. Über die Gründe kann an dieser Stelle nicht viel weiter gedacht werden. Hängt es mit einem weiterhin fehlenden wissenschaftlichen Fokus auf die Alltags- und Mentalitätsgeschichte, gerade in vergleichender Perspektive, zusammen? Natürlich existieren solche Arbeiten, freilich nicht immer wissenschaftlich und nicht selten aus subjektiven ost- oder westalgischen Blickwinkeln verfasst.

Um ein Modewort der Historikerzunft zu bemühen: Es gibt bis heute offensichtlich kein kollektives Narrativ der deutsch-deutschen Geschichte nach 1945, in dem sich eine Mehrheit der Deutschen in Ost und West wiederfindet. Zu unterschiedlich die Lebenserfahrungen, zu ungleich die Voraussetzungen, den Prozess der Einheit auf Augenhöhe zu gestalten. Schon häufig war in den vergangenen zwei Jahrzehnten aus Sicht vieler Ostdeutscher der von Bürgern der DDR erkämpfte Sturz des SED-Regimes zum Sieg des Westens über den Osten umgedeutet worden. Die eigens erlebte Geschichte in der DDR geriet so rasch zur vermeintlich verlorenen, wenn nicht gar vergeudeten Zeit. Der Reflex war oft genug Trotz und das zähe Festhalten an scheinbaren Vorzügen der real existierenden sozialistischen Diktatur. Umgekehrt reagierten Westdeutsche vielfach beleidigt auf die als starrköpfig empfundene Haltung von Bürgern der ehemaligen DDR und sahen im wachsenden Groll des Ostens Undank gegenüber der geleisteten Wiederaufbauhilfe, die in historischer Perspektive natürlich nur recht und billig war. Ein idealer Nährboden, um lange tradierte, eigentlich überwunden geglaubte Mythen im ost-westlichen Verhältnis wieder zum Blühen zu bringen. Mythen weniger im Sinne von „Großerzählungen, aus denen nationale Identität gewonnen wird" (Herfried Münkler), sondern eher als Elemente der Selbstvergewisserung und des sozialen Zusammenhaltes gesellschaftlicher Kollektive – in unserem Falle salopp der „Wessis" auf der einen und der „Ossis" auf der anderen Seite.

Ist der Verfasser befangen, weil er qua Herkunft die deutsch-deutsche Geschichte durch die Westbrille sieht? Trägt es zur Glaubwürdigkeit bei, dass er dennoch den Osten vor 1989 durch gelegentliche Begegnungsreisen einer christlichen Jugendorganisation kennenlernen durfte? Es begab sich 1986, 1987 und 1989 – im Jahr 1988 traf die Einreisegenehmigung der DDR-Behörden nicht rechtzeitig vor der Abreise ein. Die Reisen führten vom Nordwesten der Bundesrepublik in den nordöstlichsten Zipfel des anderen Deutschlands, ans Oderhaff nach Ueckermünde, neben Dresden zweites „Tal der Ahnungslosen" ohne Fernsehanschluss gen Westen. Nervenaufreibende Grenzkontrollen in Selmsdorf, dann die schier endlose Fahrt im japanischen Kleinbus über die 105, dabei Grevesmühlen, Wismar, Rostock, Ribnitz-Damgarten, Stralsund durchquerend, weiter über Greifswald und Anklam und schließlich in Ducherow links ab – alles, was wir bis hierhin sahen, entsprach tatsächlich stets dem Bild des kleinen, grauen und schmutzigen Landes, das uns der Westen lehrte. Nun lagen Leopoldshagen, Mönckebude und Grambin vor uns – und es wurde so öde, so derart aus der Zeit gefallen, dass sich ein Gefühl von Zeitreise in die fernere Vergangenheit einstellte. Ja, ich verhehle nicht, dass ich die von dem als „Idylliker" (Stefan Wolle) geziehenen Günter Gaus 1983 vorgenommene Zuschreibung aus eigener Erinnerung teilen kann: „Der Erinnerungshauch, der drüben vom vertrauten Zusammenspiel der zueinander passenden Häuser und Straßen, der von unverletzten Dorfenden mit den schmalen, nicht asphaltierten Wegen, die in die Feldmark hinausführen, ausgeht – dieser Erinnerungshauch wirkt oft nachhaltiger als die Zeichen des Verfalls. Die DDR also ein deutsches Freiluftmuseum, das nostalgisch stimmt? Gewiss nicht, obwohl für den westdeutschen Reisenden, dessen Gedächtnis ein paar Bilder aus der Vorkriegszeit mit einschließt, manche brandenburgische Allee und sächsische Elb-Partie auch in Nostalgie getaucht sind."

Der Zwiespalt dieser Gefühle löste sich immer dann, wenn wir schließlich unsere Freunde der Jungen Gemeinde trafen. Stets das gleiche beklemmende Gefühl über die Verzückung, die unsere Mitbringsel – weniger der Kaffee oder die Schokolade, eher die neueste Grönemeyer-LP – auslösten. Vom „Westen sammeln" vieler DDR-Jugendlicher sprach der ostdeutsche Journalist Christoph Dieckmann in diesem Zusammenhang. Aber eben auch in vielen Gesprächen die für beide Seiten frustrierende Gewissheit, unsere Freunde nicht spontan zum Gegenbesuch in den Nordwesten einladen zu können. Bis für alle unverhofft die Mauer fiel – leider haben wir uns seither ein wenig aus den Augen verloren. Zu heftig wogten wohl die Wellen des Umbruchs auch hier.

In gewissem Sinne hat also persönliches Erleben bei der Niederschrift des vorliegenden Buches die Feder geführt. Die Lektüre ersetzt gewiss kein Fachbuch und sie erhebt noch weniger den Anspruch einer umfassenden Analyse deutsch-deutscher Koexistenz in historisch-vergleichender Perspektive. Wer Entsprechendes sucht, schlage bei Stefan Wolle oder Ilko-Sascha Kowalczuk, bei Udo Wengst, Hermann Wentker oder Christoph Kleßmann und Peter Lautzas nach. Er greife zu Peter Benders hervorragender Studie über „Deutschlands Wiederkehr" oder mache sich in den einschlägigen Kapiteln der übergreifenden Darstellungen Peter Graf Kielmannseggs und Heinrich-August Winklers, weniger derjenigen Hans-Ulrich Wehlers, schlau. Er befrage Martin Sabrow oder Konrad Jarausch und lese schließlich unbedingt die grandiosen und streitbaren Essays zum Thema, allen voran die von Christoph Dieckmann, aber auch von Holger Gertz. Auf Annotierungen wurde aus Gründen der besseren Lesbarkeit weitgehend verzichtet. Wenn die vorliegende Arbeit an der einen oder anderen Stelle zur Differenzierung anregt, einen Beitrag zum gegenseitigen Verstehen liefert, den noch immer grassierenden Vorurteilen über den jeweils „anderen" Deutschen die Stirn bietet, wäre es angesichts der Fülle an verfügbarer Literatur viel.

Gewidmet ist dieses Buch Frieda, Henrike und Juliane, die sich trotz aller vorherigen Beteuerungen wieder einmal in zu viel Geduld üben mussten. Wie viel habe ich wiedergutzumachen! Ich denke ferner an die Freunde aus Ueckermünde, unterdessen in Jena und Berlin – allen voran meinen einstigen Gastgebern Christian, Rainer und Ingrid. Euch habe ich noch heute zu danken: Für unsagbar schöne Momente und wunderliche Eindrücke in einem befremdlichen Land, einer kleinen Episode des „wahren Lebens im falschen".

Andreas von Seggern
Oldenburg, im April 2013

IRRTUM 1:

Es gab eine „Stunde null" in West und Ost

Als die Waffen am 8. Mai 1945 endlich schwiegen, erinnerte sich der Publizist Arnulf Baring 1975, sei das Schönste die Stille gewesen. Keine Ängste mehr auszuhalten, stattdessen gefahrloses Sitzen unter dem blauen Himmel eines besonders schönen und warmen Frühlingstages. Doch dieses nicht seltene Gefühl der Erleichterung, zu den Davongekommenen zu gehören, wich rasch der Scham über die, nicht wie bisweilen noch immer beschönigend angemerkt „in deutschem Namen", sondern von Deutschen begangenen Verbrechen der zurückliegenden Jahre, der allgegenwärtigen Erfahrung von Gewalt und massenhaftem Tod und der Sorge vor einer gänzlich ungewissen Zukunft. Der Philosoph Karl Jaspers schrieb im August 1945 resigniert: „Uns bleibt, unser Verhängnis schlicht auf uns zu nehmen und dann zu tun, was noch möglich ist: harte Arbeit auf lange Sicht, mit wenig Hoffnung auf unmittelbares Glück." Der von den Nationalsozialisten erzwungene „totale Krieg" zog die totale Niederlage des Deutschen Reiches am 8. Mai 1945 mit der bedingungslosen Kapitulation nach sich. Während bei vielen Deutschen die Furcht vor dem Tod an der Front oder bei Bombenangriffen mit dem Eintreffen der Alliierten gewichen war, trugen andere weiter schwer an Kriegsfolgen wie Flucht, Vertreibung oder Kriegsgefangenschaft.

So waren auch die Empfindungen der Menschen unterschiedlich: Für die einen kam endlich die Befreiung vom Albtraum der NS-Diktatur, andere erlebten das Kriegsende zunächst als totalen Zusammenbruch ihrer Ideale, Illusionen und Lebensentwürfe. Insgesamt überwog das Gefühl der völligen Zerschlagung tradierter Strukturen. An die Stelle des souveränen Staates traten die Administrationen der Besatzungsmächte, das deutsche Wirtschaftsleben war durch Kriegseinwirkungen stark beeinträchtigt, wenngleich sich die Zerstörungen des wirtschaftlichen Potenzials bei Weitem nicht im zunächst befürchteten Ausmaß zeigten. Soziale Strukturen hatten sich angesichts der Entwurzelung vieler Menschen im Zusammenhang mit Vertreibung, Flucht, Kriegsgefangenschaft, Evakuierungsmaßnahmen und den vielfältigen Formen nationalsozialistischer Repression während des Krieges bereits mehr und mehr aufgelöst. An welche Traditionen sollte man jetzt anknüpfen? Der nationalsozialistische Terror und das vernichtende Ergebnis des totalen Krieges hatten nicht nur überkommene Wertvorstellungen, sondern auch deutsche Wesensmerkmale in Frage gestellt, wenn nicht gar auf Dauer diskreditiert. Wie sollte man mit dieser historischen Bürde Zukunft gestalten? Es entstand die von Hermann Lübbe konstatierte „Geschichtsmüdigkeit", die bis weit in die 1970er-Jahre hinein andauerte. Man kappte die Verbindung zur Vergangenheit, wollte ungetrübt nach vorn schauen: Alles auf Anfang war das vorherrschende Gefühl, das man prägnant in der zeitgenössischen Formel einer „Stunde null" zusammenfasste. Diese Formel wuchs sich in beiden Teilen Deutschlands nach 1945 zu einem, vielleicht sogar dem wirkungsmächtigsten Mythos aus.

Im Rückblick auf die Geschichte der geteilten Nation lässt sich mit Blick auf den wahren Kern dieses bedeutendsten unter den „Mythen des Anfangs" (Rainer Gries) konstatieren: Es spricht ebenso viel für wie gegen die These der „Stunde null". Man könnte sich mit Ulrich Schlie damit begnügen, dass die Geschichte eine „Tabula rasa", wie sie von vielen Deutschen im Sinne eines kompletten Neuanfangs nach 1945 gewünscht war, gar nicht kenne. Mithin zur Kenntnis nehmen, dass „von der Vergangenheit (...) mehr in den Wirren der Gegenwart [überlebte], um die Zukunft zu prägen, als es in den Trümmern zunächst schien" (Jürgen Kocka). Im Westen etwa die kapitalistische Wirtschaftsordnung, die der deutschen Industrie seit der Mitte des

19. Jahrhunderts ihren Stempel aufgedrückt hatte. Es fehlte in der unmittelbaren Nachkriegszeit nicht an Versuchen, die privatwirtschaftlichen Strukturen und die ungleichen Einkommensverhältnisse aufzubrechen. Selbst die westdeutsche CDU kritisierte in ihrem ersten, dem „Ahlener Programm" von 1947 die Verteilung von Kapital und Produktionsmitteln, ließ aber rasch davon ab und sah sich schließlich durch die einsetzende wirtschaftliche Erholung seit 1948/49 vergleichsweise schnell bestätigt. Anders die sowjetisch besetzte Zone, in der die Schlüsselindustrien sofort verstaatlicht und die traditionellen Besitzverhältnisse durch eine radikale Bodenreform beseitigt wurden. Freilich mit zunächst verheerenden Folgen für Versorgung und wirtschaftliche Entwicklung. In beiden Teilen Deutschlands war die Elite der Nazis komplett beseitigt. Allerdings spielten in den westlichen Zonen nach einer nur kurzen „Schamfrist" seit 1947 zahlreiche durch NSDAP-Mitgliedschaft belastete Beamte in der neu aufgebauten Verwaltung eine vielfach tragende Rolle, während im Osten auch auf dieser Ebene in aller Regel wesentlich gründlicher entnazifiziert wurde. So konnte in der entstehenden Bundesrepublik eine allerdings mit moralischem Makel behaftete, gut funktionierende Bürokratie etabliert werden, während der Staatsapparat der DDR auf vielen Ebenen noch lange mangels Erfahrung dilettieren musste.

Auf der anderen Seite knüpfte die DDR sehr viel unbefangener an historische Kontinuitäten der deutschen Geschichte an. Ihre Entwicklung blieb wesentlich stärker als in der Bundesrepublik den obrigkeitsstaatlichen Traditionen verhaftet. Und sie berief sich in ihren frühzeitig ausgeprägten militärischen Ritualen erstaunlich offen auf die Überlieferungen der preußisch-deutschen Militärgeschichte. Wenn man sich die bereits bei der Kasernierten Volkspolizei sichtbaren, in der Nationalen Volksarmee dann „veredelten" Formen militärischer Zeremonie vergegenwärtigt, darf man sich über das Fehlen der Pickelhaube als Inkarnation der Militarisierung fast schon wundern. Sicher, auch in der entstehenden westdeutschen Bundeswehr versuchte man das Vakuum an Traditionen und Riten immer wieder durch das Anknüpfen an das militärische Erbe vor 1945 auszufüllen. Die bisweilen skandalöse und fahrlässige Benennung von Kasernen nach diskreditierten Generälen der Wehrmacht legt davon beredt Zeugnis ab. Grundsätzlich galt aber das, was Bundespräsident Theodor Heuss im März 1959 vor Offizieren der Bundeswehr klarstellte: „Ich will ganz nüchtern im historischen Aspekt dieses sagen: Eine eigenständige, eine autonome preußisch-deutsche Militärgeschichte ist zu Ende; sie gibt es nicht mehr." Auch die zivilen Kräfte, die den Aufstieg des Nationalsozialismus nicht nur wesentlich begünstigt, sondern teils aktiv betrieben haben, waren nach der totalen Niederlage gezähmt. Dazu zählten etwa das Kleinbürgertum, Handwerker, Kaufleute, Bauern und Angestellte, die sich in ihrem Stand seit dem späten 19. Jahrhundert über eine klare Abgrenzung, ja Konfrontation gegenüber der stetig wachsenden Arbeiterschicht definiert hatten. Das heißt nicht, dass alle Unterschiede eingeebnet waren; doch gerade der zunehmende materielle Wohlstand milderte die traditionellen Spannungen. Überdies erlebten sowohl Angestellte als auch Arbeiter in den 1950er-Jahren einen sekundären Aufstieg, zunächst gegenüber Millionen von weitgehend besitzlosen Vertriebenen und Flüchtlingen, später dann vor dem Hintergrund der Anwerbung von ausländischen Arbeitskräften für die deutsche Industrie. Standesdünkel suchte und fand neue Wirkungskreise.

Was als Konsequenz der „totalen Entäußerung" (Alfred Grosser) Deutschlands nach 1945 ebenfalls abklang, war die ausgeprägte nationale Selbstbezogenheit, die schon das Kaiserreich bis 1918, dann jedoch in extremster und im Wortsinne verheerender Form das nationalsozialistische Deutschland geprägt hatte. Das war zunächst eine Folge der Besatzung, die sich über kurz oder lang auch in einem schleichenden Wandel der Mentalitäten niederschlug. Im Westen sicher mehr als im Osten, da sich dort die Bindung vor allem an die Siegermacht USA unter den Vorzeichen des aufziehenden Kalten Krieges sowohl politisch, viel mehr jedoch ökonomisch als ausgesprochen lukrativ entpuppte. Den zwingenden Beweis lieferten alljährlich etwa 200 000 Ostdeutsche, die bis zum Bau der Mauer 1961 in die Bundesrepublik flohen oder ausreisten. Zu konsequent hatten die Sowjets ihr diktatorisches System auf die Verhältnisse in ihrer Besatzungszone übertragen und zu nachhaltig wirkten die spontanen

Gewaltexzesse der Rotarmisten in den ersten Monaten nach Kriegsende, die als Reaktion auf den deutschen Vernichtungsfeldzug im Osten rational zu erklären waren, den deutschen Opfern aber wie eine Bestätigung der Hetze Goebbels gegen den „Bolschewismus" vorkommen musste.

So erscheint der 8. Mai 1945 im Rückblick gleichermaßen als Neuanfang wie als Wiederbeginn, als Restauration und Revolution, als Befreiung für die einen, Besatzung für die anderen, keineswegs als „Stunde null" in toto. Mental war es ein Anfang, da alles, was darauf folgte, an der Katastrophe der Jahre 1933 bis 1945 gemessen wurde. Aber gerade der Rückgriff auf die Geschichte machte den kritischen Zeitzeugen der Katastrophe eben auch Mut – so dem eingangs zitierten, zwischen „Hoffnung und Sorge" wogenden Karl Jaspers Ende 1945: „Wir haben keineswegs alles verloren, wenn wir nicht, in Verzweiflung wütend, auch noch das vergeuden, was uns unverlierbar sein kann: den Grund der Geschichte, für uns zunächst in dem Jahrtausend deutscher Geschichte, dann der abendländischen Geschichte, schließlich aber der Menschheitsgeschichte im Ganzen. Aufgeschlossen für den Menschen als Menschen dürfen wir uns vertiefen in diesen Grund, in die nächsten und fernsten Erinnerungen. Wir werden überall nicht nur das schaurig Ausweglose finden, sondern auch das, was uns ermutigt. Wir werden Fühlung gewinnen mit dem, was Menschen in aller Welt im Äußersten erfahren haben. In die Weite dieser Menschlichkeit fand mancher Deutscher seinen Halt, wenn er im Vaterlande geächtet war."[1]

IRRTUM 2

Der Wiederaufbau westdeutscher Städte nach 1945 war alternativlos

Nicht wenige Westdeutsche klagen ausdauernd und hitzig über das monotone und oft trostlose Gesicht ihrer Städte. Was da in den ersten Wiederaufbaujahrzehnten entstanden war, zeigte sich bezogen auf Ästhetik und Lebensqualität alles andere als vorteilhaft. Viele glauben, den Grund dafür zu kennen: Nach den schweren Kriegszerstörungen habe es bautechnisch wohl keine Alternative gegeben. In dieser Begründung schwingt unwillkürlich die mythische Vorstellung von einer unvermeidlichen „Stunde null" auch im Städtebau mit. Dabei ist gerade diese verbreitete Vorstellung schon mitten in der Aufbauphase heftig kritisiert worden. Als etwa Alexander Mitscherlich 1965 seinen bis heute viel gelesenen Essay über die „Unwirtlichkeit der Städte" veröffentlichte, bediente er damit einen akademischen Trend der städtebaulichen Kritik, der sich seit jener Zeit vehement an den Ergebnissen des Wiederaufbaus der bundesdeutschen Städte nach 1945 entzündete. Sie gipfelte in dem von Wolf Jobst Siedler bereits 1961 in die Debatte geschleuderten Diktum der „gemordeten Stadt", in der er den vom Berliner Senat für Neubauprojekte avisierten Großmeister der modernen Stadtplanung und Architektur Le Corbusier als „Bruder des Luftmarschalls Harris", den für das Bombardement Dresdens verantwortlichen britischen Befehlshaber, geißelte. Was war der Anlass für derart vernichtende Urteile?

Als am Ende des Zweiten Weltkriegs die alliierten Truppen in Deutschland einrückten, waren sie vielfach selbst erschüttert vom Ausmaß der Zerstörung. Die Großstädte Deutschlands trugen unübersehbare Zeichen der schweren Bombardements. Lediglich Erfurt, Halle und Regensburg blieben einigermaßen unversehrt. 13 Millionen Menschen waren ausgebombt, aus ihren Häusern vertrieben oder geflohen, mithin obdachlos. Mit den Bomben fielen auch unersetzliche Kulturdenkmäler dem von den Nationalsozialisten propagierten „totalen Krieg" zum Opfer. Unmöglich, die Menge des anfallenden Schutts der zerstörten Städte zu schätzen, deren Zahl europaweit bei ungefähr 1000 lag. Etwa 24 Millionen Wohnungen galten als weitgehend zerstört. In Frankfurt am Main waren fast 80 Prozent der knapp 45 000 Gebäude beschädigt oder gar vollständig vernichtet. Insgesamt ließ sich rund die Hälfte des Wohnungsbestandes in den größeren Städten der westlichen Besatzungszonen nicht mehr als Zuhause nutzen. Nürnberg, in seiner historischen Bausubstanz ebenfalls schwer getroffen, glich in den Worten Alfred Kerrs einer „Schutthalde", in der „kaum anderes als Geröll" zu sehen sei: „Irreführend wäre das Wort ‚Ruinen', denn da denkt man immerhin an gewesene Behausungen. Dies hier aber ist dem Staub näher als der Vorstellung zerrissener Wände, sodass im gegenwärtigen Augenblick der Gedanke nicht abwegig ist, dieses Trümmerfeld seinem Zustand zu überlassen und ein neues Nürnberg nebenan zu bauen." In der östlichen Zone fielen die Kriegszerstörungen aufgrund der geringeren Bevölkerungsdichte insgesamt etwas kleiner aus, wenngleich auch dort die Städte in gleichem Umfang wie in den Westzonen von den Bombardierungen betroffen waren. In diese Ruinenlandschaften strömten nun Millionen von Menschen, Kriegsevakuierte oder -heimkehrer, Flüchtlinge aus der von den Sowjets besetzten Zone, vor allem jedoch über zehn Millionen Vertriebene und Flüchtlinge aus den östlichen Teilen des Reiches. Gerade Letztere wurden zwar zunächst bevorzugt in den ländlichen Raum gelenkt, verschärften jedoch in den dortigen Klein- und

Mittelstädten das Wohnungsproblem dramatisch. Eine vom Bombenkrieg weitgehend verschonte Stadt wie das nordwestdeutsche Oldenburg musste innerhalb von drei Jahren einen Einwohnerzuwachs von über 40 000 Menschen verkraften – ein Anstieg, der das in den Jahrzehnten zuvor eher bescheiden gewachsene Städtchen in kurzer Zeit in den Rang einer Großstadt katapultierte.

Entgegen einer bis heute weit verbreiteten Überzeugung, beruhte der akute Mangel an Wohnraum in den westlichen Zonen jedoch nicht ausschließlich auf Kriegszerstörungen und dem millionenfachen Zustrom von Flüchtlingen. Bereits 1939 betrug das Wohnungsdefizit in Deutschland fast 1,5 Millionen Einheiten – die Nationalsozialisten hatten den Wohnungsbau weitgehend ihrer immensen Rüstung geopfert. Grobe Schätzungen kalkulierten 1948 den Bedarf an Wohnungen allein in den westlichen Besatzungszonen auf 6,5 Millionen Einheiten. Damit wurde, zumal sich die Ernährungslage nach dem sogenannten Hungerwinter 1946/47 in allen Zonen sukzessive besserte, die Wohnungsnot zum zentralen innenpolitischen Problem der unmittelbaren Nachkriegsgeschichte in Ost und West. Für die Bundesrepublik erklärte deren erster Bundeskanzler Konrad Adenauer noch am 24. Februar 1950, dass „der Wohnungsbau (…) für uns auf Jahre hinaus das wesentlichste Erfordernis" sei, um das Staatswesen und seine Bewohner „einer politischen, wirtschaftlichen, ethischen und kulturellen Genesung entgegenzuführen." Notunterkünfte blieben noch lange die Insignien der aus dem verlorenen Krieg resultierenden sozialen Bredouille: Neben den „homo cellaris", den in beschädigten Gebäuden hausenden „Kellerbewohner" (Jürgen Kuczynski), trat bis in die 1960er-Jahre der „homo barackensis" (Volker Ackermann), der in Lagern notdürftig untergebrachte Stadtbewohner.

Die unmittelbar anstehenden Aufgaben des Wiederaufbaus lagen auf der Hand: rascher Neuaufbau der Kommunalverwaltungen, Behebung der schlimmsten Notlagen etwa durch den Erhalt bzw. den Ausbau von provisorischen Lagerunterkünften und die Beseitigung der gigantischen Trümmerberge. Selbst diese bescheidenen Aktivitäten wurden immer wieder durch den Mangel an Material und Arbeitskraft gehemmt, auch wenn die viel zitierten Trümmerfrauen kaum Glaubliches leisteten. In den sich schnell bildenden Planungsstäben der Städte sah man die zunächst schleppende Bautätigkeit nicht unbedingt als Nachteil an, erlaubte sie doch „das Bearbeiten der durch die Zerstörung der Städte erforderlichen Wiederaufbaupläne mit der nötigen Ruhe", wie es 1948 in einem Beitrag zum Wiederaufbau der Stadt Anklam euphemistisch hieß. Denn längst bastelten Stadtplaner und Architekten hinter den Kulissen an einer grundlegenden Neugestaltung der deutschen Stadtlandschaft, die schon seit den 1920er Jahren zu den zentralen Forderungen der Urbanistik in Deutschland wie überhaupt in Europa zählte. Angesichts der Katastrophe des Zusammenbruchs schien vielen Baumeistern nun ein schlicht rekonstruktiver Wiederaufbau nicht „technisch, geldlich", sondern auch „seelisch unmöglich" (Otto Bartning). Die bewusste Distanz zur gigantomanischen Architektur der untergegangenen Diktatur war aus Sicht vieler das Gebot der Stunde – neben der Beseitigung akuter Wohnungsnot. Bereits seit 1943 hatten sich Mitarbeiter in Albert Speers „Reichsministerium für Rüstung und Kriegswirtschaft" damit befasst, Wiederaufbaupläne für die zerstörten deutschen Städte zu entwickeln. Leitbild war schon zu diesem Zeitpunkt weniger die neoklassizistisch-monströse Machtarchitektur der Nationalsozialisten, wie sie zunächst für Berlin („Germania"), Hamburg oder München geplant worden war, sondern vielmehr die bereits seit den 1920er-Jahren kursierende Idee der „organischen Stadt". Zum Nestor dieser Planungen wurde Hans-Bernhard Reichow mit seinem 1941 veröffentlichten Aufsatz über „Grundsätzliches zum Städtebau im Altreich und im neuen deutschen Osten". Daran schloss sich drei Jahre nach Kriegsende seine einflussreiche Handreichung über die „Organische Stadtbaukunst" nahtlos an, indem sie einen Weg von der „Großstadt zur Stadtlandschaft" aufzeigte. Deren Charakteristika sind bis heute landauf, landab zu besichtigen: eine getrennte und weitgehend kreuzungsfreie Verkehrswegeführung sowie die konsequente Funktionstrennung von Wohnen, Arbeiten und Freizeit. Nach diesem Muster konzipierte Reichow – neben vielen weiteren Projekten in den Westzonen – die seit 1956 gebaute Großsiedlung Sennestadt bei Bielefeld, vorgesehen vor allem als Wohnstätte von Vertriebenen und Flüchtlingen. Das Beispiel Reichow belegt: Die Kontinuitäten in Städtebau und Architektur vor und nach 1945 waren frappierend. Vor allem in den Westzonen knüpften schon im Dritten Reich tätige Stadtplaner an ihre während des Krieges entwickelten Planungen an. Dazu gehörte auch Konstanty Gutschow, seit Ende 1943 organisatorischer Leiter im von Albert Speer eingerichteten „Arbeitsstab für den Wiederaufbau bombenzerstörter Städte" oder der im gleichen Stab tätige Friedrich Tamms. Als 1948 berufener Leiter des Stadtplanungsamtes machte er die nordrhein-westfälische Landeshauptstadt Düsseldorf zu einem Zentrum der baulichen Nachkriegsmoderne in Deutschland.

Allzu großzügigen Neuplanungen der ersten Nachkriegsjahre stand häufig die Erkenntnis im Wege, dass die Kriegszerstörungen bei näherem Hinsehen doch nicht so vernichtend ausfielen, wie der erste entsetzte Blick auf die Trümmerfelder vermuten ließ. Noch in den am schlimmsten verwüsteten Städten war zumindest die unterirdische technische Infrastruktur erhalten geblieben und die Grundmauern bildeten den historischen Grundriss erkennbar ab. Die in den westlichen Zonen unangetasteten Besitzverhältnisse bildeten ein weiteres Hemmnis grundlegend neuer Stadtplanungen, denn sie begünstigten eher einen Wiederaufbau in traditionellen baulich-strukturellen Zusammenhängen, der freilich auch von weiten Teilen der Öffentlichkeit gewünscht wurde. In einer schier unüberschaubaren Gemengelage zwischen modernistischen, an die Ideen der auf Le Corbusier zurückgehenden „Charta von Athen" anknüpfenden Architekten und den traditionalistischen Vertretern der Rekonstruktion entstanden in der frühen Bundesrepublik drei wesentliche Leitbilder: der möglichst getreue Wiederaufbau zumindest der Stadtkerne, realisiert etwa in Augsburg und Münster; die radikale Neugestaltung, wie in Kassel, Kaiserslautern und Hannover vorgenommen, und schließlich der Versuch, mit partieller Neuordnung unter Erhaltung als denkmalpflegerisch bedeutsam definierter Vorkriegsbauten Tradition und Moderne zu versöhnen, wie es in München, Lübeck oder Karlsruhe geschah.

IRRTUM 2

Keine andere Stadt stand jedoch so sehr im Zentrum der städtebaulichen Auseinandersetzungen der Nachkriegszeit wie das schwer zerstörte und symbolträchtige Berlin. Hier drehte sich ein „Planungskarussell" (Vittorio Lampugnagi) mit utopischen, realistischen, kleinteiligen, großflächigen, biederen oder futuristischen Sanierungs- und Aufbauplänen, das im „Kollektivplan" unter Federführung Hans Scharouns gipfelte. Dieser ließ vom historischen Berlin nur Spurenelemente übrig, denn, so Scharoun: „Was blieb, nachdem Bombenangriffe und Endkampf eine mechanische Auflockerung vollzogen, gibt uns die Möglichkeit, eine Stadtlandschaft zu gestalten", in welcher „aus Natur und Gebäuden, aus Niedrigem und Hohem, Engem und Weitem eine neue lebendige Ordnung wird". Auch wenn der Plan in der Schublade verschwand, beeinflusste er doch bis in die 1970er-Jahre das Bau- und Planungsgeschehen in den westlichen Sektoren Berlins. Das schwer zerstörte, aber im Grundriss noch erhaltene Hansaviertel etwa wurde zwischen 1952 und 1957 zur Spielwiese der Internationalen Bauausstellung (Interbau), auf der die Elite der Nachkriegsmoderne – Alvar Aalto, Walter Gropius und Oscar Niemeyer – ihre Ideen vom Städtebau der Zukunft vorstellen konnten. Gerade die Beteiligung internationaler Stararchitekten sollte ein sichtbares Zeichen gegen die im gleichen Zeitraum einige Kilometer weiter östlich realisierten Prestigeplanungen setzen. Im Ergebnis umstritten, zumal es als Vorbild für die überdimensionierten Großsiedlungen der westdeutschen Städte galt, steht das Hansaviertel seit 1995 immerhin als erstes großflächiges Wohnungsbauprojekt der Nachkriegsmoderne unter Denkmalschutz.

Die Planungen im Ostteil der Stadt verfolgten nach anfänglich offener Diskussion vor allem einen partiellen Neuaufbau nach sowjetischem Vorbild, in Anlehnung an den Zuckerbäckerstil des sozialistischen Neoklassizismus. Der betonte Gegensatz zum Westen sollte in der Wahrung eines „nationalen Stils" liegen, während man die sich „unter dem Druck des amerikanischen Imperialismus" vollziehende Zerstörung des nationalen Charakters der Architektur" und die damit verbundene „Kosmopolitisierung" und „Formalisierung", wie es 1954 in einer Stellungnahme der Deutschen Bauakademie tönte, scharf verurteilte. Bis weit nach der Gründung der DDR standen die baulichen Aktivitäten jedoch unter dem Vorbehalt einer nur mühsam voranschreitenden wirtschaftlichen Entwicklung, die nicht zuletzt der harten Reparations- und Demontagepraxis der Sowjets geschuldet war und die selbst in den 1950er-Jahren nur wenige prestigeträchtige Bauvorhaben zuließ. Zudem lag der Schwerpunkt planwirtschaftlicher Steuerung zunächst im Wiederaufbau der zerstörten oder demontierten Industrien und der Entwicklung schwerindustrieller Standorte. Nur der Bezug zu außergewöhnlichen industriellen Investitionen ermöglichte die Realisierung großzügiger Stadtplanungen, wie im Falle der 1950 bis 1955 im Schatten der Hochöfen des Eisenhüttenkombinats Ost aus dem Boden gestampften Stalinstadt (seit 1961 Eisenhüttenstadt), das auch im Westen bisweilen durchaus anerkennend registriert wurde. Zentrales Bauprojekt nach der Staatsgründung wurde die als sozialistischer Prachtboulevard der neuen Hauptstadt im Stil des monumentalen Neoklassizismus in den Jahren nach 1951 errichtete Stalinallee in Ostberlin. Sie band einen großen Teil der materiellen und personellen Ressourcen der jungen DDR und warf damit den Wohnungs- und Städtebau weiter zurück. Trotz des Aufbaugesetzes von 1950 und den in diesem Zusammenhang verabschiedeten „16 Grundsätzen des Städtebaus" konnten bis 1955 lediglich 33 000 Neubauwohnungen fertiggestellt werden, in der Bundesrepublik zählte man dagegen in den ersten Jahren nach der Staatsgründung siebzehnmal so viele neue Heimstätten. Gemeinsam war beiden Staaten in dieser und späterer Zeit ein mitunter oberflächlicher Umgang mit beschädigten, in der Substanz allerdings erhaltenen Kulturdenkmälern, dem auch das im Osten Berlins gelegene Stadtschloss von Andreas Schlüter 1950 zum Opfer fiel – ein Schicksal, das gleichermaßen der von den Nationalsozialisten vom Reichstag an den Großen Stern verlegten Siegessäule Heinrich Stracks im Westteil der Stadt kurzzeitig drohte und dem das 1886 errichtete, im Krieg nicht vollständig zerstörte Völkerkundemuseum erlag.

IRRTUM 2

Die vergleichsweise aufwendigen, im Gesamtvolumen jedoch äußerst bescheidenen Bauvorhaben verschärften die Situation am Wohnungsmarkt und führten in den 1960er-Jahren zu einem fast panischen Umsteuern zur ökonomischeren, aber architektonisch überwiegend banalen Rationalisierung und Normierung, die den sozialistischen Städtebau bis zum Ende des zweiten deutschen Staates 1989 prägen sollte. Während so vor allem nach der ab 1970 gebauten Wohnungsbauserie 70 (WBS 70) etwa 1,5 Millionen Wohnungen in Plattenbauweise, in erster Linie in monotonen Großsiedlungen wie Halle-Neustadt, Jena-Lobeda oder dem Berliner Nordosten (Marzahn, Hellersdorf) hochgezogen wurden, verfielen die Altstädte zusehends. Stadtsanierung war im Plan nicht vorgesehen und konnte nur sporadisch, etwa im Windschatten großer Ereignisse, realisiert werden, so im Falle des Berliner Nikolaiviertels, dessen umstrittene Rekonstruktion anlässlich der Feierlichkeiten zum 750-jährigen Stadtjubiläum zum Abschluss kam. Vereinzelte Prestigevorhaben im Stil der Sozialistischen Moderne – die Prager Straße in Dresden, das Zentrum von Suhl oder die Umgestaltung des Alexanderplatzes in der Hauptstadt – änderten nichts am grundsätzlich widersprüchlichen Ergebnis des Städte- und Wohnungsbaus in der DDR. Die Zahl der in den 1970er- und 1980er-Jahren entstandenen Wohnungen war durchaus beachtlich, Qualität und Ästhetik blieben dagegen weitgehend auf der Strecke. Die Wohnsituation in den Zentren erschien häufig katastrophal, Investitionen in den Altbestand konnten gerade angesichts der absurd niedrigen Mieten nicht finanziert werden, sodass sich ein großer Teil der städtischen Bevölkerung noch in den 1980er-Jahren in einer nachkriegsähnlichen Wohnsituation befand. Die Außentoilette, das Bad in der Küche und der ökologisch wie ökonomisch anachronistische Kohleofen gehörten bis 1989 zum Standardinterieur des Altbaus in der Republik. Umgekehrt war es eben der stete Mangel an städtebaulichen Investitionsmitteln, der am Ende – im Gegensatz zur Bundesrepublik und natürlich ungewollt – zumindest die historische Bausubstanz erhielt, die dann nach 1990 in vielen Klein- und Mittelstädten wieder aufwendig restauriert wurde.

In der am Wirtschaftswunder berauschten Bundesrepublik bereitete die Entwicklung der Städte seit Mitte der 1950er-Jahre ganz andere Sorgen, die viele Bürger der DDR unter Umständen gerne gehabt hätten. Die „organische", nach Funktionen gegliederte Stadt stand im Zuge der dramatisch zunehmenden Motorisierung vor dem Zusammenbruch. Die Flucht viele Städter aus den dicht bebauten und zunehmend vom Verkehr bedrängten Stadtkernen in die allerorten neu errichteten, durchgrünten Wohnviertel – auch eine Folge des seit Gründung der Bundesrepublik massiv geförderten privaten Eigenheimbaus – ließ die tagsüber belebten Zentren am frühen Abend nach Büro- und Geschäftsschluss veröden. Zur Lenkung der Pendlerströme wurde nicht etwa der öffentliche Nahverkehr ausgebaut, sondern Straßen verbreitert und – überfällig aus Sicht mancher Planer – gigantische Verkehrsdurchbrüche durch gewachsene Stadtviertel gepflügt. Die Argumente hatte Le Corbusier bereits in den 1920er-Jahren geliefert, als die Motorisierung noch ferne Zukunftsvision war: „Die Hauptstädte haben keine Arterien, sondern nur Kapillaren. Wachstum bedeutet ihre Krankheit oder ihren Tod." Als Therapie empfahl er: „Wohin eilen die Automobile? Ins Zentrum! Es gibt keine befahrbare Fläche im Zentrum." Man müsse daher „das Zentrum abreißen" und „breite Trassen (…) in den morschen Stadtkörper schneiden", um Verstopfung zu verhindern. Die Berliner Straße in Frankfurt, die Nord-Süd-Fahrt in Köln oder die Ost-West-Straße in Hamburg sind manifeste Stellvertreter für die zeitgenössische, in der allgemeinen Aufbruchsstimmung kaum hinterfragten Strömung der „autogerechten Stadt", deren Entwicklung von den Bestimmungen des Bundesbaugesetzes von 1960 noch beschleunigt wurde. Der Preis dieser Straßenbauwut war hoch, und es mutet aus heutiger Sicht befremdlich an, wenn noch 1970 in einer Broschüre der Stadt Duisburg zum Bau der mehrspurigen Bundesstraße 326 mit klotzigem Stolz verkündet wurde, man habe für das Vorzeigeprojekt 200 Gebäude und 74 Gewerbetriebe dem Abriss preisgegeben.

In solch wenig bescheiden dargebotenen Bilanzen des Wiederaufbaus, der ja tatsächlich die dringlichsten Wohnungsprobleme innerhalb knapp eines Jahrzehnts beseitigt hatte, mischten sich seit Beginn der 1960er-Jahre unüberhörbare Töne des Unbehagens. Selbst ein vergleichsweise wohlwollender Betrachter wie der Architekt Otl Aicher sah die Aufbauleistung eher in der Quantität als in der Qualität: „Unsere Umwelt ist damit nicht verbessert, eher verschlechtert worden. (...) Niemand, der übers Land fährt, kommt mit dem Bewusstsein heim, dass wir es herrlich weit gebracht haben. Das Verlangen, aus dieser Wirklichkeit zu fliehen, in die Berge, nach dem Süden, ans Meer, nimmt zu."[2] Der Wohnungsnot folgte der Verkehrsnotstand. Um die unwillkürlichen Folgelasten wie Lärm, Luftverschmutzung und Verkehrsgefährdung zu kaschieren, zauberte man bereits seit 1953 (Kassel) und damit längere Zeit vorliegende Konzepte von verkehrsfreien Kernbereichen aus dem Hut: „Das natürliche, durchmischte städtische Leben wurde durch künstliches Einkaufsflanieren zwischen zweifelhaften ‚Möblierungen' ersetzt, der Bürger wurde zum Passanten und Konsumenten degradiert." (Vittorio Lampugnani) Bei aller berechtigten Kritik an der ästhetisch häufig fragwürdigen Gestaltung der Fußgängerzonen schufen sie doch aus Sicht der Bevölkerung vorläufige Entlastung und durchaus neue Lebensqualität. Als 1967 in Oldenburg die erste fast den gesamten historischen Stadtkern umfassende autofreie Zone Deutschlands ihrer Bestimmung übergeben wurde, nahm ein fast zwei Jahrzehnte langes, durch den massiven Auto- und Nahverkehr in den engen Altstadtstraßen verursachtes Martyrium ein in der Öffentlichkeit bis in die Gegenwart positiv aufgenommenes Ende. Wohl kaum eine andere deutsche Stadt trägt den heute zweifelhaften Titel einer „autogerechten Stadt" mit mehr Recht als Hannover, das unter der Ägide des Stadtbaurats Rudolf Hillebrecht – auch er im Übrigen bereits im Wiederaufbaustab Albert Speers tätig – in den 1950er- und 1960er-Jahren im Kern einen völlig neuen Stadtgrundriss erhielt. Dafür hat man allerdings viele noch erhaltene Baudenkmäler gegen den Widerstand zahlreicher Einwohner zugunsten mehrspuriger, auf einen breiten Innenstadtring zuführender Tangenten geopfert. Dass Hillebrecht mit seinem Konzept durchaus den Zeitgeist traf, bewies der „Spiegel", indem er der radikal erneuerten Stadt 1959 den Titel „Das Wunder von Hannover" widmete. Böse Zungen mögen munkeln, manchen Planer habe angesichts der neuen, scheinbar grenzenlosen Freiheiten sein schlechtes Gewissen geplagt, sodass in einigen runderneuerten Zentren, wie in Braunschweig oder am Römerberg in Frankfurt geschehen, „Denkmals-" oder „Traditionsinseln" entstanden, auf denen wichtige historische Zeugnisse der städtischen Vergangenheit vor den Unbilden des Straßenverkehrs geschützt waren. In ihrer gekünstelten Form inmitten modernistischer Architektur konnten sie aber städtisches Leben nicht mehr rekonstruieren, sondern im besten Falle lediglich suggerieren.

Die Flucht aus den „unwirtlichen" Zentren erfasste zunächst Gutsituierte, die in immer weiter in die Landschaft mäandernden Eigenheimsiedlungen ihr „Häuschen im Grünen" verwirklichten. Unter dem stadtplanerisch verführerischen, in der Realität eher abschreckenden Slogan „Urbanität durch Dichte" suchte man in den 1960er- und 1970er-Jahren schließlich Mittel und Wege, um aus den überwiegend Konsum, Arbeit und Freizeit vorbehaltenden Zentren die verbleibende „A-Bevölkerung" – Arme, Arbeitslose, Ausländer – an anderem Ort rasch und ökonomisch effizient unterzubringen. Die in diesem Zusammenhang errichteten, hoch verdichteten und monotonen Großsiedlungen in vormals beschaulichen Stadtvierteln oder am Stadtrand schufen soziale Probleme, deren Folgen seit den 1980er-Jahren mit immer neuen Stadtentwicklungsplänen und Quartierförderungen, bis in die Gegenwart ohne durchschlagenden Erfolg, entgegengewirkt wird. In Hamburg-Steilshoop, Köln-Chorweiler, München-Neuperlach oder, als Ersatzsiedlung für ein Sanierungsgebiet in Wedding, das Märkische Viertel in Berlin, waren nicht mehr städtebauliche Leitbilder, sondern nur noch die „Dynamik eines wirtschaftlichen Wachstums- und urbanen Expansions- und Umstrukturierungsprozesses" (Vittorio Lampugnani) ausschlaggebend. Beginnend mit den eingangs erwähnten Verrissen von Siedler oder Mitscherlich, geriet der sich zunehmend an den Kriterien des Profits orientierende Städtebau in eine tiefe Legitimationskrise, die sich an der Maßlosigkeit der Planungen und deren sozialer und ökologischer Nachwehen entzündete. Die Grenzen des Wachstums schienen zumindest für die Städte vorläufig erreicht. Mitte der 1970er-Jahre endete die Blütezeit der theoretischen Stadtplanung, von der man sich fast drei Jahrzehnte einen an den Lebensbedürfnissen der Menschen orientierten Städtebau versprochen hatte, dessen gesellschaftliche Folgekosten allerdings bis heute abgetragen werden.

„Wir können es uns nicht leisten, noch mehr Zeugnisse unserer Kultur zu zerstören, nur damit jeder überall mit 50 Kilometern die Stunde fahren kann. Nicht die Stadt ist dem Verkehr, sondern der Verkehr hat sich der Stadt, kurzum ihrem geschichtlichen Gepräge zu fügen", empfahl der Architekturkritiker Manfred Sack zu Beginn der 1980er-Jahre und zitierte dabei den Schweizer Architekten Rolf Keller, der über das „Bauen als Umweltzerstörung" klagte und den Niedergang vieler Ortschaften zu „Durchfahrtsstaffagen, die man auch so schnell wie möglich zu durcheilen" trachte, beschwor. Da hatte die bis heute die Stadtentwicklung prägende Postmoderne in der Bundesrepublik gerade begonnen, die der Ästhetisierung des Stadtbildes wieder einen zentralen Stellenwert einräumen wollte. Großräumige Siedlungsplanung war passé, sie konnte nur noch vereinzelt, zum Beispiel im Hamburger Osten (Neuallermöhe), umgesetzt werden. An ihre Stelle traten eher kleinteilige, auf die Binnenentwicklung der Stadt gerichtete Aktivitäten. Der hastigen Expansion in Richtung „grüne Wiese" folgte eine Integration der neu entstandenen Stadtteile, auch wenn die kleinteiligen und flächenverzehrenden suburbanen Speckgürtel rund um die Städte bis in die Gegenwart weiter wachsen. Postmoderne Kultur- und Verwaltungsbauten prägen die Stadtkerne – die Staatsgalerie in Stuttgart oder das Kanzleramt in Berlin sind mächtige Beispiele dafür. Im Zuge der seit den 1980er-Jahren in beiden deutschen Staaten spürbaren Nostalgiewelle wurden und werden historische Zeugnisse akribisch rekonstruiert, am spektakulärsten in Dresden mit der bereits vor der Wende 1985 wiedereröffneten Semper-oper und dem nicht unumstrittenen, detailgetreuen Wiederaufbau der Frauenkirche. Hinzu kommen die mit De-Industrialisierung und Strukturwandel ganzer Regionen verbundenen Umnutzungskonzepte, die beispielhaft im Ruhrgebiet (Zeche Zollverein), aber auch auf frei gewordenen Hafenflächen (Medienhafen Düsseldorf, Hafencity Hamburg) realisiert werden. Das alles sind mehr oder weniger überzeugende Antworten auf die viel kritisierten, aber mit Blick auf die Kriegszerstörungen immer wieder gerechtfertigten Entwicklungen des deutschen Städtebaus nach 1945, der so alternativlos bei näherer Betrachtung doch nicht gewesen ist.

IRRTUM 3

Der Westen erlebte ein „Wirtschaftswunder"

„Viele Probleme, zahllose Aufgaben. (...) Wenn sie angepackt und gelöst werden, winkt auch eine entsprechend große Belohnung: ein Wirtschaftswunder ohne Grenzen." Da war sie wieder, die Anlehnung an das historische Mysterium des wirtschaftlichen Aufstiegs Westdeutschlands nach 1945. Im Jahr 1990 vom bundesdeutschen Wirtschaftsjournalisten Michael Jungblut besungen und im Klappentext seines Buches kühn beworben mit der gewagten These, dass „der Staat (...) keine Opfer einzufordern" brauche, sondern „nur die Rahmenbedingungen schaffen" müsse. Diese Meinung vertrat Jungblut nicht exklusiv, sie beherrschte die gesellschaftliche Debatte und auch die Regierungspolitik jener Tage, über die zu richten selbstredend aus heutiger Perspektive wohlfeil ist – es gab politische Zwänge, Punkt. Und doch darf man sich unwillkürlich die Frage stellen, ob nicht gerade die Berufung auf den sicher wirkungsmächtigsten Mythos der deutschen Nachkriegsgeschichte den Blick auf das Notwendige im Prozess der wirtschaftlichen und sozialen Vereinigung nach 1990 verstellt hat. War der Wiederaufstieg der Bundesrepublik zu einer der führenden Industrienationen der Erde wirklich ein „Wunder"? Oder lag sein Wesen vielmehr im Zusammentreffen vieler günstiger Faktoren vor dem Hintergrund einer mit Blick auf die westdeutsche Wirtschaft beispiellos günstigen weltpolitischen Situation? Gehen wir auf Anfang.

Das deutsche Wirtschaftsleben zeigte sich nach 1945 durch die Kriegseinwirkungen stark beeinträchtigt, wenngleich das wirtschaftliche Potenzial bei Weitem nicht im zunächst befürchteten Ausmaß zerstört war. Soziale Strukturen hatten sich angesichts der „Entortung" vieler Menschen im Zusammenhang mit Vertreibung, Flucht, Kriegsgefangenschaft, Evakuierungsmaßnahmen und den vielfältigen Formen nationalsozialistischer Repression während des Krieges bereits zunehmend aufgelöst. Man war unterwegs: auf der Suche nach Essbarem, nach einer Unterkunft, auf dem Weg zurück in die von Deutschen über Jahre drangsalierte Heimat oder in umgekehrter Richtung aus der Kriegsgefangenschaft, auf der Flucht vor dem wütenden Furor der vorrückenden Roten Armee, vertrieben aus dem seit Jahrhunderten angestammten Zuhause, orientierungslos in eine Zeit hineinstolpernd, von der nicht zu sagen war, ob sie weiteren Niedergang oder neuen Aufbruch bedeutete. Es gehörte zu den gängigen Topoi der Nazipropaganda in den letzten beiden Kriegsjahren, die Furcht vor der vermeintlichen Bestialität und Gnadenlosigkeit der alliierten Feinde zu schüren. Nun begegneten die Besiegten den Siegern mit Furcht, bisweilen gar nackter Angst. Gründe genug waren gegeben, die grauenvolle Bilanz der von Deutschen begangenen Gewaltverbrechen der zurückliegenden Jahre, die in der systematischen Vernichtung der jüdischen Bevölkerung Europas gipfelte, war historisch ohne Beispiel, die Wunde der Erinnerung an die brutale Besatzungsherrschaft insbesondere bei den Soldaten der Roten Armee noch frisch. Nicht von ungefähr kam es gerade in den von den Sowjets eroberten Gebieten östlich der Elbe in den ersten Nachkriegswochen zu unzähligen entsetzlichen Racheakten an der Zivilbevölkerung, zu Plünderungen, Vergewaltigungen und Erschießungen, die sich psychologisch verheerend auf die Reputation der im Gefolge der Sowjets zum Wiederaufbau rasch eingesetzten deutschen Kommunisten auswirkten, während sich die Amerikaner und Briten, mit Abstrichen auch Franzosen in ihren Zonen, trotz anfänglichen Fraternisierungsverbots, konzilianter gaben, freilich ohne ihren Herrschaftsanspruch zu lockern.

Vor diesem Hintergrund kristallisierten sich in den ersten Jahren nach 1945 vier Problemfelder heraus, die unmittelbar auf das Alltagsleben im Nachkriegsdeutschland einwirkten und insbesondere die Integrationschancen der Flüchtlinge und Vertriebenen gefährdeten. Der akute Mangel an Wohnraum, die prekäre gesundheitliche Versorgung, die Arbeitslosigkeit und nicht zuletzt die bedrohlichen Engpässe in der Ernährungsversorgung und – speziell bei Flüchtlingen – in der Beschaffung von Hausrat und Bekleidung, kulminierten im Hungerwinter 1946/47, der ein in Deutschland lange nicht gekanntes Maß an Verelendung der Bevölkerung offenbarte. Angesichts der katastrophalen wirtschaftlichen und sozialen Lage nach Kriegsende entwickelte sich die Wirtschaftspolitik zu einer Schlüsselfrage für die Zukunft Deutschlands. Gerade auf diesem Gebiet zeigten sich die unterschiedlichen Vorstellungen der Siegermächte deutlich: Während in den westlichen Besatzungszonen nach den ersten Demontagen schrittweise der Weg in eine erfolgreiche marktwirtschaftliche Ordnung bereitet wurde, blieb der wirtschaftliche Aufbau einer Planwirtschaft in der sowjetischen Zone angesichts der harten Demontagepolitik und der Kollektivierung von Landwirtschaft und Industrie nach sowjetischem Modell stecken.

Die Demontagen in den vier Besatzungszonen waren als Ersatz für erlittene Kriegsschäden gedacht. Außerdem sollte Deutschland daran gehindert werden, jemals wieder Krieg zu führen. Daher wurden besonders Betriebe der Schwerindustrie demontiert. Jede Besatzungsmacht durfte Reparationen nur aus ihrer Zone entnehmen. Lediglich die UdSSR erhielt zusätzlich noch zehn Prozent der demontierten Güter aus den anderen Besatzungszonen. Ein Industrieplan des Alliierten Kontrollrates von 1946 sah die Rückführung der Industrie auf den Stand von 1932 und die Demontage von 1 800 Fabriken vor. Die Empörung der Deutschen, die häufig ihre Arbeitsplätze selbst zurückbauen mussten, war groß. Oft konnte nur unter Militärschutz demontiert werden. Angesichts der gigantischen Kriegsverluste der Sowjetunion stand die Frage der Kriegsentschädigung viel länger als in den anderen Zonen im Vordergrund der sowjetischen Besatzungspolitik. In der Bilanz wurden in der sowjetischen Besatzungszone (SBZ) über 45 Prozent der Industrieanlagen demontiert, gegenüber lediglich acht Prozent in den Westzonen. Die harte Haltung der Sowjetunion in der Demontage- und Reparationsfrage verschärfte die wirtschaftliche Krise in ihrer Besatzungszone und verschlechterte damit die Startbedingungen für die 1949 gegründete DDR ebenso wie die freilich in der Bevölkerung zunächst in Teilen positiv aufgenommene Politik der Kollektivierung und Verstaatlichung. Im Zuge einer Bodenreform wurde jeder Grundbesitz über elf Hektar entschädigungslos enteignet und fiel an besitzlose Landarbeiter, Vertriebene – verharmlosend „Umsiedler" genannt – und Kleinbauern. Banken, Versicherungen, Bergwerke und Industrieanlage wurden verstaatlicht. Durchschnittlich fünf Hektar große Parzellen erhielten die „Neubauern". Nach der Bodenreform stellte sich rasch heraus, dass die Bewirtschaftung der kleinen Flächen kaum rentabel war, sodass sich die meisten Kleinbauern gezwungen sahen, den seit 1952 gegründeten Landwirtschaftlichen Produktionsgenossenschaften (LPG) beizutreten. In den Westzonen blieben die Wirtschaftsordnung und die Besitzverhältnisse dagegen, trotz anfänglich parteiübergreifender Verstaatlichungspläne, bestehen.

Weitgehend unbemerkt von einer sich im täglichen Existenzkampf befindlichen Öffentlichkeit wurden die Weichen zur Teilung Deutschlands gestellt. Auf Initiative der USA bildeten die britische und amerikanische Zone seit dem 1. Januar 1947 ein gemeinsames Wirtschaftsgebiet, die Bizone. Ihr Ziel war es, die wirtschaftliche Erholung zu fördern und in erster Linie die Ernährungslage zu verbessern. Vor allem in den USA sah man darin die wichtigste Voraussetzung für den Erfolg der seit 1946 entwickelten Strategie des „containment" und „roll back". Durch raschen Wiederaufbau der durch den Krieg schwer geschädigten Volkswirtschaften, nicht zuletzt Deutschlands, glaubte man in den USA, eine weitere Ausbreitung des Kommunismus verhindern zu können. Die US-Regierung verkündete daher das „European Recovery Program" (ERP). Zwischen 1948 und 1952 flossen rund 1,5 Milliarden Dollar Finanzhilfen aus dem „Marshall-Plan" alleine nach Westdeutschland.

Neben der politischen war damit auch die wirtschaftliche Spaltung Europas und Deutschlands besiegelt. Denn die osteuropäischen Staaten mussten auf sowjetischen Druck ihre Teilnahme an diesem Wiederaufbau- und Investitionsprogramm absagen. Die 1948 in allen drei westlichen Zonen durchgeführte Währungsreform zementierte schließlich die getrennte Entwicklung im Schatten des globalen Ost-West-Konflikts. Sie war letztlich die Konsequenz einer simplen ökonomischen Erkenntnis: Einer tiefgreifenden wirtschaftlichen Gesundung Deutschlands stand vor allem die wertlos gewordene Reichsmark entgegen. Die Nationalsozialisten hatten die Kosten für den Vernichtungskrieg nur mit brutalem Raubbau in den besetzten Ländern und gigantischer Inflation decken können. Die Zeche mussten nun auch die Deutschen selbst bezahlen. Bereits 1947 bereiteten die Westmächte eine Reform des Geldwesens in ihren Besatzungszonen vor, erst am 20. Juni 1948 wurde sie schließlich umgesetzt. Zunächst konnten pro Person nur 40 Deutsche Mark umgetauscht werden. Löhne, Gehälter, Mieten wurden im Verhältnis 1:1, Sparguthaben 1:10 umgewertet. Der Vorsitzende des von den westlichen Alliierten berufenen Frankfurter Wirtschaftsrates, Ludwig Erhard, setzte sich zudem mit seiner radikalen Haltung durch, die Preisbindung und Bewirtschaftung mit einem Schlag aufzuheben. Die sozialen Folgen waren zunächst dramatisch: Gerade kleinere Unternehmen überlebten den Umbruch nicht. Ihnen fehlte das Eigenkapital, sie litten unter Mangel an bezahlbaren Rohstoffen und konnten sich in der schwierigen Absatz- und Auftragslage bald nicht mehr über Wasser halten. Auch größere Unternehmen gerieten ins Schlingern, es gelang ihnen aber, durch harte Rationalisierungsmaßnahmen ihre Situation zu stabilisieren. Die Arbeitslosigkeit stieg in der Folge dramatisch an, bei zunächst ebenfalls stark wachsendem Preisniveau. Die Schaufenster füllten sich nach der Reform zwar schlagartig mit den zuvor gehorteten Waren der Kaufleute, allein es fehlte vielen das Geld, sie zu bezahlen. Der Erfolg des Währungsschnitts war selbst um die Jahreswende 1949/50 noch keineswegs ausgemacht.

Besiegelt war dagegen die wirtschaftliche Spaltung Deutschlands. Die Sowjets reagierten bereits einen Tag später mit einer Reform des Geldwesens. Sie war jedoch weit eher politisch denn ökonomisch motiviert: Die Guthaben von SED, Massenorganisationen, ja selbst der sowjetischen Militäradministration selbst wurden im Verhältnis 1:1 getauscht, während private Unternehmen mit einem wesentlich ungünstigeren Kurs leben mussten, folglich kaum überlebensfähig blieben und der staatlichen Kontrolle wie reife Früchte in den Schoss fielen. Handstreichartig hatte die Besatzungsmacht nicht nur die Verstaatlichung forciert, sondern langfristig wertvolle unternehmerische Initiative im Keim erstickt. Zu diesem wirtschaftlichen Bremseffekt gesellte sich für Sowjetunion und SED das politische Desaster der Blockade der westlichen Besatzungszonen Berlins. Als Reaktion auf die Einführung der West-Mark in Westberlin gedacht, sollte es der ultimative psychologische Fehlschlag sowjetischer Deutschlandpolitik werden: Amerikaner und Briten setzten ein riskantes Manöver ein, um zwei Millionen Menschen in dem von allen Transportwegen zu Lande abgeschnittenen Westberlin zu versorgen. Sie organisierten eine Luftbrücke zwischen den Berliner Flughäfen und Landeplätzen in den Westzonen. In knapp 195 000 Flügen wurden fast 1,5 Millionen Tonnen Lebensmittel, Kohle, Baumaterialien und andere Güter nach Berlin geflogen. Die Sowjetunion versprach zwar allen Berlinern die Sicherung von Lebensmittel- und Bedarfsgüterlieferungen. Die Bevölkerung jedoch lehnte diese Hilfe überwiegend ab und vertraute auf die Leistungen der amerikanischen und britischen Besatzungsmächte – aus ehemaligen Kriegsgegnern wurden im Bewusstsein der Berliner und vieler Westdeutscher Verbündete im Konflikt mit der Sowjetunion.

Mit der endgültigen Entscheidung für die Einführung der so grundsätzlich verschiedenen Wirtschaftssysteme war nicht nur die „doppelte Staatsgründung" (Christoph Kleßmann) 1949 vorgezeichnet. Sie wirkte auch mittelfristig auf die Mentalitäten beider deutscher Staaten: Individuum versus Kollektiv. Und sie trieb in rasanter Schnelle einen Wohlstandskeil zwischen Ost und West, der die Überlegenheit von Markt- gegenüber Planwirtschaft nachhaltig unterstrich. Aber der Ende 1950 endgültig einsetzende, lang anhaltende Boom war eben kein „Wunder", sondern fußte auf förderlichen Entscheidungen der Jahre zuvor: dem trotz der Kriegszerstörungen erhalten gebliebenen Anlagestock, den politisch motivierten Aufbauhilfen der US-Amerikaner und der von den Besatzungsmächten vorbereiteten, aber erst von Ludwig Erhard kühn umgesetzten Währungsreform. Das allein reichte freilich nicht; hinzu kam der in Folge des Koreakrieges einsetzende Run auf westdeutsche Industrieerzeugnisse, flankiert von einem allgemein einsetzenden Boom der gesamten Weltwirtschaft, der auch die zuvor darniederliegenden Industrien in Italien und Japan zu ungeahnten Höhenflügen trieb. Letztlich, und das sicher nicht zuletzt, war der Boom der westdeutschen Wirtschaft auch ein Produkt harter Arbeit, wie der Schriftsteller Paul Schallück 1954 festhielt: „Werfen wir einen Blick auf unser Land. Da wimmelt und brodelt es, da wird geschafft, geleistet, da ist in Staub- und Schweißwolken die deutsche Tüchtigkeit am Werk. Hämmern, Rattern, Gebrodel bei Tag und Nacht. Welch Schauspiel!" Natürlich war das Schuften in der Sechstagewoche mit lediglich zwei Wochen Urlaub im Jahr ein Reflex auf die vorangegangene Katastrophe, oder wie es Christian Graf von Krockow pointiert formulierte: „Arbeit ersetzt die Trauerarbeit." Aber da sind wir bereits wieder bei einem anderen Mythos.

IRRTUM 4

Die Nazis schlüpften alle im Westen unter

„20 Jahre Deutsche Bundesrepublik unter der Herrschaft der alten Kriegsverbrecher und ihrer neuen Helfershelfer liegen hinter uns", alarmierte der kommunistische Historiker Jürgen Kuczynski 1969 die Öffentlichkeit in der DDR in einem Rückblick auf die Entwicklung des Bonner Staates. Diese Vorstellung war nicht nur in der SED populär. Sie wuchs sich schließlich sogar zum Mythos aus, der da lautete: Die Nazis konnten sich rechtzeitig vor dem Zugriff der Roten Armee in die westlichen Besatzungszonen retten und waren maßgeblich am Aufbau der kapitalistisch-revanchistischen Bundesrepublik beteiligt. Eine bis heute erstaunlich zählebige Legende, die viel mit dem antifaschistischen Selbstverständnis des sozialistischen Staates zu tun hatte.

Die Forderung nach dem „Schlussstrich" unter die nationalsozialistische Vergangenheit stand längst auf der Tagesordnung, da waren die beiden deutschen Staaten noch nicht gegründet. Schon mit dem Einmarsch der alliierten Truppen in das Deutsche Reich setzte ein außerordentlicher Verdrängungsmechanismus der Besiegten ein, der angesichts der ungeheuerlichen Verbrechen des Nationalsozialismus in hohem Maße beschämend, aber psychologisch nachvollziehbar war. Der amerikanische Nachrichtenoffizier Saul K. Padover, noch vor Kriegsende beauftragt mit der Vernehmung der deutschen Bevölkerung in den bereits besetzten Gebieten, kommentierte bereits nach wenigen

Wochen sarkastisch das offenkundig fehlende Schuldbewusstsein der meisten Befragten: „Joe", sagte ich eines Tages, als ich mich besonders deprimiert fühlte, „ich glaube, Hitler ist der größte Mann aller Zeiten. Die Deutschen scheinen gar nicht so falsch zu liegen." „Soll das ein Witz sein?" „Es ist mein voller Ernst, Joe. Seit zwei Monaten sind wir hier zugange, wir haben mit vielen Menschen gesprochen, wir haben jede Menge Fragen gestellt, und wir haben keinen einzigen Nazi gefunden. Jeder ist ein Nazigegner. Alle Leute sind gegen Hitler. Sie sind schon immer gegen Hitler gewesen. Was heißt das? Es heißt, dass Hitler die Sache ganz allein, ohne Hilfe und Unterstützung irgendeines Deutschen durchgezogen hat. Er hat den Krieg angefangen, er hat ganz Europa erobert, den größten Teil Russlands überrannt, fünf Millionen Juden ermordet, sechs bis acht Millionen Polen und Russen in den Hungertod getrieben, vierhundert Konzentrationslager errichtet, die größte Armee in Europa aufgebaut und dafür gesorgt, dass die Züge pünktlich fahren. Wer das ganz allein schaffen will, muß schon ziemlich gut sein. Ich kenne nur zwei Menschen in der ganzen Welt, die so etwas können. Der andere ist Superman."[3]

Schon bald nach Kriegsende stellte sich in Deutschland eine zwischen Ost und West vernehmlich geteilte Auseinandersetzung mit der nationalsozialistischen Vergangenheit ein. Sie war unter dem Deckmantel des Kalten Krieges ideologisch begründet und bewegte sich nach 1949 zwischen den Polen einer „Vergangenheitspolitik" (Norbert Frei) in der Bundesrepublik und vermeintlichem antifaschistischen Grundkonsens in der DDR. Diese „divided memory" (Jeffrey Herf) in beiden deutschen Staaten wurde lange Zeit von den Gründungsmythen verdeckt: Antifaschismus auf der einen, östlichen, und wirtschaftlicher Aufstieg auf der anderen, westlichen Seite dienten nicht nur dazu, aus der gemeinsamen, belasteten Vorgeschichte eine unterscheidbare Erfolgsgeschichte entstehen zu lassen, die das Besondere und nicht Verhandelbare des jeweiligen Gegenübers hervorheben sollte, wie Herfried Münkler betont hat; diese ungleichen Gründungsnarrative dienten gleichzeitig als Vehikel der jeweiligen Verdrängungsmechanismen. Und das Verdrängen funktionierte in Ost- wie in Westdeutschland gleichermaßen gründlich.

Allen Siegermächten gemeinsam war seit der ersten gemeinsamen Kriegskonferenz der „großen Drei" Ende 1943 in Teheran der Leitgedanke, dass den Deutschen die Mittel zur Führung eines Krieges für alle Zeiten wirksam aus der Hand geschlagen werden müssten. Das galt materiell im Sinne der Demilitarisierung und Demontage kriegswichtiger Industrien, aber auch immateriell im Sinne einer durchgreifenden Denazifizierung der gesamten Bevölkerung. Erst dann konnte eine grundlegende Demokratisierung folgen. Die konsequenteste Entnazifizierungspolitik betrieb die sowjetische Besatzungsmacht in ihrer Zone. Sie setzte alles daran, die sozialen und ökonomischen Machtverhältnisse zu brechen, denen man den größten Teil der Verantwortung für den Aufstieg des Faschismus zuschrieb. Die mit der radikalen Enteignung des Großgrundbesitzes einhergehende Bodenreform und die ebenso resolute Verstaatlichung der Schlüsselindustrien wurden flankiert von einer durchgreifenden Säuberung der wirtschaftlichen, gesellschaftlichen und politischen Schlüsselpositionen. Vorbelastete Personen hatten ihren Hut zu nehmen. In das entstehende Vakuum stießen ideologisch als unbedenklich etikettierte Funktionsträger; die entscheidenden Machtpositionen wurden, getreu dem von Walter Ulbricht ausgegebenen Diktum, dass „alles demokratisch aussehen", man selbst aber „alles in der Hand haben" müsse, durchgängig von Kommunisten besetzt. Insgesamt waren bis 1948 über 500 000 Mitglieder der NSDAP in Industrie und Verwaltung ihrer Ämter enthoben worden. Bezeichnend dabei ein Bericht des „Landesamtes für Volksbildung" des Landes Thüringen von 1947, nach dem im Zuge der „antifaschistisch-demokratischen Umwälzung" des Schulwesens „von der gesamten Belegschaft 35 % als aktive Nazis entlassen" worden waren, bei den Rektoren *gar jeder einzelne*. Die Neubesetzung der frei werdenden Posten gestaltete sich jedoch schwierig, sodass man neben der Einsetzung kurzfristig geschulter, „antifaschistischer" Kräfte zunehmend doch auch auf ehemalige „PGs" zurückgreifen musste, denen keine direkte Verstrickung in nationalsozialistische Verbrechen nachgewiesen werden konnte. Für die innenpolitische Stabilisierung schien ein solches Vorgehen ohnehin unabdingbar. Insgesamt verlief die Entnazifizierung in der sowjetischen Besatzungszone zwar sehr umfassend, doch war dort, wie Edgar Wolfrum unlängst bemerkt hat, „eine Systemveränderung (in Richtung einer kommunistischen Parteiherrschaft)" am Ende „wichtiger als eine Systemauseinandersetzung (mit dem Nationalsozialismus)". Im dem Maße, in dem sich die „antifaschistisch-demokratische", sprich kommunistische Umwälzung vollzog, wurde die Bevölkerung von der Auseinandersetzung mit der Vergangenheit entlastet.

In den westlichen Zonen kaprizierte man sich im Zuge der Entnazifizierung eher auf eine eingehende personelle Prüfung, weniger auf die Aburteilung gesellschaftlicher Strukturen. Im „Land der Fragebogen" (John Dos Passos) mussten alle volljährigen Deutschen einen Katalog von 131 Fragen beantworten, die das Maß ihrer Verantwortung im Dritten Reich bewerten sollten. Hunderte über das Gebiet der Zonen verteilte Spruchkammern, mit unbelasteten Deutschen besetzt, fällten die Urteile und stuften die Befragten als „Hauptschuldige", „Belastete", „Minderbelastete", „Mitläufer" oder „Entlastete" ein. Das bürokratische Verfahren – von vielen Deutschen als eine von den Alliierten aufgezwungene kollektive Verantwortung beargwöhnt – erstickte recht bald an der Fülle zu bearbeitender Akten. Der bittere zeitgenössische Witz, dass „in Hamburg gerade drei Schiffe eingelaufen" seien, davon „eins mit Lebensmitteln, die anderen mit Fragebogen", sprach in dieser Hinsicht Bände. Viele der Verhörten fanden Mittel und Wege, einer möglichen Sanktion in Form von Gefängnis- oder Geldstrafen auszuweichen: Sie besorgten sich im Kreise von Verwandten und Bekannten einen der berühmten „Persilscheine": massenhaft verbreitete schriftliche Erklärungen, die vermeintliche, nicht selten erdichtete Distanz oder gar verdeckten Widerstand zum Nationalsozialismus auswiesen. Rasch mutierte das Entnazifizierungsverfahren zur reinen „Mitläuferfabrik" (Lutz Niethammer), durch deren luftige Maschen auch potenziell schwer belastete Personen geschmeidig rutschen konnten. Bis zum Stichtag 31. Dezember 1949 galten von 3,6 Millionen in den Westzonen geprüften Deutschen lediglich 1,4 Prozent als „hauptschuldig" bzw. „belastet", weit über 50 Prozent waren als „Mitläufer" identifiziert, in fast 35 Prozent der Fälle kam es sogar zur Einstellung der Verfahren. Von den hauptschuldig gesprochenen, insgesamt gerade einmal 5 000 Personen, wurden insgesamt 806 zum Tode verurteilt, 486 tatsächlich hingerichtet. Schon angesichts dieser bescheidenen Zahlen stellt sich die dringende Frage nach der Effektivität der von den westlichen Alliierten doch eigentlich umfassend geplanten Entnazifizierung. Zudem sorgte die Vielzahl der Direktiven und Gesetze, die diesen Komplex bis zu seiner weitgehenden Einstellung zu Beginn der 1950er-Jahre begleiteten, für den fatalen Eindruck, dass die Besatzungsmächte sich selbst nicht darüber klar waren, wer wofür und schließlich wie zu bestrafen sei. Dies war die deutsche Sicht, die nirgends nachdrücklicher beschrieben wurde als im polemischen Machwerk „Der Fragebogen". Verfasser war der zwielichtige Drehbuch- und Romanautor Ernst von Salomon. Sein bei Rowohlt verlegter persönlicher Blick auf die eigene Entnazifizierung avancierte zum Bestseller des Jahres 1951 in Deutschland.

Die Entnazifizierung war sicher nicht das wirkungsvollste, aber eben auch nur eines von vielen realisierten Konzepten einer umfassenden „Reeducation", die nichts Geringeres verfolgte, als die deutsche Bevölkerung – notgedrungen zunächst nur in den westlichen Zonen – demokratiefähig zu machen. Und ebenso falsch wäre es, den relativen Misserfolg der auf formalen Kriterien beruhenden Entnazifizierung mit einer generellen Verdrängung der nationalsozialistischen Vergangenheit gleichzusetzen. Die Rolle insbesondere der evangelischen Kirche bei der kritischen Aufarbeitung, gerade auch in ihrer Wirkung auf die neu entstehenden Parteien, kann gar nicht hoch genug veranschlagt werden. Literatur, Theater und Film der Nachkriegszeit widmeten sich zu großen Teilen aufrichtig und eindringlich dem Thema. Nicht zuletzt enthüllten neu lizenzierte Zeitungen und Zeitschriften, allen voran Wochenzeitungen wie „Die Zeit" oder das Magazin „Der Spiegel", immer wieder neue und erschreckende Details der Terrorherrschaft zwischen 1933 und 1945. So blieb die Notwendigkeit der Aufarbeitung ein stetiges Thema. Auch der Beitrag der freilich überwiegend akademischen Monatsschriften, etwa „Der Ruf" oder „Die Wahrheit", war alles in allem beachtlich, selbst wenn hier eher der Blick auf die moralischen Konsequenzen der Vergangenheit für die

Gestaltung einer auf dem Prinzip der Freiheit beruhenden deutschen Zukunft gerichtet wurde. Im Ergebnis gilt zumindest für die westlichen Zonen bis 1949, dass die Frage nach der Verantwortung für die nationalsozialistischen Verbrechen im gesellschaftlichen Diskurs stets präsent war, während sich in der sowjetischen Zone spätestens mit der Machtübernahme durch die „antifaschistischen Kämpfer" diese Frage offenkundig weitgehend erledigt hatte. Allerdings blieb im Osten wie im Westen für einen großen Teil der Bevölkerung eine offene Auseinandersetzung mit dem Nationalsozialismus schlicht aus. Hüben wie drüben überlagerte das Bemühen um Bewältigung der Gegenwart die so notwendige wie konsequent verdrängte Frage nach der eigenen Verstrickung in die diktatorische Vergangenheit. Erwuchs daraus aber tatsächlich eine „zweite Schuld", die Ralph Giordano in Bezug auf die Verdrängungsmechanismen der Bundesrepublik in den ersten Nachkriegsjahrzehnten diagnostizierte?

Zumindest für den 1949 gegründeten deutschen Weststaat drängen sich plakative Urteile über die Aufarbeitung der nationalsozialistischen Diktatur geradezu auf. Eine ehrliche Auseinandersetzung fand bei einem großen Teil der Bevölkerung nicht statt, das bewiesen Umfrageergebnisse bis weit in die 1950er-Jahre hinein, in denen mitunter fast ein Drittel der Befragten dem Nationalsozialismus grundsätzlich eine positive Absicht unterstellte, die erst gegen Ende des Krieges radikalisiert worden sei. Ebenfalls nicht förderlich war das im Rahmen des beginnenden Kalten Krieges drängende Bestreben der Alliierten, die edlen Grundsätze der Demilitarisierung rasch über Bord zu werfen und an der wichtigen Frontlinie entlang des „Eisernen Vorhangs" den Aufbau von Armeen in beiden deutschen Staaten zu unterstützen. Die Schaffung der Nationalen Volksarmee, über das Tarnunternehmen „Kasernierte Volkspolizei" von langer Hand vorbereitet, konnte angesichts der totalitären Verhältnisse in der DDR schlicht dekretiert werden. In der Bundesrepublik dagegen nutzte die Politik die zweifelhafte Gunst der Stunde und formulierte in der „Himmeroder Denkschrift" Bedingungen für die Aufrüstung: Bevor man sich der Wiederbewaffnung annahm, sollten die Alliierten eine Ehrenerklärung für die Wehrmacht abgeben; ein entscheidender Grund für die erst in den 1980er-Jahren einsetzende Debatte über ihre Verstrickungen in Kriegsverbrechen zwischen 1939 und 1945. In diesem innenpolitischen Klima unterblieb auch eine Würdigung des Widerstands. Dazu passte etwa der Umgang mit den am Attentat des 20. Juli 1944 beteiligten Wehrmachtsangehörigen, die in den Augen vieler Deutscher eher als Verräter denn als Helden galten. Darüber hinaus wurden infolge der Denkschrift fast alle Kriegsverbrecher, die auf der Grundlage der Nürnberger Prozesse inhaftiert worden waren, aus der Haft entlassen, zum Tode Verurteilte begnadigt. Mit dem „Entnazifizierungsschlußgesetz" vom 11. Mai 1951 und dem einen Monat zuvor erlassenen „131er Gesetz" galt der Prozess der Entnazifizierung administrativ als abgeschlossen. Auch belastete Personen konnten nun wieder in den öffentlichen Dienst eintreten. Vordergründig war dies eine Maßnahme zur innenpolitischen Stabilisierung, die durchaus der Praxis im östlichen Deutschland entsprach: Dort blieben einstige NSDAP-Mitglieder aus Schlüsselfunktionen der Verwaltung zwar weiter ausgeschlossen, in anderen Arbeitsbereichen erhielten sie allerdings wieder eine Chance. Im Sommer 1947 waren lediglich knapp zwei Prozent aller in der sowjetischen Besatzungszone erfassten „PGs" ohne Arbeit.

Axel Schildt beschreibt eine Szene aus dem niedersächsischen Stadtoldendorf aus dem Oktober 1951, die das vorherrschende Klima des „Schlussstrichs" anschaulich illustriert: „Vor dem Ofen des städtischen Gaswerks präsentierten sich die Honoratioren der Kleinstadt dem Fotografen stolz und zufrieden – nach einer in bestem Gewissen ausgeführten Tat. Sämtliche noch vorhandenen Entnazifizierungsakten – sie beinhalten 600 Fälle – waren gerade den Flammen übergeben worden. Der sozialdemokratische Bürgermeister Wilhelm Noske, ein Geschichtslehrer, erklärte feierlich, damit habe die Stadt als erste in der Bundesrepublik einen ‚Schlussstrich unter die gesamte Entnazifizierung' gezogen. Dieser Akt diene dem sozialen Frieden und der Versöhnung, denn man solle sich nur vergegenwärtigen, was hätte passieren können, wenn das Mitgliederverzeichnis der NSDAP und ihrer Untergliederungen in falsche Hände geraten wäre, seien dort doch alle Personen verzeichnet, die heute in der Stadt Rang und Namen besäßen."[4] Angesichts einer solchen Mentalität verwundert es kaum noch, dass eine Vielzahl, freilich häufig ausschließlich durch Parteimitgliedschaft vorbelasteter Personen nach 1949 im Westen unbeschadet in verantwortliche Positionen von Staat und Gesellschaft rückte. Die Liste ist lang und enthält unter anderen so illustre Namen wie die Bundesminister Theodor Oberländer, Gerhard Schröder, Karl Schiller, Hermann Höcherl, Walter Scheel, den Bundeskanzler der Großen Koalition, Kurt Georg Kiesinger, den Bundespräsidenten Karl Carstens oder den Arbeitgeberpräsidenten Hanns Martin Schleyer. In einigen Parteien, so der Deutschen Partei, dem Gesamtdeutschen Block/Bund der Heimatvertriebenen (GB/BHE) und einigen Landesverbänden der FDP, ganz zu schweigen von den dezidiert rechtsradikalen Neugründungen der 1952 immerhin verbotenen Sozialistischen Reichspartei (SRP) sowie der Deutschen Reichspartei (DRP), sammelten sich Rechtsextreme, die in der hitzigen Atmosphäre des Kalten Krieges immer ungenierter auftraten. In Wahlveranstaltungen der Freien Demokraten tönten zu Beginn der 1950er-Jahre die altbekannten Parolen von der Alternative zwischen „Freiheit oder Untergang" im „Kampf gegen den Bolschewismus".

Dies war die eine, wenig rühmliche gesellschaftliche Realität in der frühen Bundesrepublik. Sie bestätigte die von Margarete Mitscherlich 1967 diagnostizierte „Unfähigkeit zu trauern". Und doch gab es auch in diesem Zeitraum beharrliche Versuche einiger Westdeutscher, sich der beschämenden Vergangenheit zu stellen. Theodor Heuss, der selbst dem Ermächtigungsgesetz vom März 1933 zugestimmt hatte, mühte sich als erster Bundespräsident redlich um die Anerkennung des Widerstands gegen Hitler, insbesondere um die Rehabilitierung der Opfer des Aufstandes vom 20. Juli 1944. Zumindest in der Literatur und im Theater setzte sich die Auseinandersetzung mit dem Nationalsozialismus, verstärkt seit den 1960er-Jahren, fort. Und parallel zum auch im Inland kritisierten abrupten Ende der Entnazifizierung begann eine zunächst noch zaghafte Wiedergutmachungspolitik gegenüber Millionen Opfern des Naziterrors, vor allem gegenüber den Überlebenden des Holocaust. Hinter dieser Entschädigungspolitik – sie nahm mit dem Luxemburger Abkommen vom 10. September 1952 zwischen Deutschland und Israel ihren Anfang – stand häufig mehr außenpolitischer Druck als innenpolitische Überzeugung. Das dokumentierte die heftige öffentliche Kontroverse und die abschließende Ratifizierung des Abkommens im Bundestag: Bundeskanzler Konrad Adenauer war auf die Stimmen der SPD-Opposition angewiesen, um eine diplomatische Blamage für die junge Bundesrepublik abzuwenden. Aus den Reihen von CDU und CSU wehte ihm massiver Gegenwind ins Gesicht. Auch in den folgenden Jahrzehnten entzündeten sich an Entschädigungsfragen immer wieder heftige öffentliche Debatten, so erst in jüngster Vergangenheit, als es um die Wiedergutmachung für ehemalige Zwangsarbeiter ging. Immerhin stellte sich die Bundesrepublik zumindest vordergründig der Verantwortung, die ihr aus dem gegenüber der DDR artikulierten Alleinvertretungsanspruch, damit verbunden der Rechtsnachfolge des Dritten Reiches, erwuchs. Das verdeutlichte noch einmal die im Juni 1956 rückwirkend zum 1. Oktober 1953 erfolgte Verabschiedung eines Bundesentschädigungsgesetzes: Es regelte erstmals umfassend auch individuelle Ansprüche bestimmter NS-Opfergruppen. Die Praxis der Entschädigung litt jedoch von Anfang an unter bürokratischer Lähmung: Nur ein Bruchteil der Anträge konnte in einem angemessenen Zeitraum bearbeitet werden, zumal die Amtspersonen gelegentlich entwürdigende Beweise für die Haft in Konzentrationslagern verlangten. Ehemalige Täter oder ihre Nachfahren sahen sich da oft großzügiger behandelt. So kassierte die Ehefrau des in Nürnberg zunächst zu lebenslänglichem Gefängnis verurteilten Großadmirals Erich Raeder, ja selbst die Witwe des fanatischen Blutrichters Roland Freisler über 2000 D-Mark Pension, während die Witwe des Hitler-Attentäters Stauffenberg mit knapp einem Zehntel dieser Summe auskommen musste. Alles rechtlich unbedenklich, moralisch jedoch in höchstem Maße fragwürdig.

Noch zweifelhafter, und mit keiner ökonomischen Not zu entschuldigen, war allerdings die Haltung der DDR gegenüber den Forderungen nach Wiedergutmachung. Während der wirtschaftliche Boom im westlichen Teilstaat nach 1951 rasch Spielräume für Entschädigungszahlungen schuf, war im Osten die Ausgangslage eine andere. Offiziell sah man die enormen Reparationsleistungen, die kontinuierlich an die Sowjetunion und an Polen zu zahlen waren, als Form der Buße und wehrte weitergehende Ansprüche nach individuellen oder kollektiven Leistungen an einzelne Opfergruppen oder Staaten ab. Allerdings gab es für anerkannte Opfer des Nazismus nach dem Stand von 1966 eine pauschale Pension von 600 Mark, die für besonders aktive Widerstandskämpfer um 200 Mark aufgestockt werden konnte. Die Durchschnittsrente betrug zum gleichen Zeitpunkt 164 Mark. So ist denn weniger die materielle Aufarbeitung der Vergangenheit in der DDR, als vielmehr die unterschiedliche Klassifizierung der Opfer eigentlich anstößig. Dies galt vor allem für die Juden und den jüdischen Staat Israel, der nach amtlicher Sprachregelung aufgrund seiner Anlehnung an die westliche Welt als „Aggressorstaat" diffamiert wurde, wie es zur Zeit des Sechstagekriegs 1967 polemisch aus dem Propaganda-Off tönte. Den beschämenden ersten Höhepunkt der antizionistischen und bald offen antisemitischen Kampagne bildeten die in erster Linie gegen „jüdische Kosmopoliten" und „zionistische Agenten" gerichteten stalinistischen Säuberungen des Jahres 1952, konsequent durchgeführt auch in der DDR. Sie führten dazu, dass gerade wieder erwachtes jüdisches Leben dort auf Dauer fast unmöglich wurde: 20 000 Juden wanderten in den folgenden Jahren aus, ganze 600 bildeten fortan die winzige jüdische Gemeinde. Den Vorwurf des latenten Antisemitismus konterte die Staatsführung in Ostberlin mit einer ideologischen Volte: Dies könne nicht sein, man habe schließlich „nachgewiesen", dass – auf der Grundlage der „antifaschistisch-demokratischen Umwälzung" der Nachkriegszeit – der „Antisemitismus auf unserem Territorium mit Stumpf und Stil ausgerottet" worden sei. Die nicht-kommunistischen Opfer sahen sich bis zum Ende des SED-Regimes konsequent ignoriert. Erst die letzte, nun demokratisch gewählte Volkskammer der DDR rang sich im April 1990 dazu durch, für den beschämenden Umgang mit jüdischen Opfern und jüdischem Staat um Verzeihung zu bitten.

Und doch gab es – trotz staatlich verordneter, überwiegend auf kommunistische Opfer zielender Erinnerungskultur – auch im Osten Deutschlands immer wieder Bemühungen einzelner Gruppen, aus Verantwortung gegenüber der Vergangenheit gegen den antisemitischen und antiisraelischen Strom zu schwimmen. Die überwiegend von der in Ost und West tätigen evangelischen „Aktion Sühnezeichen" seit 1958 angeregten Besuche in ehemaligen Konzentrationslagern oder die Wiederherstellung jüdischer Friedhöfe auf dem Gebiet der DDR, aber auch unter zähneknirschender Duldung der Zensur publizierte Schriften sollten den Dialog mit Israel fördern und das Bewusstsein für die Verantwortung gegenüber den jüdischen Opfern schärfen helfen. Letztlich blieben diese in aller Regel aus den Kreisen der Oppositionellen hervorgehenden Bemühungen aber ohne Breitenwirkung. Die staatlich sanktionierte Lesart der „Vergangenheitsbewältigung" wirkte tief in die Gesellschaft hinein. Auch wenn es bisher kaum empirische oder alltagsgeschichtliche Studien gibt, so lässt sich doch vermuten, dass in der Bevölkerung diese Agitation bereitwillig aufgenommen wurde und damit – wie im Westen, freilich aus anderen Gründen – eine Auseinandersetzung mit dem Verhalten der eigenen Familie vor 1945 überwiegend verweigert wurde. Zusätzlich bestätigt fühlte man sich wohl ebenso durch die früh einsetzende Propagandaoffensive gegenüber tatsächlichen oder vermeintlichen faschistischen Tendenzen im konkurrierenden Weststaat. Da man sich dank des konsequent antifaschistischen Vorgehens nach 1945 auch der tiefsten Wurzeln des Nationalsozialismus entledigt habe, sah man die zwischen 1933 und 1945 verübten Untaten als „Verbrechen der anderen" (Christian Dirks) – gemeint war die Bundesrepublik. Genüsslich wurde die Integration ehemaliger NSDAP-Mitglieder und anderer Funktionsträger im Dritten Reich im 1965 erstmals erschienenen, sogenannten „Braunbuch der Kriegs- und Naziverbrecher in der BRD und in Westberlin" angeprangert. Das sorgte im Westen gleichermaßen für Empörung wie für Nervosität. Schon zuvor war mit Theodor Oberländer immerhin ein Bundesminister über die aus dem Osten lancierten Enthüllungen gestolpert. Als Propagandainstrument im Ost-West-Konflikt eingesetzt, waren die Angaben, so urteilte Götz Aly rückblickend, doch im Wesentlichen zutreffend und offenbarten die Lücken der westdeutschen Entnazifizierung. Im propagandistischen Getöse ging jedoch völlig unter, dass auch in der DDR so einige Nationalsozialisten Karriere machen konnten. Dort stand aus Gründen innenpolitischer Stabilisierung eine radikale Ächtung ehemaliger „PGs" nie auf der Tagesordnung. Der Weg in die höchsten Staatsämter war ihnen zwar verbaut, doch immerhin wurde zu ihrer Eingliederung mit der Nationaldemokratischen Partei Deutschlands (NDPD) eigens eine Sammlungsorganisation geschaffen.

Die von Giordano für die frühe Bundesrepublik diagnostizierte „zweite Schuld" einer konsequent verdrängten Aufarbeitung der NS-Vergangenheit ist im Kern zumindest für die erste Hälfte der 1950er-Jahre sicher zutreffend, bedarf aber für die Folgezeit ganz gewiss einer Differenzierung. Mit der trotz massiver Behinderungen seit 1959 in deutschen Universitätsstädten gezeigten Ausstellung über „Ungesühnte Nazijustiz" und den ebenfalls in dieser Zeit einsetzenden Prozessen gegen sogenannte nationalsozialistische „Exzesstäter" drangen die Bemühungen um das Verständnis für Ursachen und Folgen der Nazidiktatur immer stärker in das Bewusstsein der westdeutschen Öffentlichkeit. Aus Verdrängung der zuvor häufig schemenhaft als „dunkles Kapitel" oder „Deutschlands schwerste Zeit" versimpelten Terrorherrschaft erwuchs für einen immer größeren Teil der Bevölkerung die Aneignung und Auseinandersetzung mit dem Nationalsozialismus. Dies war ein fundamentaler Unterschied zur DDR, in der die Vergangenheit ideologisch bewältigt, aber in der Öffentlichkeit kaum aufgearbeitet worden ist.

IRRTUM 5

Die DDR war sozial und gerecht

„Sozial ist, was Arbeit schafft!" Wenn es nach diesem über alle Länder- und Systemgrenzen hinweg populären Motto ginge, so müsste man den Mythos der im Vergleich zum marktwirtschaftlich orientierten System des Westens ungleich sozialeren DDR gleich doppelt unterstreichen. Statistisch erfassbare Arbeitslosigkeit, in der Bundesrepublik seit Mitte der 1970er-Jahre ein stetig wachsender Schatten auf der ökonomischen Erfolgsbilanz, war beim östlichen Nachbarn quasi unbekannt. Es lag auch in der Logik der Selbstzuschreibung als „sozialistischer Staat der Arbeiter und Bauern", das Recht auf Arbeit verfassungsmäßig zu garantieren. Für Millionen von Ostdeutschen stellten sich mit der Einheit und der daraus resultierenden ökonomischen Transformation große Hürden vor den über Jahrzehnte als selbstverständlich angesehenen Zugang zum Arbeitsmarkt. Gleichzeitig brach damit für sie eine Welt zusammen. Ungezählte sozialwissenschaftliche Untersuchungen haben den engen Zusammenhang zwischen plötzlicher Arbeitslosigkeit und wachsender Entfremdung zwischen Ost und West betont, der eine Menge mit ostalgischen Gefühlen zu tun hat. Je tiefer der Frust über den als Negierung eigener Lebensleistung empfundenen Zwangsausstieg aus dem Erwerbsleben – ob vorübergehend oder dauerhaft –, umso eindrucksvoller stieg für nicht wenige ehemalige DDR-Bürger der Phönix des vorsorgenden Sozialstaates sozialistischer Prägung aus der Asche wieder empor. Bereits

IRRTUM 5

1992 konstatierten Heiner Flassbeck und Wolfgang Scheremet nüchtern, dass sich „das Gefälle der wirtschaftlichen Entwicklung zwischen Ost- und Westdeutschland insbesondere am Arbeitsmarkt" manifestiere und den Graben zwischen beiden Teilen eher noch vertieft habe. An diesem Befund hat sich bis heute nichts Wesentliches geändert.

Die dem Begriff des „Volkseigentums" innewohnende Verwirklichung sozialer Gerechtigkeit gehörte von Anbeginn an zum Mantra der DDR-Staatsführung: „Was dem einzelnen nutzt, nutzt allen, was allen nutzt, nutzt auch dem einzelnen", akzentuierte eine Propagandahandreichung des „Staatsekretariats für westdeutsche Fragen" 1969 und stellte das Zerrbild des „monopolkapitalistischen Eigentums" gegenüber, das in die „Taschen und Tresore[n] von ein paar hundert Millionären und Milliardären" fließe. Kern des sozialpolitischen Selbstverständnisses der DDR war der Ausbau und die Sicherung der „Arbeitsgesellschaft". Mit einer Erwerbstätigenquote von fast 90 Prozent lag sie kurz vor ihrem Exitus tatsächlich 20 Prozent über dem in der Bundesrepublik erreichten Beschäftigungsgrad. Von vielen ehemaligen DDR-Bürgern noch immer als eigentliche sozialpolitische Großtat ihres untergegangenen Staates gefeiert, war sie nicht zuletzt auch ein Ergebnis des konstanten Aderlasses an Arbeitskräften, die Richtung Westen „rübergemacht" hatten. Zudem war die Verteilung der Arbeit bei näherer Betrachtung oft ineffizient und führte zu teils grotesken Überbelegungen in einzelnen Branchen und Mangel an Arbeitskräften in anderen. Aber „man" hatte Arbeit, und dieser Umstand trug wohl nicht zuletzt zu jener „rätselhafte[n] Stabilität" bei, die der Amerikaner Andrew Port in einer Studie über Arbeit und Alltag im thüringischen Saalfeld zwischen 1945 und 1971 betont. Hinter dieser Fassade der Vollbeschäftigung, so zitiert Port aus neueren Forschungen, blieben jedoch, jenseits aller Phrasen von der Gleichheit, bedeutende soziale Unterschiede bestehen.

Auf dem Papier sah das natürlich anders aus. Die sozialen Kernwohltaten Rente, Gesundheit und Unfall waren durch eine einheitliche Sozialversicherung abgedeckt. Der Beitragssatz lag bis zum bitteren Ende für alle diese Leistungen bei – gerade im Vergleich zur Bundesrepublik – bescheidenen zehn Prozent des Nettoeinkommens. Damit nicht genug, waren sie sogar auf höchstens 60 Mark gedeckt. Dieser geringe Beitrag begründete den Anspruch auf kostenlose medizinische Versorgung im weitgehend verstaatlichten Gesundheitswesen. Hier konnten sich die Leistungen nicht nur im Vergleich zu den sozialistischen Bruderstaaten durchaus sehen lassen: So war etwa eine flächendeckende Versorgung in Polikliniken, ambulanten Stationen und staatlichen Arztpraxen weitgehend gewährleistet; darüber hinaus standen in vielen Betrieben eigens angestellte Ärzte zur Verfügung. Auch die medizinische Vorsorge galt als vorbildlich. Und die alle medizinischen Spezialdisziplinen umfassenden Polikliniken verhinderten eine Zersplitterung des Gesundheitswesens, wie sie in der Bundesrepublik nicht unbedingt zum Vorteil vieler Patienten zur gängigen Praxis wurde. Dafür befanden sich die Einrichtungen häufig in einem erschreckenden baulichen Zustand und waren medizintechnisch eher kärglich ausgestattet. Das war nicht zuletzt eine Folge der chronischen Unterfinanzierung des Sozialsystems. Der Staat hatte eine Garantie für die Deckung der nicht durch die Arbeitnehmerbeiträge aufgebrachten Leistungen übernommen. Das stellte die chronisch klamme DDR vor Herausforderungen, denen sie je länger, je weniger gewachsen war. Der staatliche Zuschuss zum Erhalt der ideologisch enorm wichtigen Wohlfahrtspolitik betrug 1980 bereits über 13 Milliarden Mark und lag damit bei fast 50 Prozent der Gesamtausgaben. Er stieg in der Folgezeit noch weiter an, denn die SED-Spitze unter Erich Honecker hatte sich seit den frühen 1970er-Jahren der „Einheit von Wirtschafts- und Sozialpolitik" verschrieben. Ein fortlaufend erhöhtes Niveau der sozialen Absicherung und der Löhne sollte die Leistungsfähigkeit der Beschäftigten und damit auch die notorisch geringe Arbeitsproduktivität erhöhen. Eine Milchmädchenrechnung, die alleine deshalb nicht aufgehen konnte, weil sich dieses System nur noch über Kredite in westlichen Staaten aufrechterhalten ließ und der Schuldendienst die Spielräume der Sozialpolitik zunehmend abwürgte. Kurz vor der Wende waren die Kosten für das Gesundheitswesen vollends aus dem Ruder gelaufen; ihr Anteil am gesamten Staatshaushalt betrug allein gut 20 Prozent.

Das ganze finanzielle Dilemma zeigte sich nicht zuletzt mit Blick auf die Versorgung älterer DDR-Bürger. Ihnen stand je nach Einzelfall die Zahlung einer Berufs-, Invaliditäts- oder Hinterbliebenenrente zu. Und doch waren sie in vielerlei Hinsicht die „Stiefkinder des Systems" (Hanns Werner Schwarze). Die Rente wurde nur in Höhe einer Grundsicherung zugewiesen und war nicht, wie in der Bundesrepublik, dynamisch, also an Lohn- und Preisentwicklung gekoppelt. Das Rentenniveau blieb daher durchweg gering und erfuhr nur gelegentlich durch politischen Beschluss eine Anpassung. 1989 lag die staatlich garantierte Mindestrente vor dem Hintergrund eines Durchschnittseinkommens von etwa 1.000 Mark bei ganzen 376 Mark. Mit einer freiwilligen Zusatzrente konnte der Satz um gute 100 Mark erhöht werden, lag aber immer noch unter 50 Prozent des durchschnittlichen Nettoeinkommens der aktiv Beschäftigten. Wir würden aus heutiger Perspektive von flächendeckend drohender Altersarmut in der DDR sprechen, die nur durch hoch subventionierte Grundnahrungsmittel und ebensolchen Wohnraum einigermaßen gelindert werden konnte. Nicht von ungefähr wurden soziale Unterschiede im Alter noch krasser empfunden. Mitarbeiter staatlicher Organe wie Polizei, Militär, Bahn, Post oder Zoll, Angestellte gesellschaftlicher Organisationen und des Gesundheitswesens sowie Angehörige der Intelligenz und des Bildungswesens erhielten wesentlich höhere Rentenzahlungen als das Gros der Arbeiterschaft. Zwar betonten die SED-Granden immer wieder gern, dass man den Rentnern ja mehr zahlen wolle, wenn man denn könne, so Walter Ulbricht 1969: „Wir würden gern allen, die es nötig haben, in einem sehr viel kürzeren Zeitraum viel nachhaltiger helfen. Aber wir können nur schrittweise vorgehen und müssen das, was wir ausgeben, immer erst erarbeiten." Viel eher wird man aber wohl davon ausgehen können, dass der Staatsführung die Versorgung und Pflege noch aktiver Arbeitnehmer wichtiger war – ihre vor dem Hintergrund des Beschäftigtenmangels extrem wichtige Arbeitskraft galt es zu erhalten. Den Rentnern blieben die Brosamen, auch wenn immerhin mit der bereits 1945 gegründeten „Volkssolidarität" eine sozialistische Massenorganisation existierte, die sich ausschließlich um das Wohl der „Veteranen der Arbeit" zu sorgen hatte und diesen Auftrag nach finanziellen und personellen Möglichkeiten tatsächlich leidlich erfüllte.

Rein gar nichts zu beschönigen gibt es mit Blick auf die verflossene Sozialpolitik der DDR jedoch im Bereich der Versorgung und Betreuung psychisch Kranker sowie körperlich oder geistig Behinderter. Integration fand nur in dem Maße statt, in dem Menschen mit Behinderungen als Arbeitskraft zur Verfügung stehen konnten. Fördermaßnahmen gab es lediglich, wenn es unter Nützlichkeitsaspekten lohnenswert schien. Kinder, bei denen aufgrund gravierender Beeinträchtigungen die spätere Aufnahme regulärer Arbeit unwahrscheinlich war, wurden in Pflegeanstalten abgeschoben, in denen weder nennenswerte medizinische noch pädagogische Betreuung auf sie wartete. Eine rühmliche Ausnahme bildeten die wenigen Einrichtungen der Kirchen, in denen behinderten Menschen deutlich mehr Fürsorge zuteilwurde. Im Grundsatz krankte der Umgang mit Behinderung in der DDR an der ideologischen Prämisse „einer Unvereinbarkeit von Behinderung und sozialistischer Gesellschaft", wie der Historiker Sebastian Barsch feststellte: „Die äußerte sich u. a. im Fehlen von Behinderung im gesellschaftlichen Leben und im öffentlichen Bewusstsein." Barsch zitiert eine Psychiaterin, die sich an den Besuch eines Studienseminars der Gesellschaftswissenschaften in den 1950er-Jahren erinnerte: „Dort hieß es: ‚In der Zukunft wird es keine oder kaum noch Probleme durch psychische Störungen oder andere Fehlentwicklungen geben. Die Umwelt formt den Menschen, und wir bauen eine neue Gesellschaft auf.'"

Freilich lassen sich auch für die ersten beiden Jahrzehnte der Bundesrepublik keine nennenswerten Bemühungen in der Integration von Menschen mit Behinderung ausmachen. Die Konzentration galt zunächst der Wiedereingliederung von „Kriegsbeschädigten" in den Arbeitsmarkt. Im Übrigen wirkte – vielleicht stärker als in der DDR – das Gift der nationalsozialistischen Propaganda des „unwerten Lebens" nach. Das zeigte sich bis in die 1970er-Jahre in einer dramatischen Unterversorgung mit Betreuungsplätzen, die deutlich unter dem Durchschnitt anderer westlicher Staaten lag. Und diese wenigen Plätze waren vor allem auf Landeskrankenhäuser verteilt, deren Bettenkapazität in der Regel bei weit über 1 000 lag und die ähnlich katastrophal ausgestattet waren wie die Betreuungseinrichtungen des östlichen Nachbarn. Hier setzte jedoch ein langsames Umdenken ein, angestoßen nicht zuletzt von nichtstaatlichen, über Spendengelder finanzierte Einrichtungen wie der 1964 ins Leben gerufenen und medial äußerst wirksam – durch die ZDF-Quizshow „Der große Preis" – beworbenen „Aktion Sorgenkind". Auch wenn sich in der DDR im gleichen Zeitraum ähnliche Wandlungen, etwa im Bereich der Rehabilitations- und Behindertenpädagogik andeuteten, war man zumindest finanziell in diesem Bereich nicht in der Lage, mit den Fortschritten des westlichen Klassenfeindes mitzuhalten. So galt hier, was gleichzeitig für die übrigen Bereiche der Sozialpolitik festzuhalten ist: Die umfassenden Versprechungen der sozialistischen „Fürsorgediktatur" (Konrad Jarausch) ließ sich mit den von Beginn an begrenzten Mitteln des Staatshaushalts nie auch nur annähernd solide bezahlen.

IRRTUM 6

Die westdeutsche Jugend ist amerikanisiert

„Die" Jugend, als Phase des Übergangs zum Erwachsensein, war historisch betrachtet schon immer schlimm. Renitent, mit einem latenten Hang zur Verwahrlosung, gar Kriminalität – mit der Jeunesse doreé war in den Augen der erwachsenen Öffentlichkeit eigentlich nie Staat zu machen. Das galt insonderheit für Jugendliche in der Bundesrepublik, deren Aufsässigkeit die Untergangsszenarien der Älteren seit 1945 anreicherten – man denke an Schlagworte wie „Halbstarke", „Hippies", „68er" oder „Gammler". Selten Hoffnung, vor allem Bedrohung für die Zukunft – dieses immer wiederkehrende anrüchige Bild von jüngeren Westdeutschen wurde und wird nicht selten auf die naive Rezeption der amerikanischen Jugendkultur seit der Besatzungszeit zurückgeführt, die – einseitig auf Konsum und Unterhaltung ausgerichtet – der Bildung einer spezifisch deutschen, ergo „ernsthaften" Gesinnung den Boden entzog.

„Meine Ideale, meine Vorstellungen von Leben, meine Ziele, mein Glauben, nahezu alles, was mir wichtig gewesen war, war gestört, ja, erwies sich, je mehr ich jetzt erfuhr, als (...) gigantischer politischer Schwindel", erinnerte sich Ulrich Frodien an seine „Nachkriegsjugend" und sprach damit stellvertretend für die übergroße Mehrheit der Jugendlichen aller vier Besatzungszonen, die bis zum Zeitpunkt des Kriegsendes nichts anderes als die nationalsozialistische Erziehung zum weitgehend willenlosen Werkzeug des Regimes kennengelernt hatten. Zeitgenössische Berichte beklagten das Schicksal einer „entwurzelten" und „vagabundierenden" Jugend, die ohne Halt und Moral einer noch weitgehend unsicheren Zukunft entgegentaumelte. Nicht wenige Ältere schossen rasch verbal wieder scharf und fabulierten von „straffer Erziehung" und „Arbeitsdiensten", die den Heranwachsenden abgehen würden. 1953, nur acht Jahre nach dem Ende millionenfachen Sterbens des von Deutschland ausgehenden Weltkriegs, gab sich der bundesdeutsche Innenminister Schröder aufrichtig empört angesichts einer in den „Frankfurter Heften" veröffentlichten Umfrage unter Schülern nach deren Bereitschaft, ihr Leben für ein Ideal zu opfern. Alle befragten Schüler hatten verneint und Schröder schäumte, er weigere sich „anzunehmen, daß das ein typischer Querschnitt durch die Auffassungen der deutschen Jugend" sei. Vermutlich hatte er so unrecht nicht, ergaben doch die demoskopischen Umfragen des Bielefelder Instituts für Meinungsforschung jener Jahre mitunter verstörende Parallelen zwischen den Generationen, etwa in der Frage nach den wichtigsten Deutschen. Unter den gewählten Helden der Vergangenheit hatten Hitler und Hindenburg altersübergreifend weiter ihren Platz. Überdies träumte man schon bald nach Kriegsende nicht selten den Traum vom vermeintlich geregelten Leben der Älteren, las, hörte und sah vergleichsweise Anspruchsloses, gab sich allerdings deutlich unpolitischer und staatsferner, was sich nicht zuletzt in auffallend niedrigerer Wahlbeteiligung von 21- bis 25-Jährigen bei allen Wahlen der 1940er- und 1950er-Jahre niederschlug. Und nicht zufällig war die Beteiligung von jungen Erwachsenen an den Protesten gegen die Wiederbewaffnung der Bundesrepublik besonders stark.

Warum also das zeitgenössische Gewese um die viel zitierte „verlorene Generation" Jugend, das uns in unterschiedlicher Ausprägung in jeder Altersklasse bis heute begleitet? Wenn es stimmt, was Klaus Farin, seines Zeichens Leiter des Archivs für Jugendkulturen, 2006 konstatierte, dass nämlich nur etwa ein Viertel aller Jugendlichen sich überhaupt einer Jugendkultur zurechnen lassen, dann wird man sich noch mehr über die Hysterie angesichts der scheinbaren „Diktatur der Halbstarken" wundern, vor deren Bedrohung die Bremer Polizei im

Mai 1956 eine besorgte Öffentlichkeit warnte. Aber Jugendkulturen sind eben, obwohl Minderheit, immer auch „Avantgarde der Jugend, die Meinungsbildner und kulturellen Vorbilder für die große Mehrzahl der Gleichaltrigen", wie Farin hinzufügt. Sie stehen mithin im Rampenlicht und erregen mit ihren Aktivitäten zwangsläufig mehr Aufsehen, als ihrer bloßen Zahl eigentlich angemessen wäre. Nur so ist schließlich die Angst zu erklären, die etwa die Krawalle der sogenannten Halbstarken zwischen 1956 und 1958 in der deutschen Bevölkerung auslösten. Immerhin fast 100 solcher Vorkommnisse registrierte die polizeiliche Statistik in diesen Jahren, mit Schwerpunkten in Berlin und dem Rhein-Ruhrgebiet. Die Leserbriefspalten der Zeitungen waren voll von den immer gleichen Rufen nach Lockerung des Züchtigungsrechts an Schulen, strengerem Strafvollzug und Arbeitsdiensten oder gar -lagern. Dabei war es nur logisch, dass die beschleunigte politische Bindung an die freiheitlich geprägten Westmächte, die von den meisten Westdeutschen zunehmend begrüßt wurde, nun einmal nicht unter Aufrechterhaltung autoritärer Erziehungsmuster der Zeit vor 1945 zu haben war. So trafen die obligatorischen Männlichkeitsrituale vor allem großstädtischer Heranwachsender auf Sound und Bilder der Rebellion aus den USA, reinkarniert durch Bill Haley oder James Dean, und entfesselten auch den Frust dieser Generation, denen nicht zuletzt „das Gesabbel über Krieg und Kriegserfahrung, immer verherrlichend, [auf den Keks]" ging (Klaus Woldeck). Aber typischer, wenngleich eben nicht so auffällig, war doch die Kultur der „Teenager", deren Revolte auf modische, weniger auf musikalische und schon gar nicht auf aggressive Distanz zur Welt der Erwachsenen beschränkt blieb, und denen die am Ende stets artig geschlichtete Aufsässigkeit eines Peter Kraus entsprach.

Im Übrigen war selbst die vermeintlich abgeschottete Gesellschaft der jungen DDR von zunehmender Aufmüpfigkeit der eigenen Jugend aufgeschreckt. Aus heutiger Sicht durchaus bizarr, waren es nicht zuletzt „jugendliche Rowdies", die wegen des Mangels an motorisierten Zweirädern in die Pedale traten und sich in „Fahrradgangs" organisierten, um die erwachsene Spießerwelt laut klingelnd und johlend zu verstören. Diese und andere Exzesse maßregelte man zumeist unter Hinzuziehung der Erziehungsberechtigten. Dagegen wurde politisch motiviertes Rebellieren mit allen, auch brutalsten strafrechtlichen Mitteln der sozialistischen Erziehungsdiktatur geahndet. Obwohl mit der „Freien Deutschen Jugend" (FDJ) bereits 1946 ein vermeintlich überparteiliches, in Wirklichkeit natürlich von der SED gelenktes Instrument zur politischen Umerziehung geschaffen worden war, traten bereits in den ersten Jahren des ostdeutschen Teilstaates „vielfältige Formen von Abweichung und Eigensinn" (Christoph Kleßmann) auf, die grundsätzlich mit jenen der westdeutschen Jugendlichen vergleichbar war. Allerdings nahm sich das Regime neben der Mobilisierung einer staatstreuen Jugend von Anbeginn an auch – wie in Diktaturen üblich – der ideologischen Erziehung bereits der Kleinsten, etwa bei den „Jungen Pionieren" (JP), an, sodass zumindest Teile der in diesem Erziehungssystem sozialisierten Heranwachsenden der herrschenden Ordnung bis in seine Agonie hinein die Stange hielten. Irgendwann mochten aber auch sie dem jahrzehntelangen Glücksversprechen vor dem Hintergrund eines zunehmend maroden Systems nicht mehr trauen. Genau diesen Vertrauensentzug durch die eigene Jugend hatten SED-Funktionäre stets befürchtet und daher nervös auf juvenilen Oppositionsgeist reagiert, besonders wenn er im gleichermaßen verachteten wie gefürchteten Gewand des „amerikanischen Kulturimperialismus" auftrat. Rock 'n' Roll, Jazz oder Beat waren Soundtracks der Orientierung am verpönten westlichen Lebensstil, der von den Älteren in Ost und West mit auffallend ähnlicher Diktion abgelehnt wurde. „Veits-" bzw. „Affentanz" oder „Negermusik" – diffamierendes Wortgeklingel, wie es sich in westdeutschen Illustrierten wie ostdeutschen Zeitungen gleichlautend findet.

Während sich jedoch in der Bundesrepublik trotz solcher verbaler Angriffe die Jugendkulturen weiter differenzierten und systemimmanent kommerzialisierten, versuchte die SED mit bisweilen grotesken Methoden ihr Erziehungsmonopol zu sichern. Dem westlichen Twist setzte man zu Beginn der 1960er-Jahre den Auftragstanz „Lipsi" entgegen, der bei der Ostjugend krachend durchfiel. Dass die Jugend „das Recht [habe] auf jede Art von Verrenkungen außer geistigen Verrenkungen", wie es das Politbüro-Mitglied Albert Norden drei Redakteuren der westdeutschen „Zeit" in den Block diktierte, sollte zumindest das Deutschlandtreffen der FDJ 1964 beweisen, aus dem nicht zuletzt der bis 1989 tatsächlich populäre Jugendsender DT 64 hervorging. Dessen Nimbus unter DDR-Jugendlichen als ernstzunehmende Alternative zu den westlichen Hörfunkprogrammen, bewahrte ihn trotz mitunter kritischer Berichterstattung und seiner den westlichen Moden verpflichteten Musikauswahl vor den gelegentlich angedrohten Zensur- oder gar Schließungsbestrebungen der Funktionäre. Selbst das bekannte Bonmot Walter Ulbrichts von 1965, dass man „mit der Monotonie des Je-Je-Je, und wie das alles heißt (...) doch Schluß machen" und nicht „jeden Dreck, der vom Westen kommt, kopieren" solle und die darauffolgenden Repressalien gegenüber den Beatbewegten im Osten, konnten nichts an der Faszination ändern, die westliche Trends bis ans Ende ihrer Tage auch auf die Jugend der DDR ausübten. Allerdings richtete sich die provokante stilistische Orientierung zum Westen zuallererst gegen die Langeweile, das gesellschaftliche Einerlei, das allumfassende Grau des sozialistischen Alltags und konnte sich aus begründeter Furcht vor Repressalien nur stark begrenzt systemkritisch artikulieren. Dagegen begann sich die westdeutsche Jugend im Laufe der 1960er-Jahre immer stärker zu politisieren.

„68" erscheint dabei noch heute vielen kulturkritisch veranlagten Zeitgenossen als Menetekel alles Bösen, als Initiation eines gesellschaftlichen Laisser-faire, der den Verfall von Werten und Normen beschleunigt und damit die Grundlagen des Zusammenhalts in Staat und Gesellschaft nachhaltig unterhöhlt habe. Aber es gab ja doch gute Gründe für den wachsenden Zorn der jungen Erwachsenen, eine seltene Kumulation von gesellschaftlich und politisch offenen oder bereits diskutierten Themen, vom Vietnamkrieg über die noch immer von weiten Teilen der westdeutschen Öffentlichkeit verweigerte Vergangenheitsbewältigung bis zur anhaltenden Diskriminierung von Frauen. Den Sound dieser in Teilen auch dezidiert antiamerikanischen Phase der bundesdeutschen Jugendkultur lieferte skurrilerweise neuerlich das amerikanische Pendant. Es war aber auch ein Kreuz: Gerade hatten viele Erwachsene ihren Frieden mit dem Beat gemacht, so wie der Musikkritiker Klaus Geitel, der durch die Beatles „die Stimme ihrer Generation eigentlich sehr sympathisch auf[klingen] sah, auch wenn sie mitunter viel Lärm macht". Und nun setzte eben diese Generation und die bereits folgende noch einen drauf und übernahm teilweise Haltung und Accessoires der an der Westküste der USA geborenen Hippiebewegung, die mit antiautoritärer und antimilitärischer Attitüde und der anzüglichen Forderung „Make love, not war" verkrustete Gesellschaftsstrukturen aufzumischen dachte. „Sollen doch nach drüben gehen!", schallte es sowohl Hippies als auch der sozialistisch ausgerichteten Studentenbewegung vieltausendfach aus den Kehlen der älteren Bevölkerung entgegen, dabei waren beide Bewegungen bei näherer Betrachtung kaum vergleichbar, auch wenn sie etwa zur gleichen Zeit auftraten:

Die Hippies, als „Gammler" zumindest rasch in den deutschen Sprachschatz integriert, waren individualistisch orientiert, pochten auf das Recht auf Selbstverwirklichung und beschränkten ihren politischen Protest überwiegend auf eher karnevaleske Aktionen, wie etwa ein Puddingattentat auf den amerikanischen Vizepräsidenten Hubert Humphrey. Die stärker auf die akademische Oberschicht beschränkte, aber deutlich öffentlichkeitswirksamer auftretende Protest- und Demonstrationswelle der Jahre 1967/68 zielte letztlich auf den Sturz des „spätkapitalistischen", von den Interessen des „US-amerikanischen Imperialismus" geleiteten Systems des Westens. Aber, wie Konrad Jarausch betont hat, die „Mehrheit der Achtundsechziger bestand weder aus neo-marxistischen Revolutionären noch aus antiautoritären Politclowns, sondern aus Jugendlichen, die das bundesrepublikanische System durch Reformen verbessern wollten". Und gerade ihre Impulse waren es, die den zunehmenden Liberalisierungsstau der bundesrepublikanischen Gesellschaft in der Folgezeit Schritt für Schritt lösten.

Diesen Spielraum hatte die Jugend der DDR zu keinem Zeitpunkt. Die 1974 verabschiedete Verfassung der „sozialistischen Nation" brachte es noch einmal klar auf den Punkt: Es galt, die „jungen Menschen zu Staatsbürgern zu erziehen, die den Ideen des Sozialismus treu ergeben" seien. Das ließ wenig Spielraum für jugendliche Widerspenstigkeit. Man blieb daher im Vergleich zum Westen deutlich unpolitischer; Abgrenzung signalisierte weiterhin vorwiegend der Mode- und Musikstil, weniger der öffentlich artikulierte Unmut. Mit ebenso grotesker Hysterie wie in der Bundesrepublik der 1950er-Jahre reagierte das politische Establishment im Osten auf jede zaghafte Emanzipation der Heranwachsenden. So wandte sich ein Beschluss der SED-Bezirksleitung Leipzig am 13. Oktober 1965 gegen das Treiben eines „Teil[s] von Jugendlichen (...), bei denen sich Tendenzen der amerikanischen Unkultur, der Texasideologie und des Rangertums zeigen, die sich in den letzten Wochen und Monaten verstärkt haben". „Beatle-Ideologie", „Gammlertum" und überhaupt das „westliche und undefinierbare Musikrepertoire" galt es „zu bekämpfen", denn die „Körperverrenkungen" und „aufpeitschenden Rhythmen" versetzten die „Jugend in Ekstase (...), um sie zu Exzessen zu verleiten". Das Gros der Jugendlichen in der DDR richtete sich freilich ein, schuf sich eigene Nischen innerhalb der Diktatur, die auf den Westen bezogen blieben und die Sehnsucht nach mehr Freiheit auf allen gesellschaftlichen Ebenen vorübergehend einhegen konnte. Und doch bekamen immer mehr von ihnen den „Blues": Den einzigen öffentlichen Raum für wachsenden Unmut schuf die Kirche, unter deren Dach sich seit Anfang der 1980er-Jahre immer mehr junge Bürger zur nicht selten von „Blues-Messen" untermalten Klage versammelten. Die sich in immer rascherer Folge abwechselnden, ergänzenden oder parallel auftretenden Stile der westlichen Jugendkultur schwappten zwar auch in die DDR; das Gros der Jugendlichen verhielt sich aber geschmacksmäßig zunehmend regressiv und blieb beim Blues, Jazz, Folk oder Rock. Dabei traten seit den 1970er-Jahren eigenständige, vielfach spannende DDR-Epigonen wie City, Silly, Pankow oder Klaus Renft in den Vordergrund, die ihre keineswegs leise Systemkritik in aufwendige Textmetaphorik kleideten und so häufig vor der Zensur bewahren konnten.

Dergleichen Probleme galten für den westdeutschen Rock und Pop nicht. Nicht unbedingt früher, aber früher erfolgreich entstanden in der Bundesrepublik selbstbewusste Adaptionen angloamerikanischer Musiktrends, zunächst überwiegend – und im Gegensatz zu den meisten DDR-Bands – in englischer Sprache. Das hatte aber weniger mit einer vermeintlich bereits weit gediehenen Amerikanisierung der Bundesdeutschen zu tun. Vielmehr kam dem Text im Westen vielfach nicht die Bedeutung zu, die er jenseits von Mauer und Stacheldraht hatte. Wo in der Bundesrepublik Protest über das Medium der Musik artikuliert werden sollte, wurde weit überwiegend auch deutsch getextet und gesungen. Das galt für Helden der 68er-Bewegung wie Ton Steine Scherben ebenso wie für den scheinbar unverwüstlichen Udo Lindenberg, dessen Bedeutung für die Entwicklung des deutschsprachigen Rock und Pop trotz seines oft komödienreifen Auftretens nicht überschätzt werden kann und der nicht umsonst in Ost und West populär war und ist. Und es entstanden eigene Stile, die ihrerseits nicht ohne Einfluss auf die westliche Jugendkultur geblieben sind. Kraftwerk aus Düsseldorf etwa gab den elektronischen Spielarten des Pop eine neue Dimension und wurde in den USA, England oder Japan gleichermaßen gefeiert. Die Neue Deutsche Welle (NDW) entstand als originelle Verschmelzung unterschiedlichster Stile vom Punk über New Wave bis Electronic. Trios buchstäblich dadaistischer Irrsinns-Hit „Da Da Da" erzielte kaum glaubliche Chart-Platzierungen auf den wichtigen internationalen Musikmärkten und, ja, auch Nena zählte mit ihrem kurzzeitigen Welterfolg „99 Luftballons" zu den unbekümmerten und selbstbewussten Vertretern einer der Pubertät entwachsenen deutschen Rock- und Popkultur. Die NDW war bereits nach drei Jahren unter dem Einfluss zunehmender Kommerzialisierung und Banalisierung totgeritten, hatte aber doch endgültig die Bresche für den modernen deutschsprachigen Sound der Jugendkultur geschlagen, in die seit den frühen 1980er-Jahren Superstars wie Herbert Grönemeyer oder Marius Müller-Westernhagen stoßen konnten.

Als die Ostberliner Liedermacherin Bettina Wegner 1978 ihren erfolgreichsten Song „Sind so kleine Hände"– nur in der Bundesrepublik zur Veröffentlichung freigegeben – mit der Textzeile „Klare, grade Menschen wär'n ein schönes Ziel, Leute ohne Rückgrat haben wir schon zuviel" schloss, gab sie damit einer rasant wachsenden Frustration unter DDR-Jugendlichen Ausdruck. Sie wurde insbesondere von der repressiven Welle des Regimes in der Folge der Ausweisung von Wolf Biermann 1976 und dem immer offenkundigeren Versagen der Regierung in Wirtschaft und Ökologie genährt. Im Westen sah man den Text zunächst eher als Anklage gegen Gewalt an Kindern. Erst die im Jahr darauf folgende Ausweisung Wegners aus der DDR machte den Zusammenhang mit der Opposition deutlicher. Tatsächlich regten sich um 1980 herum immer mehr, vor allem von Jüngeren getragene Oppositionsgruppen im Osten. Die polnische Solidarnosc, aber auch die zeitgleich auftretende westdeutsche Friedensbewegung stand dabei Pate. Die von der staatlichen Auslandspresseagentur in der Bundesrepublik 1982 vertriebene Broschüre „Aus erster Hand. Leben und Alltag in der DDR" konzedierte denn auch vorsichtig immerhin „neue Lebensgewohnheiten" und „andere Auffassungen über Verhaltensweisen und Moral" der eigenen Jugend, um gleich ideologisch korrekt, aber verzerrend hinzuzufügen, dass sie „nicht in Opposition zum Staat" stehe, „keine leerstehenden Häuser" besetze, die es überdies auch gar nicht gäbe, und darüber hinaus nicht resigniere. Warum das so war, sollte in zu jener Zeit krisengeschüttelten westdeutschen Ohren besonders attraktiv klingen: „Existenzangst und Ratlosigkeit sind weitgehend unbekannt." Vor genau dieser systemimmanenten Ausblendung unbequemer Realitäten kapitulierten weite Teile der als „Reserve der Partei und Zukunft des Staates" geadelten jungen DDR-Bürger und zogen sich in die Nischen einer breit gefächerten, weitgehend an westlichen Vorbildern orientierten subkulturellen Jugendkultur zurück. Die staatlich gelenkte Jugendpolitik der FDJ, ohnehin längst ausgehöhlt, erwies sich seit Beginn der 1980er-Jahre nurmehr als Papiertiger. Daran änderten auch die hilflosen Versuche des Staates, durch das Engagement westlicher Rockimporte wieder die Deutungshoheit über die eigene Jugend zu gewinnen, nichts mehr. Ungestraft wehten in Berlin-Weißensee 1988 die Stars and Stripes des „imperialistischen Klassenfeindes" USA über den 150 000 Rockfans aus der ganzen Republik, die ihrem Idol Bruce Springsteen huldigten. Die Jugend der DDR ging ihrem Staat schon vor der Ausreisewelle des Jahres 1989 buchstäblich von der Fahne, der real existierende Sozialismus hatte seine Kinder gefressen.

Die Mauer fiel, doch Jugend West und Ost hatten sich nicht viel zu sagen. Unter dem Eindruck des kollabierenden Wirtschafts- und Sozialsystems, zuvor unbekannter Arbeitslosigkeit und gleichzeitig verwirrender politischer und gesellschaftlicher Vielfalt trauerten nicht wenige ostdeutsche Jugendliche vermeintlichen Vorzügen ihres untergegangenen Staates ostalgisch nach. Die posthume Identifikation mit der DDR, die zu ihren Lebzeiten gerade von der Jugend vielfach verweigert wurde, war die Antwort auf fortwährende Ignoranz oder Gleichgültigkeit gleichaltriger Westdeutscher. Dass bestimmte, in beiden Teilen existierende Extreme der Jugendkultur, insbesondere der Rechtsradikalismus, im Osten offensichtlicher zu Tage traten, trug nicht eben zum gegenseitigen Verständnis bei. Das stärkste verbindende Element bleibt bis heute – wie schon vor 1989 – die Orientierung an westlichen, noch immer vorwiegend in den USA und mit Abstrichen in England geprägten kulturellen und kommerziellen Trends. Das aber gilt für die globale Jugend gleichermaßen und ist mitnichten ein deutsches Phänomen. Nicht von einer „Amerikanisierung", vielmehr von einer 1945 begonnenen und heute weit gediehenen, den weltweit gültigen Regeln des globalen Marktes folgenden Internationalisierung der (gesamt-)deutschen Jugend kann nur die Rede sein.

IRRTUM 7

Der Westen war verklemmt, der Osten sexuell ungezwungen

Wie passen der ostdeutsche Überwachungsstaat und eine solche Überschrift zusammen? Ganz einfach: Hier geht es um den Mythos von der sexuellen Freizügigkeit, die den DDR-Alltag vermeintlich geprägt habe und von der die westdeutsche Konkurrenz angeblich nur träumen konnte. Eine einschlägige Dokumentation des Mitteldeutschen Rundfunks sah den ostdeutschen Staat gar als „Land der Libido", in dem man, wie der Journalist Hans-Jürgen Jakobs süffisant zusammenfasste, „früher, öfter und besser [kam]". Geradezu paradiesische Zustände für so manche, die nicht selten daran festgemacht wurden, dass der Einfluss der Kirche auf Staat und Gesellschaft gering war und daher Einführung der Antibabypille und Legalisierung der Abtreibung ohne politische oder gesellschaftliche Widerstände durchgesetzt werden konnten. Jenseits aller moralischen Bewertung hat dies vielleicht zu einem lässigeren Umgang in sexuellen Dingen geführt. Der Leipziger Mediziner Kurt Seikowski ging noch einen Schritt weiter und zog auch die Bildungs- und Arbeitsverhältnisse in der DDR heran: „Schon in der Schule wurde ziemlich offen aufgeklärt. Zudem waren viele Frauen berufstätig. Das schafft Selbstbewusstsein. Und ein selbstbewusster Mensch ist sexuell aktiver." Aufhorchen lässt freilich die Ergänzung Seikowskis, dass auch eher niedriges Arbeitspensum und weitgehend fehlender beruflicher Stress in diesem Zusammenhang förderlich waren, denn: „Wenn man ausgeruht und ausgeglichen ist, da hat man auch guten Sex."

Zumindest im Bereich der Freikörperkultur lässt sich eine deutliche quantitative Überlegenheit gegenüber dem Westen nicht leugnen. Ein 1982 unter dem Titel „Baden ohne" erschienener FKK-Reiseführer für das Gebiet der DDR verzeichnete zwar nur 35 offiziell registrierte Nacktbadestrände „zwischen Mövenort und Talsperre Pöhl". Das lag nicht unbedingt über Westniveau, aber Fläche und Frequentierung waren zum Teil weit höher. Zudem gab es an nahezu jedem zum Baden freigegebenen Gewässer der Republik geduldete FKK-Bereiche oder gleich gänzliche Tolerierung des Nacktbadens an öffentlichen Badestellen. Wer jetzt allerdings vorschnell die vielzitierte Prüderie in der Bundesrepublik als Kontrast bemüht, darf die holprigen Anfänge des realsozialistischen Nudistenparadieses nicht unterschätzen. Als sich zu Beginn der 1950er-Jahre an den Ostseestränden zwischen Boltenhagen und Ahlbeck die ersten Urlaubsgäste ihrer Badekleidung entledigten, intervenierten die zuständigen Behörden, in der Regel die in den jeweiligen Regionen aktiven Feriendienste der Massenorganisationen. Es gab Verbote, die allerdings ausgerechnet von Parteifunktionären, Kulturschaffenden und anderen hohen Funktionsträgern immer wieder ignoriert wurden. Der nackte Wahnsinn erfasste selbst höchste staatliche Ebenen, wie eine nicht eindeutig belegte, aber gerne kolportierte Anekdote aus dem Ostseebad Ahrenshoop in jenen Tagen zeigt. Danach geriet der amtierende Minister für Kultur, Johannes R. Becher, beim Anblick einer älteren unbekleideten Dame am Strand außer sich: „Schämen Sie sich nicht, Sie alte Sau?" Ziel dieser Attacke war die Schriftstellerin Anna Seghers, die er jedoch nicht erkannt hatte. Als eben jene Seghers kurze Zeit später aus den Händen Bechers den Nationalpreis erster Klasse entgegennahm, konterte sie seine freundschaftliche Ansprache als „liebe Anna" mit der schroffen Entgegnung: „Für dich immer noch die alte Sau." Vielleicht nur zur Hälfte wahr, aber unterhaltsam und sehr bezeichnend.

Nicht zuletzt Prominenz und Einfluss überzeugter Nudisten sorgten bald für den Durchbruch der Freikörperkultur in der DDR, die zunächst nur an eigens gekennzeichneten Abschnitten erlaubt war, später dann allerorten geduldet wurde. Im Westen dagegen blieb FKK oft auf entsprechende Vereine und deren Einrichtungen beschränkt. Hier waren in den 1970er-Jahren geschätzte 150 000 Bundesbürger organisiert, die an die Tradition der organisierten Nudistenbewegung der Weimarer Republik anknüpften. Es gab zahlreiche offizielle Nacktbadestrände an den Küsten von Nord- und Ostsee, sie wurden allerdings nicht annähernd so frequentiert wie im Osten und lagen darüber hinaus in der Regel schwer zugänglich weit abseits der Hauptstrände. Und noch in den späten 1970er-Jahren gerieten nicht organisierte nudistische Aktivitäten in den Fokus einer pikierten Öffentlichkeit, wie im Falle der „Nackerten" am Eisbach des Englischen Gartens in München, die sich jahrelang ein Katz-und-Maus-Spiel mit Polizei, Behörden und Gaffern lieferten, bis endlich zwei Abschnitte des beliebten Terrains für das hüllenlose Baden freigegeben wurden.

Zum Zeitpunkt dieser moralinsauren Nachhutgefechte hatte sich FKK in der DDR längst zum Massenphänomen gewandelt. An den Badeplätzen der Republik tummelten sich Hunderttausende urlaubender Bürger wie sie „Partei und Regierung geschaffen hatten" (Mathias Wedel). Zynische Stimmen führten den Durchbruch des unverhüllten Badens im Sozialismus darauf zurück, dass es schlicht an modischer Badebekleidung mangelte. Wohl eher wird es aber der psychologisch zu erklärende Drang gewesen sein, sich für einen kurzen nicht alltäglichen Moment aller Zwänge des Alltags zumindest textil zu entledigen. Die Ostdeutschen waren ohne jeden Zweifel „Weltmeister im Nacktbaden", auch wenn das amerikanische Nachrichtenmagazin „Time" diesen Titel Mitte der 1970er-Jahre rätselhafterweise den Bundesdeutschen zugesprochen hatte. Letztere jedenfalls reagierten teils schockiert, teils entrüstet, als sie im Sommer 1990 die Strände Mecklenburgs und Vorpommerns zu erobern begannen. Es entspann sich ein regelrechter Kulturkampf ums unbekleidete Bad, das die neuen Bundesbürger trotzig verteidigten. Dennoch sahen sich die örtlichen touristischen Behörden vorübergehend gezwungen, den „Höschenkrieg zwischen Ost und West" zu entschärfen und entsprechende Strandabschnitte stärker zu separieren. Über die Jahre hat sich freilich wieder ein entspannteres Miteinander von Oben ohne und Oben mit durchgesetzt, bei tendenziell abnehmender Neigung, sich aller Hüllen zu entledigen.

Auch in alltäglichen sexuellen Gebräuchen wird DDR-Bürgern noch heute Lockerheit und Natürlichkeit zugesprochen, analog einem „Spiegel"-Artikel vom Februar 1972 über eine Studie zum „DDR-Sex", deren Fazit mit „mehr sexuelle[r] Freizügigkeit, aber ohne Sex-Rummel" zusammengefasst wurde. „Rummel" meinte in diesem Zusammenhang alle Aspekte der kommerzialisierten Sex-Industrie, wie sie sich in der Bundesrepublik seit den frühen 1970er-Jahren verbreitet hatte. Der Erfolg dieses frivolen Wirtschaftszweiges war nicht zu denken ohne die parallele sexuelle Befreiung dieser Zeit. Bis zum Ende der 1960er-Jahre schnürte ein Keuschheitskorsett unkeusches Verlangen des Bundesbürgers weitestgehend ab. Der Familienminister der ersten Adenauer-Regierung, Franz-Josef Wuermeling, gab 1953 die ideologische Stoßrichtung im Kampf um Sitte und Anstand vor: „Was wird eine Jugend, die Schund- und Schmutzliteratur liest, einer kommunistisch klar ausgerichteten Jugend morgen ideell entgegensetzen können?" Im gleichen Jahr noch wurde das Jugendschutzgesetz und in der Folge die Bundesprüfstelle für jugendgefährdende Schriften gegründet, die nach dem Willen des Gesetzgebers insbesondere Jugendliche vor „sittlicher Gefährdung" schützen sollte. Die daraus hervorgehende Zensurtätigkeit der neu geschaffenen Behörde beziehungsweise der in der Folge ins Leben gerufenen Selbstkontrollinstanzen der Medienindustrie, legitimierte sich vorwiegend politisch. Jugendschützer argumentierten, „daß unzüchtige Schriften zu Unzufriedenheit und Kommunismus verleiten". Als Speerspitze einer breiten, von den Kirchen und den christlich-konservativen Parteien getragenen „Sittlichkeitsbewegung" arbeitete die „Aktion Saubere Leinwand" und deren führender Protagonist Adolf Süsterhenn. Ein aus heutiger Sicht unfreiwillig komisches Beispiel für die noch ausgesprochen eingeschnürte Sexualmoral bieten die Ausführungen des Oberstudiendirektors Kurt Hahn im Rahmen eines „Lehrgangs für Sexualerziehung der Jugend" im September 1950. Hahn pries die Vorzüge des Biologieunterrichts für die sexuelle Aufklärung „des jungen Menschen", um ihm zu zeigen, „daß Gott ihm mit seinem Leib ein Wunderwerk anvertraut hat, welches schändlich zu entweihen ebenso in unserer Macht steht wie die beglückende Erfüllung der lebensweiten Aufgabe, es zu adeln und als Tempel des Geistes ehrfürchtig und zuversichtlich zu hüten". Was das Geschwurbel praktisch bedeuten sollte? Hahn nannte ein Beispiel: „Beim Klassenbesuch eines Zoos wird der Sexualpädagoge die Affenkäfige besonders beachten. Bekanntlich lenken die offen zur Schau getragenen und nach menschlichen Begriffen häßlichen Genitalien der Affen stets die besondere Aufmerksamkeit der Besucher auf sich. Die einzelnen Schüler wissen sich weniger beobachtet als in der Schulstube und geben sich daher natürlicher. Ihr Verhalten beim Anblick der Affen ist bis zu einem gewissen Grade ein Kriterium für ihre sittliche Reife."[5]

Doch im Windschatten des allgemeinen gesellschaftlichen Aufbruchs in der Bundesrepublik lockerte sich unter anhaltendem Wehklagen der Kirchen und der ihr nahestehenden Parteien auch die Sexualmoral, zusätzlich angeheizt durch die pseudo-wissenschaftlichen Kinofilme des selbst ernannten Aufklärers der Nation, Oswalt Kolle, und die Erfolgsstory des einschlägigen Versandhandels der findigen Flensburgerin Beate Uhse. Akademisch verbrämte Aufklärung bot etwa Günter Amendt mit seinem provokanten Buch „Sex-Front". Bevorzugt in den besonders verkehrsreichen Bahnhofsvierteln der Großstädte breiteten sich Bordellbetriebe, Sex-Kinos, -Bars und -Shops aus. Diesen Stätten für eine geballte Triebentladung hatten die Hüter von Anstand und Moral nur wenig entgegenzusetzen; weiter galten aber der Strafrechtsparagraf 184, der „rohe Pornografie" untersagte, und zumindest für die Programme der öffentlich-rechtlichen Rundfunk- und Fernsehanstalten strengere Regeln vor allem mit Blick auf den Jugendschutz einforderte. Natürlich konnten sich die Fernsehsender auf Dauer nicht von dem gesellschaftlichen Trend entkoppeln, sorgten mit ihren gelegentlichen freizügigen Exkursen aber für heftige Gegenreaktionen, wie der „Spiegel" angesichts der grassierenden „Sex-Welle" im Spätsommer 1989 erinnerte: „Wutgeheul erhob sich 1970 unter Wertkonservativen, als im ZDF-Quiz ‚Wünsch Dir was' ein hübscher Teenager in durchsichtiger Bluse auftrat, unerhört. Skandal machte, im selben Jahr, ein ARD-Report über die ‚Sex-Rebellion der Neuen Linken': ‚Obszönität als Gesellschaftskritik'. Da ertönte freiweg der Brunftschrei ‚Vögeln macht Spaß!', Schwule küßten sich ungeniert, Paare und Gruppen kopulierten vor der TV-Kamera. Der ‚Bayernkurier' verfluchte die ‚kriminelle' Sendung, wurden doch Millionen Fernsehzuschauer in ihren Heimen ahnungslos von diesem Schmutz überfallen." Diese Ambivalenz von Verklemmtheit und Aufbruch sollte die Gesellschaft der Bundesrepublik lange begleiten. Ausgerechnet das erst durch Gesetzgebung der christlich-konservativ-liberalen Regierung Kohl ermöglichte Privatfernsehen brach im beginnenden Kampf um Marktanteile mit ersten Tabus und erhob Sex zu einem wesentlichen programmatischen Schwerpunkt, wenngleich pornografische Darstellungen bis heute von der Mattscheibe verbannt bleiben.

Oberflächlich betrachtet verlief der sexuelle Aufbruch in der DDR weniger grell, aber waren die Ostdeutschen tatsächlich weniger verklemmt? Zwar hatte bereits Lenin gegenüber Clara Zetkin betont, dass „der Kommunismus (...) nicht Askese bringen, sondern Lebensfreude, Lebenskraft auch durch erfülltes Liebesleben" bescheren solle. Die Autorin Hannelore Kleinschmidt beobachtete 1987 bei einer Reise in den Osten freilich fortgesetzte Verklemmung im öffentlichen Diskurs: „Über Sex wird meistens hinter vorgehaltener Hand geredet, und es werden Witze erzählt. In der jetzigen Elterngeneration wie auch überhaupt bei den älteren Leuten ist das Thema für nicht wenige noch tabu. Unlängst empörte sich eine Leserin in der ‚Wochenpost', daß ihr Ehemann heimlich einige Aktfotos aufbewahre. Sein Verhalten sei schmutzig und widerwärtig." Es gab keine Versorgung mit pornografischem Material, das verhinderte eine rigorose Gesetzgebung, aber natürlich auch die Abschottung der Grenzen. Zudem war Prostitution offiziell verboten. Gerade an diesem Punkt zeigte sich aber einmal mehr die Widersprüchlichkeit des Systems, denn zumindest in den Hafen- und Handelsmetropolen blühte das Geschäft mit der käuflichen Liebe. Und das nicht nur stillschweigend geduldet, sondern mitunter auch aktiv vom Staat gefördert, der sich von intimen Kontakten zwischen den in solchen Fällen von der Stasi engagierten Prostituierten und Vertretern westlicher Politik oder Wirtschaft geheimdienstlich verwertbare Informationen erhoffte. Allerdings umfasste der „VEB Bordell" (Uta Falck) nie mehr als 3 000 Frauen und lag damit statistisch weit unter der Zahl der Prostituierten in der Bundesrepublik. Und während immer mehr pornografische Zeitschriften und Filme auf den westdeutschen Markt schwappten, blieb der Osten in dieser Hinsicht fast komplett keimfrei.

Hatten die DDR-Bürger dergleichen nicht nötig? Auffällig ist zumindest, dass das einzige bescheidenen erotischen Hauch versprühende Medienprodukt, schlicht das „Magazin" genannt, wohl nicht von ungefähr zur gefragtesten Zeitschrift der DDR avancierte: Jede Ausgabe enthielt eine Aktfotografie und wurde offensichtlich gerade dadurch zur begehrten „Bückware". Der Historiker Stefan Wolle, ansonsten von der Überlegenheit östlichen Liebeslebens überzeugt, ergänzte in diesem Zusammenhang, dass „Abonnements (...) einen regelrechten Handelswert besaßen und (...) sogar testamentarisch vermacht worden sein [sollen]. Öffentliche Bibliotheken verliehen das ‚Magazin' nur über die Aufsicht, die es nach Rückgabe auf Vollständigkeit prüfte." Nun wird man auch hier wieder einwenden können, dass es sich beim Erfolg der Postille und vor dem Hintergrund des Renommees, das sich etwa der bekannteste Aktfotograf der DDR, Günter Rössler, international erwarb, vielmehr um einen speziellen Beweis sexueller Lockerheit handelte. Harald Hauswald, Reportagefotograf und nach der Wende Mitbegründer der Agentur Ostkreuz, sah es so und konstatierte gar eine vorsätzliche „Förderung der Aktfotografie", denn: „Der Staat konnte damit Luft aus dem Ventil lassen, auf völlig harmlose Art und Weise. Es gab doch kaum Freizeitvergnügen, und wie sollte man die Leute bei Laune halten? Also wurde Sex gefördert. Dazu gehörte, dass die DDR die Pille sehr früh einführte. Dazu gehörten Bilder wie die von Rössler. Und denken Sie an all die FKK-Strände. Die ließ man doch sehr bewusst einrichten: um abzulenken. Deshalb sind die Ostdeutschen bis heute weniger prüde. Sie hatten ja, böse gesagt, nichts Besseres zu tun, als sich auszuziehen. Sie besuchten diese FKK-Strände – ein Jahr im Voraus musste man dort einen Zeltplatz buchen! Die Ostdeutschen gingen relativ schnell Beziehungen ein. Sie lebten freie Liebe. Rössler profitierte davon, dass Nacktheit etwas so Normales war in der DDR. Eine staatlich erwünschte Nische. Weil politisch harmlos." [6]

Eine auf den ersten Blick schlüssige Argumentation, die aber die systemübergreifende Frage nicht beantwortet, worin sich kapitalistischer und sozialistischer Akt denn wirklich unterschieden und warum der „Playboy"-Leser (West) verklemmt, der „Magazin"-Leser (Ost) dagegen ungezwungen gewesen sein soll. Und sie vernachlässigt überdies den Umstand, dass Homosexualität in der DDR zwar vergleichsweise früh rechtlich straffrei gestellt wurde, das gesellschaftliche Klima mit diesem Fortschritt jedoch nicht Schritt hielt, auch wenn mit Johannes R. Becher, immerhin Schöpfer der DDR-Nationalhymne und Kulturminister, ein prominenter Politiker offen in einer homosexuellen Partnerschaft gelebt hatte. Nach allem, was wir aus Überlieferungen von Schwulen und Lesben in der DDR wissen, wagten nur wenige von ihnen das offene Bekenntnis, weil sie, wie Per Ketman und Andreas Wissmach in einem DDR-Reiseführer der alternativen „Anders reisen"-Reihe darlegten, „sofort das ganze Spektrum sozialer Diskriminierung" zu spüren bekämen. Auch die Behauptung Hauswalds, die Antibabypille sei im Osten sehr früh eingeführt worden und damit sei man dem Westen voraus gewesen, lässt sich nicht halten. „Ovosiston", die bei der VEB Jenapharm entwickelte Pille ist denn auch eher Antwort auf das bereits seit 1961 in der Bundesrepublik erhältliche Präparat „Anovlar" der Westberliner Schering AG gewesen. Pillenknick, also drastischer Geburtenrückgang infolge zunehmender Verbreitung der Pille, aber auch die Ende der 1970er-Jahre einsetzende „Pillenmüdigkeit" vieler Frauen aufgrund der immer bewusster werdenden Nebenwirkungen gab es gleichermaßen in Ost wie West. Welche emanzipierende Wirkung die Einführung der Pille auf viele Frauen hatte, schilderte Karl-Heinz Mehlan in seinem 1969 in der DDR veröffentlichten Buch „Wunschkinder" anschaulich: „Jeden Abend vor dem Schlafengehen nehmen über 20 Millionen Frauen täglich die Wunschkind-Pille, fälschlich Anti-Baby-Pille genannt. Das Präparat befreite Millionen Frauen von der ständigen Angst vor einer unerwünschten Schwangerschaft: sie schuf ein neues Sexualgefühl. Den

Frauen wurde eine neue Freiheit verwirklicht. Zum ersten Mal tritt die Frau dem Manne als physisch gleichberechtigter Sexualpartner gegenüber (...) Der trennende Vorhang, den die bisherigen Methoden noch zwischen Zeugung und sexueller Befriedigung errichteten, ist nun spürbar geworden: alles spielt sich so ab, als würde überhaupt kein Verhütungsmittel benutzt. Sämtliche Funktionen der Frau bleiben erhalten. Eine aber hat sie ihrem Willen untergeordnet: die Empfängnis." Es gibt keinen nachvollziehbaren Grund, ein entsprechendes Grundgefühl nicht auch für bundesdeutsche Frauen anzunehmen.

Die ultimative, letztlich entscheidende Frage, ob es denn im eigentlichen Lustzentrum, „im Bett", im Osten besser klappte als im Westen, wird sich seriös kaum nachprüfen lassen. Dass die sexuellen Bedürfnisse zumindest im Bereich der Unterhaltungsmedien nicht so weit auseinanderlagen, zeigte sich schon bald nach dem Fall der Mauer. Unter der Überschrift „Endlich Sex!" staunte der westdeutsche Journalist Ulrich Stock vor dem Hintergrund der Eröffnung des ersten Sex-Shops in Leipzig im Juni 1990: „Achtzig Videotheken haben binnen Wochen in Leipzig eröffnet und machen das größte Geschäft mit Filmkassetten, die nicht im Regal, sondern in Pappkartons von der erwachsenen Kundschaft gemustert werden. Beate Uhse verteilte unter freiem Himmel Kataloge vom Lastwagen, ambulante Händler verkaufen aus Autos mit westlichem Kennzeichen Bilder von Paaren in allen Positionen. Die Polizei schreitet nicht ein."[7] Der Mythos von der vermeintlich größeren Zwanglosigkeit der Ostdeutschen wird sich auch mit Blick auf das west-östliche „Durchschnittsbett" kaum beweisen lassen, wie der Chemnitzer Sexualberater Siegfried Schnabl bereits 1991 mit Blick auf vergleichende Studien in West und Ost feststellte. Der einzige augenfällige Unterschied lag in der offensichtlich ungezwungeneren Wahl der Geschlechtspartner in der DDR, die freilich mit einem bemerkenswerten Negativum korrespondierte: In keinem anderen Land der Welt lagen die Scheidungsraten höher als im vermeintlichen „Sexualbeglückungsland" (Hans-Jürgen Jakobs) im Osten.

IRRTUM 8

Die Westdeutschen sind Meister der Weltläufigkeit

Die Möglichkeit unbegrenzten Reisens war wohl eines der wichtigsten Distinktionsmittel im Verhalten der Westdeutschen gegenüber ihren diesbezüglich limitierten Ost-Nachbarn. Die DDR-Schriftstellerin Helga Schubert musste das selbst bei jenen feststellen, die ihr eben noch als Hausgenossen, Freunde, Verwandte nahe waren: „Wenn sie dann drüben angekommen sind, mit falschen Pässen, im plombierten Kühlraum, im Kofferraum, in Düngeflugzeugen, Luftballons oder auch mit einem echten Paß mit behördlicher Erlaubnis, bekommen wir bald die ersten Ansichtskarten. Immer ist es ein blauer Himmel." Was aber sollte das beweisen? Unterschwellig jedenfalls eine Erweiterung nicht nur des geografischen, sondern auch des geistigen Horizonts, die den reisenden Bundesdeutschen im Gegensatz zu den weitgehend isolierten Arbeitern und Bauern ausgezeichnet habe. Tatsächlich hat sich das Reiseverhalten von Ost- und Westdeutschen schon bald nach Kriegsende weit auseinanderentwickelt.

Parallel zur beginnenden Revolution des Verkehrswesens hatten im frühen 19. Jahrhundert die bürgerlichen Schichten das bis dahin weitgehend dem Adel vorbehaltene Reisen nun auch für sich entdeckt. Die ersten bescheidenen Urlaubsregelungen in den 1870er-Jahren beflügelten die Reiselust weiter. Doch erst das 20. Jahrhundert brachte den Durchbruch: Aus dem zuvor exklusiven Freizeitvergnügen wurde ein Massenphänomen. Es waren die Nazis, die zur Grundierung ihrer „Volksgemeinschaft" hochsubventionierte Wander- und Ferienfahrten der eigens dafür geschaffenen Organisation „Kraft durch Freude" anboten – für Arbeiter häufig erstmals die Gelegenheit, einen längeren Urlaub antreten zu können. Mit wachsendem Wohlstand entwickelten sich zumindest die Bundesbürger seit den 1950er-Jahren zu „Reiseweltmeistern", die ihren Urlaub zudem mehr und mehr im Ausland verbrachten. Doch in der DDR zeigte sich etwas zeitversetzt ebenfalls ein reger Anstieg der touristischen Aktivitäten. Seit Jahrzehnten zählt das Reisen damit zweifellos zu den liebsten Freizeitbeschäftigungen in Deutschland. Auch die damit einhergehende kulturwissenschaftliche und später ökologische Kritik am Aufstieg des Massentourismus hat die Reiseleidenschaft der Deutschen nicht ausbremsen können. Gereist wird weiter mit Macht, solange es die Portemonnaies der Privathaushalte zulassen. Das gilt für West- und Ostdeutsche gleichermaßen, deren Reisegewohnheiten sich unterdessen weitgehend angeglichen haben.

„Nichts wie weg, egal wie", betitelte der „Spiegel" 1988 einen Bericht über den „triebhaften Zwang, das Weite zu suchen" in der Bundesrepublik: „Kaum anders erklären Psychologen, was alle Wochen wieder die Menschen über Land zieht. Vor lauter Angst, daß ihnen zu Hause die Decke auf den Kopf fällt, auf der Flucht vor der Monotonie von Arbeit und Alltag, gedrängt von einer inneren Unruhe, die sich unbewußt in ziellosem Bewegungsdrang freie Bahn zu schaffen versucht, glauben sie fest, daß ihnen nur zu helfen ist, ‚wenn sie sich möglichst weit entfernen', so Freizeitforscher [Horst] Opaschowski." Abseits der elitären Tourismuskritik bleibt die Erkenntnis, dass sich in einer vielfältigen Gesellschaft mannigfache Motive für das Reisen finden lassen: der Wunsch nach Erholung, Erlebnisorientierung, Wissensdrang, sozialer Geltungstrieb, das Verlangen nach Geselligkeit oder auch der unbestimmte Traum der Selbstverwirklichung. Nicht zu vergessen das Verlangen, zumindest zeitweise den Unbilden des mitteleuropäischen Klimas in Richtung mediterraner Sonne zu entrinnen. Zudem fliehen viele seit den 1960er-Jahren vor der „Unwirtlichkeit der Städte" (Alexander Mitscherlich), jenen monotonen Trabantensiedlungen, die in beiden deutschen Staaten aus dem Boden gestampft wurden. Nicht von ungefähr lag der Anteil von Reisenden aus den ländlichen Gemeinden lange Zeit weit unter dem der städtischen Urlauber.

Dabei haben sich in der Vergangenheit die Gewichte zwischen den möglichen Beweggründen immer wieder verschoben. Während mit dem Beginn der alljährlichen Reisewellen in den 1950er-Jahren die kurzzeitige Flucht vor den Anstrengungen des Wiederaufbaus, und damit der Erholungsaspekt im Vordergrund stand, ist der Wunsch nach Selbstverwirklichung ohne den wachsenden Wohlstand nicht zu denken. Und über allem lag und liegt eine diffuse Sehnsucht nach der „Flucht aus dem Alltag" oder – dies insbesondere in Ostdeutschland – dem „Urlaub vom Staat". Angefeuert von unzähligen Schlagern wurde das „Fernweh" zur immer neue Schleifen drehenden Grundmelodie der stetig wachsenden Freizeitgesellschaften in Ost und West. Kein anderes Lied hat die Reiselust der Deutschen nach dem Krieg mehr stimuliert als die seit 1946 aus den Lautsprechern tönenden „Capri-Fischer". Bereits 1943 von Gerhard Winkler komponiert und von Rudi Schuricke gesungen, von Joseph Goebbels allerdings aufgrund des Zerfalls des Bündnisses zwischen Italien und Deutschland zunächst verboten, prägte es lange Zeit das Italienbild ganz Deutschlands; freilich konnten bis 1989 lediglich die Westdeutschen der „roten Sonne", die „bei Capri im Meer" versank, entgegenreisen. Überhaupt dominierten die Lieder von Fernweh und Urlaubssehnsucht die Schlagerhitparaden beiderseits der Grenze. Während in der Bundesrepublik das mandolinenumflorte Italienklischee im Schlager grassierte und von Jahr zu Jahr mehr Westdeutsche den Lockrufen Caterina Valentes oder Vico Torrianis folgten, versuchte die SED die in der eigenen Bevölkerung gleichermaßen vorhandenen Träumereien von „Bella Italia" auf das eigenen Land zu lenken – Reisen ins kapitalistische Ausland waren ja für den DDR-Normalbürger jenseits der Realität. Getreu dieser offiziellen Doktrin hieß es etwa im 1962 von Günter Geißler interpretierten Erfolgsschlager der VEB Deutsche Schallplatten unter dem Titel „Was willst du denn in Rio?": „Was willst du in Milano?/Schau hier in diesem Städtchen/gibt's manches hübsche Mädchen,/das deinetwegen ganz verweinte Augen hat./Drum lass doch dein Gepäck/und fahr erst gar nicht weg./Die Liebe ist in Rio,/in Grönland und am Kongo/genau nicht anders als bei uns zuhause./ Man sitzt auch gern beim Vino/in Dresden und Berlin, o/mit einer zuckersüßen Maus." Der Einfluss von Westradio und -fernsehen hielt jedoch den Traum, einmal durch Rom, Paris, Barcelona oder Athen zu flanieren, in weiten Teilen der DDR-Gesellschaft bis 1989 beständig wach. Psychologisch erwies sich die Diskrepanz zwischen verbreiteten Urlaubswünschen und mangelnder Reisefreiheit für den SED-Staat auf Dauer als fatal: Die aufgestauten Sehnsüchte ließen sich kaum kanalisieren und trugen wesentlich zur wachsenden Unzufriedenheit der ostdeutschen Gesellschaft bei. Daran konnte auch der massive Versuch der staatlichen Organe nichts ändern, auf die Reisegestaltung der DDR-Bürger Einfluss zu nehmen.

„Etwa 25 Millionen Deutsche werden in den nächsten Wochen Ferien machen, mehr als je zuvor. Sie reisen – die meisten im eigenen Auto, die wenigsten mit Pauschalreiseveranstaltern, eine Million nämlich oder heuer vielleicht auch zwei, was bedeutet das schon? Nur jeder zehnte beschränkt seine Reiseinitiative aufs Kofferpacken und überläßt alles andere den Urlaubsexperten", so begleitete ein Artikel der westdeutschen „Zeit" im Sommer 1970 den Start in die Reisesaison – gemeint waren die Bundesdeutschen. Was zu Beginn der 1970er-Jahre offensichtlich noch den Hauch des Exotischen hatte, war bereits seit Mitte des 19. Jahrhunderts, erstmals 1861 durch den Engländer Thomas Cook, eingeführt worden. Der Bremer Wilhelm Scharnow und sein Jugendfreund Dr. Carl Degener boten in den 1920er-Jahren erste günstige Gruppenreisen innerhalb Deutschlands an. Bevorzugtes Ziel war zunächst das bayerische Ruhpolding. Die Nationalsozialisten griffen die Idee billiger „Volksreisen" mit ihrer Organisation „Kraft durch Freude" auf. Zwar kam das gut an in der öffentlichen Wahrnehmung, aber die mit viel Getöse propagierte „Volksgemeinschaft" blieb auch beim Reisen weitgehend eine Chimäre. Erst die als „Wohlstand für alle" im kollektiven Gedächtnis der Bundesrepublik fest verankerten wirtschaftlichen Erfolge der 1950er-Jahre eröffneten schließlich neue Chancen für findige Veranstalter auf dem Reisemarkt. Mit Scharnow-Reisen, der von Carl Degener gegründeten Touropa oder dem gehobenen Anbieter Dr. Tigges waren es die kundigen Platzhirsche der 1920er- und 1930er-Jahre, die dem Massentourismus schließlich zum Durchbruch verhalfen. Auch Versandhäuser wie Neckermann witterten das große Geschäft und boten äußerst günstige Reiseangebote, gestützt durch den rasanten Ausbau der Hotelkapazitäten in den bevorzugten Urlaubsregionen, vor allem an den Mittelmeerküsten. Als Menetekel des Massentourismus erscheint rückblickend das Jahr 1954, in dem der größte Anbieter Touropa seinen begierigen Kunden erstmals die Baleareninsel Mallorca als „Sonnen-Schnäppchen" anbieten konnte.

Auch wenn die Wachstumsraten im Pauschaltourismus seit Mitte der 1950er-Jahre durch die Decke gingen und rasch das Bild des urlaubenden Westdeutschen in der Öffentlichkeit prägten: Der weit überwiegende Teil der Bevölkerung, die sich eine Reise überhaupt leisten konnten, bevorzugte die individuelle Fahrt in die Ferien. Zunächst noch mit der Eisenbahn. Mit der rasch zunehmenden Motorisierung wuchs jedoch auch die individuelle Urlaubsmobilität. Die neu erworbenen Fahrzeuge von Messerschmitt, Opel, Borgward oder Volkswagen wurden mitunter heiklen Härteproben ausgesetzt. Mit zum Teil abenteuerlich bepackten Fahrzeugen zog alljährlich zu Beginn der Sommerferien eine stetig wachsende automobile Karawane durch die Lande, an die Küsten von Nord- und Ostsee, in die Mittelgebirge oder die Alpen, viele bis Österreich, nicht wenige schließlich in Richtung der bald als „Teutonengrill" verspotteten italienischen Adria um Rimini, Riccione und Catollica. Die Umstände, unter denen sich der Urlaub häufig vollzog, waren zunächst alles andere als bequem und konnten kaum den gewünschten Erholungsbedarf befriedigen. Was aber für viele letztlich zählte, war das nach der Rückkehr im Verwandten- und Freundeskreis kundgetane, mit unzähligen Fotos oder Dias säuberlich dokumentierte Grundgefühl, es „geschafft" zu haben und damit seinen eigenen sozialen Aufstieg zusätzlich nachweisen zu können.

Die Kulturkritik sah dies naturgemäß anders: In seiner berühmten Tourismusschelte von 1958 bezeichnete Hans-Magnus Enzensberger die Flucht vor der „Disziplinierung des Alltags der Industrialisierung" als zentrales Reisemotiv der Massen. Dieser Fluchtversuch sei jedoch in dem Moment zum Scheitern verurteilt, in dem sich der Tourismus selbst zur Industrie wandele, also normierte und seriell gefertigte Produkte anbiete, kurz: Urlaub von der Stange. Einmal abgesehen davon, dass sich der abseits der Pauschalangebote gedeihende Individualtourismus unverminderter Popularität erfreut, ist die „Flucht" wohl schon immer eine wichtige Motivation bei der Planung und Durchführung einer Urlaubsreise gewesen. Und die Schlussfolgerungen Enzensbergers sind insofern umstritten, als sie „von der Faszination des Reisens" nichts wissen wollen (Christoph Hennig).

Die Automobilisierung, und damit verbunden die individuelle Mobilität, blieb in der DDR noch bis weit in die 1970er-Jahre eingeschränkt. Ohnehin sah es die Regierung lieber, dass sich die Bürger auch in ihrer Urlaubszeit staatlich organisierten Reisen anschlossen. Als größter Anbieter agierte der Feriendienst des Freien Deutschen Gewerkschaftsbundes (FDGB), der am 20. März 1947 gegründet worden war und fortan alljährlich die Ferien hunderttausender Werktätiger plante. Die Urlauber waren in gewerkschaftseigenen Erholungsheimen, 1988 etwa 700, sowie fast 500 weiteren größeren Unterkünften untergebracht. Vor der Reisesaison teilte man den einzelnen Gewerkschaftsbezirken ein festgelegtes Kontingent an Ferienplätzen zu. Eigens gebildete „Ferienkommissionen" entschieden über die endgültige Aufteilung der freien Plätze auf die antragstellenden Bürger. Wer das große Glück hatte, einen Platz, womöglich noch in den besonders begehrten Urlaubsregionen der Ostsee, zu bekommen, erhielt einen Ferienscheck, der am Zielort für Unterkunft und Verpflegung eingelöst werden konnte. Dabei war lediglich ein knappes Drittel der Gesamtkosten von den Reisenden zu tragen, den Rest subventionierte der Staat. Dass bei diesem ineffizienten System die Qualität der abgerufenen Leistung häufig auf der Strecke blieb, wundert nicht, wurde aber von der Mehrheit der Urlauber angesichts der äußerst geringen Selbstkosten bereitwillig in Kauf genommen. Gerade in den ersten Jahren waren die Mängel freilich eklatant, wie ein Bericht der Zeitschrift „Demokratischer Aufbau" vom August 1953 belegt: „Das Bestreben aller Mitarbeiter in den Organen der Staatsmacht in den Bade- und Erholungsorten unserer Republik ist darauf gerichtet, den Werktätigen, der Intelligenz und allen anderen Mitarbeitern am Aufbau unseres Staates eine einwandfreie, vorbildliche Erholungsmöglichkeit zu bieten. Wie ernst es den Kollegen der örtlichen Organe in den Bädern damit ist, beweisen sie dadurch, dass es ihnen trotz großer Anfangsschwierigkeiten gelang, durch eigene Initiative viele aufgetretene Mängel weitgehend zu überwinden. (...) Die meisten Hemmnisse gab es in der Versorgung. Mit vielen Anstrengungen und nur unter großem persönlichem Einsatz vieler Mitarbeiter gelang es, eine reibungslose Versorgung sicherzustellen. Mit Beginn der Saison zeigte sich, dass entscheidende Fehler gemacht worden waren. Man stellte bei einer Tagung in Stralsund im Februar dieses Jahres fest, dass einfach vergessen wurde, die Zahl der Urlauber, die sich im Bezirk Rostock während der Sommermonate aufhalten, in den Versorgungsplan aufzunehmen. (...) Es darf auch in Zukunft nicht mehr vorkommen, dass die Auswahl an Spirituosen und Zigaretten nur gering ist, der Käse nur alle acht Tage geliefert wird und das Bier auf Grund der vorsichtigen Bestellungen der Heime nur sehr stockend herankommt. Damit verärgert man die Urlauber! (...) Neben guten Beispielen einer unserer Ordnung würdigen Verkaufskultur gab es in der Dekoration mancher Geschäfte und der Bedienung große Mängel. (...) Auch die Handelsorgane sollten lernen, sich auf die Saison einzustellen. Sport- und Badeartikel waren nicht überall genügend vorhanden. In Zingst und Kühlungsborn fehlten fast alle Saisonartikel."

Trotz der konkurrenzlos günstigen Preise flohen viele Bürger der DDR zumindest in den Ferien vor dem Zugriff des Staates und organisierten ihre Reisen zunehmend auf eigene Faust. Hinzu kam, dass die verfügbaren Unterbringungskapazitäten der staatlichen Anbieter trotz zum Teil massiven Ausbaus mit dem vorhandenen Bedarf nicht Schritt halten konnten. So entwickelten sich Formen des individuellen Urlaubs, die in Westdeutschland zwar nicht unbekannt, jedoch bei Weitem nicht so verbreitet waren. Aufgrund der Monopolstellung der staatlichen Ferienanbieter FDGB sowie dem VEB „Reisebüro der DDR" und dem Veranstalter der Freien Deutschen Jugend (FDJ), „Jugendtourist", lag die Infrastruktur für privaten Fremdenverkehr weitgehend brach. Eine Alternative bot der Campingurlaub, der zeitgleich auch in der Bundesrepublik boomte, einen vergleichbaren Stellenwert wie im Osten jedoch nie erreichte. Für nicht wenige Ostdeutsche war die Aussicht auf größeren Freiraum und weniger Reglementierung ausschlaggebend für die Entscheidung, das Urlaubsglück auf einem Zeltplatz an der Ostsee, im Thüringer Wald oder dem östlichen Harz zu suchen. Und das, obwohl eine solche privat organisierte Reise nicht nur im Vergleich zum FDGB-Ferienheim teurer, sondern auch von Alltagsritualen geprägt war, denen man doch eigentlich entfliehen wollte. So schilderte die Frau eines ehemaligen Zeltplatzleiters rückblickend in einem Interview: „Es gab einen Grillplatz, da konnte jeder, der wollte, grillen. Außerdem gehörte das Waldbad mit der Gaststätte zum Zeltplatz. Dort fanden die Strandfeste, Kinoveranstaltungen und vor allem der Tanz statt. Mindestens drei bis vier Mal pro Saison. Das war so vorgeschrieben."[8]

Ein Randaspekt des Tourismus in der DDR, wenngleich keine eigenständige Urlaubsform, war der außergewöhnlich hohe Stellenwert des Nacktbadens. Millionen von ostdeutschen Urlaubern entledigten sich dabei wohl nicht nur schlicht ihrer Kleidung, sondern befreiten sich für wenige sommerlich-sonnige Momente auch der politischen Zwänge des Alltags.

Dass zumindest die Westdeutschen in den 1950er-Jahren wieder fast grenzenlos reisen konnten, war angesichts des noch nicht lange zurückliegenden Krieges keine Selbstverständlichkeit. In den ersten Nachkriegsjahren galt es, selbst für Fahrten zwischen den Besatzungszonen bürokratische Hürden zu überwinden. Reisen ins Ausland, wenn sie denn angesichts der materiellen Not überhaupt infrage kamen, waren de facto unmöglich. 1951 erhielt die Bundesrepublik schließlich die Passhoheit und konnte nunmehr Reisepässe an die Bevölkerung ausgeben. Die weitgehende Isolation im Reiseverkehr endete jedoch erst 1954, als 13 europäische Staaten – mit Ausnahme Spaniens alle klassischen Urlaubsländer – die Visumspflicht für deutsche Touristen aufhoben. Das erste Land, das sich den reisenden Bundesbürgern wieder öffnete, war Italien – seit dem 19. Jahrhundert

„das" klassisches Sehnsuchtsziel der „tedeschi". Hinweise wie „Man spricht deutsch" oder „Deutsche Küche" in den bevorzugten Urlaubsorten reduzierten die Hemmschwelle, den Ferientrip über die Alpen zu wagen. Dabei waren die Umstände der Italienreisen zunächst alles andere als komfortabel; man reiste in bescheiden ausgestatteten Bussen, nächtigte in günstigen Landgasthöfen und versuchte, innerhalb kurzer Zeit möglichst viele touristisch attraktive Ziele anzusteuern. Nicht selten wurden die Aufenthalte in Italien als abenteuerlich wahrgenommener Abstecher aus dem bevorzugten, da sprachlich naheliegenden Urlaubsland Österreich eingeplant. 1954 machten lediglich vier Prozent aller deutschen Urlauber Italien zum Hauptreiseziel – die viel beschworene „Italomanie" im Wirtschaftswunder tobte sich überwiegend innerhalb der westdeutschen Grenzen aus. Erst der Ausbau der touristischen Infrastruktur an Riviera und Adria, die weiter steigende Mobilität und der stetig wachsende Wohlstand breiter Bevölkerungsschichten lenkte die Massen in das „Land, wo die Zitronen blühn". Sie interessierte freilich weniger der kulturelle Reichtum des „bel paese", sondern vielmehr die Aussicht auf azurblauen Himmel und lauwarmes Badevergnügen im Mittelmeer. Satte Urlaubsbräune, noch Wochen später in der kühlen Heimat vorzeigbar, ersetzte das traditionelle Souvenir als Beleg für standesgemäß verbrachte Ferien. Mit dem endgültigen Durchbruch des Pauschaltourismus seit Mitte der 1960er-Jahre wurde der Auslandsurlaub immer preiswerter; folgerichtig verreisten 1968 erstmals mehr Bundesbürger ins Ausland als innerhalb des Landes. Gleichzeitig erweiterte sich das Angebot an Reisezielen. Noch unter der faschistischen Diktatur Francos baute Spanien seine Hotelkapazitäten kräftig aus. So entstanden etwa in Benidorm an der Costa Blanca oder in Torremolinos an der Costa del Sol touristische Großsiedlungen, deren fragwürdige Vorreiterrolle schließlich auch auf die spätere Erschließung von Urlaubsregionen wie der Türkei wirken sollte.

Ganz oben auf der Hitliste favorisierter Reiseziele sonnenhungriger Westdeutscher stand jedoch seit den 1970er-Jahren die Baleareninsel Mallorca – dieser Boom ging allerdings mit einem weitgehenden Ausverkauf ganzer Küstenstriche einher. Bedingt durch das vergleichsweise geringe Preisniveau erwarb sich „Malle" schließlich den zweifelhaften Ruf der „Putzfraueninsel", auf der sich zumindest oberflächlich die Probleme des Massentourismus in einem Mikrokosmos zu ballen scheinen: „Zwischen 1973 und 1997 vervierfachte sich die Zahl an ‚Alemanes' auf der Insel gar. Seit den späten Sechzigern brummte an den Küsten der Massentourismus, eilig hochgezogene Betonsilos beherbergten die immer größere Flut an Sonnenhungrigen. Orte wie Cala Millor, Palma Nova, Magaluf erhielten ihre hässliche Fratze: funktionelle Bettenburgen, Wiener Schnitzel satt und Bier zum Selbst-Zapfen. (...) Schnell galt Malle als Urlaubsziel in gewissen Kreisen als peinlich. Bessergestellte rümpften die Nase über den ‚Armeleutemief' an der Küste (...) und wollten nichts zu tun haben mit den Feiermeiern im „Nordrhein-Westfalen mit spanischer Kulisse". Kaum waren die Putzfrauen gelandet, zog sich die feine Gesellschaft zurück. (...) Wer was auf sich hielt, floh ins mallorquinische Hinterland, um sich dort in liebevoll renovierten Edel-Fincas hinter hohen Zäunen zu verschanzen: weit genug weg von den paarungswilligen Gröl-Horden im ‚Bierkönig' und der ‚Schinkenstraße' mit ihren Currywurstbuden an der Playa de Palma."[9] Dem zweifelhaften Ruf als Billigreiseziel versucht die Inselregierung seit geraumer Zeit und mit gewissem Erfolg entgegenzuwirken. Architektonisch und ökologisch hat die Insel jedoch, wie viele andere Reiseziele des Pauschaltourismus, einen dauerhaft hohen Preis bezahlt.

Der stetig wachsenden Vielfalt der Auslandsreisen hatte der Inlandstourismus im Westen zunächst kaum etwas entgegenzusetzen. Gerade die privaten Vermieter konnten mit den verlockenden Angeboten der Reiseindustrie in fernen Ländern seit den 1970er-Jahren nicht mehr mithalten. Es fehlten das Geld, um die Unterkünfte auf modernen Standard zu trimmen, und häufig auch der Wille, neuen Urlaubstrends aufgeschlossen gegenüberzutreten. So verlor etwa der Westharz, verstärkt durch die sogenannte „Zonenrandlage" bis heute weitgehend den Anschluss an die touristische Moderne. In anderen Regionen beantwortete man die Herausforderung aus dem Ausland mit einer massiven Ausweitung der Unterbringungskapazitäten. Besonders an der westdeutschen Ostseeküste entstanden in den frühen

1970er-Jahren gigantische Bettenburgen mit angeschlossenen Freizeiteinrichtungen, die den zuvor idyllischen Küstenabschnitt irreversibel zerstörten. Es musste „etwas geschehen", rechtfertigte der damalige Leiter des schleswig-holsteinischen Fremdenverkehrsverbandes die Betonierung von Damp, Heiligenhafen, Holm und Sierksdorf: „Wir mussten etwas in Richtung Mittelmeer tun – etwa, was fließend Wasser, Heizung und Klo betraf." Gerade in Konkurrenz zu den von architektonischen Bausünden weitgehend freien ostdeutschen Ostseestränden erwiesen sich die Feriengroßprojekte in Schleswig-Holstein mittelfristig jedoch als erheblicher Standortnachteil.

„Abgeschnitten von den traditionellen Traumzielen des Mittelmeers, mühte man sich, dem Schwarzen Meer ein Image des dolce far niente zu geben und taufte es in ‚Schwarzmeer' um", so illustriert Tourismusforscher Hasso Spode das Grunddilemma der DDR-Touristik. Reisen ins kapitalistische Ausland mit seinen verlockenden klassischen Urlaubszielen waren nahezu allen Ostdeutschen bis 1989 verwehrt. Aber natürlich beschränkte sich die Sehnsucht nach Italien oder Spanien nicht auf die westdeutsche Bevölkerung, sie war auch im Osten vorhanden und wurde durch das empfangene Westfernsehen einerseits, die Lektüre der Italienreisen Goethes, Herders oder Heines andererseits stetig angefeuert. Erlaubt waren Reisen in die sozialistischen Bruderstaaten, die aufgrund der teilweise sehr dürftigen touristischen Infrastruktur kaum als Surrogat der westlichen Urlaubswelt taugten. Dennoch waren sie in der Bevölkerung begehrt, boten sie doch zumindest vordergründig die Gelegenheit, für kurze Zeit in andere Lebenswelten abzutauchen. Doch nicht einmal hier gelang es dem Staat, das Angebot an die ständig steigende Nachfrage der eigenen Bürger anzupassen. Vergleichsweise unbürokratisch war die Einreise in die Tschechoslowakei und, zumindest bis zum Beginn der Unruhen 1980, in Polen. Für Ungarn, Bulgarien, Rumänien und die Sowjetunion galten, insbesondere für Individualreisen, striktere Bestimmungen, wie das Nachrichtenmagazin „Der Spiegel" im April 1984 betont spitzfindig, aber realistisch auflistete: „Wer etwa privat einen alten Freund im sowjetischen Tiblissi besuchen will, muß sich auf einen langen Behördenkrieg einstellen. Der reisewillige DDR-Bürger schickt zunächst seinem Gastgeber in Tbilissi einen Brief, in dem er seinen Besuchswunsch samt genauem Termin äußert – und das möglichst gleich in russischer Sprache, denn damit spart der Freund die beglaubigte Übersetzung. Mit diesem Schreiben begibt sich der russische Partner zur Milizverwaltung in Tbilissi, Abteilung Ausländerfragen. Dort wird der Brief registriert und eine Akte angelegt. Dann hört der Antragsteller lange Zeit nichts. Während der nächsten drei bis vier Wochen wird der sowjetische Staatssicherheitsdienst tätig. Er prüft, ob der anfragende Bürger würdig ist, privat einen Gast aus dem Bruderland DDR zu beherbergen. Gibt es keine Sicherheitsbedenken, wird eine Bescheinigung für den DDR-Gast ausgestellt, die dieser wiederum seiner örtlichen Volkspolizeimeldestelle vorlegen muß. Dann erst kann er einen Antrag auf Erteilung einer ‚Reiseanlage zum Personalausweis' stellen. Das Dokument bekommt er normalerweise innerhalb von drei Wochen – wenn nicht die DDR-Stasi ihrerseits Bedenken gegen die Reise nach Tbilissi anmeldet. Der gesamte Amtsvorgang kann so bis zu drei Monaten dauern."

Ließen sich von diesen Hemmnissen nur wenige Urlaubswillige schrecken, so bildete der Preis einer Auslandsreise oft ein unüberwindbares Hindernis. Das galt vor allem für die wenigen exotischen Reiseziele: Bei einem Durchschnittseinkommen von etwa 1 000 Mark im Jahr 1985 verbot sich der ohnehin kaum chancenreiche Antrag auf eine dreiwöchige Reise nach Kuba für 6 800 Mark oder Vietnam für 7 200 Mark von selbst. Solche Fernreisen blieben einer privilegierten Nomenklatura vorbehalten. Hinzu kamen strenge Devisenbestimmungen innerhalb des Ostblocks, die den DDR-Bürgern am Balaton, in der Hohen Tatra oder am Schwarzen Meer nur ein bescheidenes Budget gestattete, mit dem keine großen Konsumsprünge möglich waren. Dies wurde besonders in den beliebten Urlaubsländern Tschechoslowakei und Ungarn als bitter empfunden, da hier ein sichtbar besseres Angebot an Konsumgütern und Lebensmitteln in den Regalen platziert war. Und gerade in diesen Ländern, aber auch in Bulgarien oder Rumänien, kam es nicht selten zu Begegnungen mit westdeutschen Urlaubern, die aufgrund ihrer begehrten Währung in jeder Beziehung eine bessere Behandlung erfuhren als die DDR-Bürger, die oft am gleichen Ort in den Hotels minderer Qualität untergebracht waren, obwohl sie proportional zu ihrem Einkommen einen wesentlich höheren Beitrag für ihren Urlaub hatten entrichten müssen. Kein Wunder also, dass aus Erlebnissen wie diesen das unbestimmte Gefühl „Deutscher zweiter Klasse" zu sein, erwuchs, was sich nach dem Umbruch 1989/90 auf allen gesellschaftlichen Ebenen in der Mentalität vieler Ostdeutscher festsetzte. DDR-Bürger Horst Zimmermann erinnerte sich 2004: „Die letzte Reise vor der Wende machten wir 1988 mit dem Tourex, einem Schlaf- und Speisewagenzug der Mitropa zum Goldstrand an der bulgarischen Schwarzmeerküste. Selbst die bulgarischen ‚Freunde' behandelten die DDR-Bürger wie Menschen zweiter Klasse. Wir wohnten in einem muffigen Souterrain-Zimmer, die Verpflegung erhielten wir in einem Imbiss mit Massenabfertigung, der Strand stank von angeschwemmtem Tang und wurde nicht gereinigt. Nebenan befand sich ein ‚Hetzel'-Hotel für westdeutsche Touristen, wo alles ordentlich gerichtet war. Nach dem Baden gingen wir an deren Strand zum Duschen. In den Gaststätten mussten wir sparen, da unser Umtauschlimit eng begrenzt war. Das erste Mal kamen wir von einer Reise sehr enttäuscht zurück. Immer deutlicher wurde, dass die DDR-Mark international auch im Osten viel an Wert verloren hatte."

So blieben denn viele Urlauber im eigenen Land, bevölkerten während der kurzen Sommersaison die bevorzugten Ferienregionen an der Ostsee, im Thüringer Wald oder im Erzgebirge. Doch selbst hier war die Mobilität mitunter eingeschränkt: Bootsfahrten an der Küste waren nur begrenzt möglich, im Ostharz behinderten die Einschränkungen des Grenzsperrgebietes zur Bundesrepublik den Bewegungsradius. Der volkstümliche Witz taufte das Staatskürzel DDR in „Draußen dürfen se reisen". Und das war durchaus verbittert gemeint; es ist kein Zufall, dass der Slogan „Visafrei bis Hawaii" und die damit verbundene Forderung nach Reisefreiheit zum Kernbestand der Montagsdemonstrationen seit dem September 1989 in Leipzig und anderswo gehörte. Die unerfüllte Sehnsucht nach klassischen Reisezielen trug entscheidend zum Untergang der DDR bei.

So sehr sich die Reiseziele und Urlaubsformen in Ost und West jedoch unterscheiden mochten: Dass die ungleich größeren Möglichkeiten der westdeutschen „Reiseweltmeister" sie gleichzeitig weltgewandter und aufgeschlossener werden ließen, mag für eine kleine, bildungsbürgerlich und bzw. oder linksliberal orientierte Schicht gegolten haben, für die breite Masse der reisenden Bundesbürger spielten klassische Reisemotive gemäß Edgar Wolfrum keine herausragende Rolle: „Der ‚Urlauber' sah das Reisen nicht mehr wie der bürgerliche Reisende des 19. Jahrhunderts vorrangig als Erweiterung seines Bildungshorizontes. Nach Krieg sowie entbehrungsreichen Nachkriegsjahren suchte er vielmehr Erholung und Entspannung vom anstrengenden Alltag." Darin gleichen sich Ost- wie Westdeutsche bis zum heutigen Tag.

IRRTUM 9

Der Alltag im Osten war grau

„Der Mangel an Spaß bestimmt unser Alltagsleben. Auf bedrückende Weise verbindet sich die ohnehin nicht sehr sprühende Volksmentalität mit einem zentralistischen Staatsgefüge, und dabei entsteht ein öffentliches Leben, so trist, so lustlos und so lähmend, wie sonst kaum irgendwo auf der Welt", resümierte der Grafiker Hans Noll nach seiner Ausreise aus der DDR 1985 über seine Alltagserfahrungen im Arbeiter- und Bauernstaat. Solche im Kern zutreffenden Beschreibungen halten sich bis heute als mythische Vorstellung des DDR-Alltags und des darin entwickelten Freizeitlebens: grau in grau, wo man auch hinsah, gleich ob privat oder öffentlich.

Freizeit als Teil der selbst bestimmten Lebenszeit – im Gegensatz zur lohnabhängigen Arbeit – ist ein Phänomen des ausgehenden 19. Jahrhunderts und kennzeichnet seither die industrialisierte Welt. Im ursprünglichen Verständnis dient Freizeit der Reproduktion der Arbeitskraft und steht in einem engen wechselseitigen Verhältnis zur Arbeit: Freizeit muss im wahrsten Sinne erarbeitet werden, ist „Lohn der Arbeit". Gleichzeitig ist ausreichende Verfügbarkeit von Freizeit Voraussetzung für erhöhte Produktivität der Arbeit. Das galt spätestens mit Beginn der allmählichen Arbeitszeitverkürzungen seit dem Ende des 19. Jahrhunderts und für DDR und Bundesrepublik gleichermaßen. Diese Dialektik kannte schon Karl Marx, der „Freie Zeit" als „von der

Arbeit befreite Zeit" definierte, „in der sich jedes Individuum besonders gut entfalten" könne. Sie sei damit die Grundlage für die „Wiedergewinnung der Menschlichkeit aus der Entfremdung". Der moderne Freizeitbegriff schließt natürlich auch die außerhalb der Lohnarbeit liegenden natürlichen wie sozialen Tätigkeiten aus: zum Beispiel Hausarbeit, Schlaf, Ernährung oder ehrenamtliches Engagement, aber auch die aufgezwungene freie Zeit in Form von Arbeitslosigkeit. Was bleibt, ist das weite Feld der Freizeitkultur, das sich in beiden deutschen Staaten seit den 1950er-Jahren mit unterschiedlicher Geschwindigkeit und Gewichtung zu einem Leitmotiv des Alltagslebens in Ost und West entwickelt hat.

Die ersten Jahre nach dem Zweiten Weltkrieg standen in ganz Deutschland im Zeichen des Wiederaufbaus, der zunächst nur wenig Raum für Freizeitaktivitäten bot. Lediglich in den größeren Städten begann sich ein zaghaftes Leben nach Büro- und Fabrikschluss zu entfalten. Es beschränkte sich auf den gelegentlichen Besuch kultureller Veranstaltungen. Die knapp bemessene frei verfügbare Zeit benötigte man weit überwiegend zum Zweck der reinen Reproduktion der Arbeitskraft, die im Wiederaufbau bis an die Grenzen der Leistungsfähigkeit strapaziert wurde. Dies galt zunächst gleichermaßen für die Gesellschaft der Bundesrepublik und der DDR. Doch je weiter sich die beiden deutschen Staaten ökonomisch und sozial auseinanderentwickelten, desto mehr spiegelte sich das in den jeweiligen Freizeitkulturen.

Entscheidend war zunächst die günstige Entwicklung der Arbeitszeiten, die in einem direkten Wechselverhältnis zur Ausbreitung der Freizeit standen. In der Bundesrepublik hatte man gegen Ende der 1950er-Jahre für eine Mehrheit der lohnabhängig Beschäftigten gravierende Veränderungen ihrer zeitlichen Lebensbedingungen erreicht, die bis in die jüngste Vergangenheit zu einer drastischen Verkürzung der durchschnittlichen Arbeitswoche führten. Die bereits aus der Weimarer Republik bekannte Diskussion um die Einführung der Fünftage- und Vierzig-Stunden-Woche brachte 1956 einen ersten Erfolg: Die wöchentliche Arbeitszeit wurde von 48 auf 45 Stunden gesenkt, der Samstag neben dem Sonntag als weiterer freier Tag verankert. Ein schönes langes Wochenende – das für individuelle Freizeitgestaltung verfügbare Zeitbudget stieg entsprechend. Auch samstags gehörte Papi, getreu dem populären Slogan der Gewerkschaften, der Familie. Gleichzeitig stieg mit den wachsenden Einkommen der „Freizeitetat", die zunehmende Technisierung der Hausarbeit entlastete von notwendiger Freizeitbeschäftigung, die Ansprüche an die frei verfügbare Zeit wuchsen und wurden, den Marktgesetzen gemäß, mit einem immer vielfältigeren Angebot befriedigt.

Den Übergang von der Notgemeinschaft der Nachkriegszeit zur frühen Freizeitgesellschaft des Wirtschaftswunders beschrieb der Schriftsteller Hans Pleschinski eindringlich: „Bewegt war es bei uns zu Hause. Großeltern, Kinder, Enkel lebten unter einem Dach. Hinzu kamen noch zwei, drei Gesellen, die in einer Bodenkammer untergebracht waren. Da Bauernkundschaft und Verwandte gern auch zum Mittagessen und zum Kaffeetrinken blieben, waren wir nicht selten zu zehnt und zu zwölft am Küchentisch. Das ließ sich auch bewältigen, denn es gab noch Hausschlachtung, und im Keller, bei der Räucherkammer und am Pökeltrog, hingen die Schinken und Würste von der Decke. Das alles ist nicht mehr so. Diese Opulenz, dies laute Leben mit vielen Gästen, ein Dauerdurchlauf durch das Haus, das Schnapsausschenken zu jeder Stunde, waren die Nachwehen einer alten Zeit. Ab irgendwann wurde jeder motorisiert; die Gesellen räumten die Kammern in den Häusern der Meister; ab irgendwann hatte jeder Geld, in Urlaub zu fahren, die gemeinsamen Wege trennten sich. Ab irgendwann wurden viele Selbständige zu Angestellten; die Arbeitszeit wurde exakt kalkuliert und die Freizeit kostbar; man teilte sich mit zunehmendem Wohlstand das Leben genauer ein und ging nicht mehr auf eine Tasse Kaffee zu einer verschrobenen Tante, sondern zum Tennis."[10]

Die Freizeit entwickelte sich zum Massenphänomen, umso mehr, als auch in der Folgezeit die Arbeitszeit weiter reduziert wurde: über 40

Stunden 1967 auf schließlich 38,5 Stunden Ende der achtziger Jahre – natürlich bei vollem Lohnausgleich. Daneben wuchs der Anspruch auf Urlaub, der – zur „schönsten Zeit des Jahres" stilisiert – dem Massentourismus den Weg ebnete. Bis in die 1980er-Jahre bildeten sich generationen- und schichtenübergreifende Rituale innerhalb des neu gewonnen Freizeitraums heraus: Der Samstag gehörte der Arbeit im Garten, am Haus oder am Auto und klang mit dem Bad der Familienmitglieder aus; die zunehmende Verfügbarkeit des Fernsehens strukturierte diesen neu gewonnenen Tag mit „Sportschau", „Tagesschau" und den Familienshows, die nicht selten zu echten Straßenfegern wurden und für einen Samstagabend die Nation vor den Bildschirm bannten. Anders als von den Kirchen erhofft, höhlten das verlängerte Wochenende und die damit wachsenden Freizeitangebote den religiösen Gehalt des Sonntags weiter aus. Die Zahl der Gottesdienstbesucher nahm unverändert dramatisch ab; die Kirchen konkurrierten zunehmend erfolglos mit den Angeboten der Konsum- und Erlebnisgesellschaft, die auf den „Tag der Arbeitsruhe und der seelischen Erbauung" ausgedehnt wurde. Für die Masse der Bevölkerung war der massive Zugewinn an Freizeit seit den 1950er-Jahren untrennbar mit den sozialen und wirtschaftlichen Segnungen des „Wirtschaftswunders" verknüpft. Der „Lohn der Arbeit" schlug sich nicht nur im Ausbau sozialer Sicherung, sondern vielmehr noch in der stetig wachsenden verfügbaren Zeit für Muße, Konsum und Erlebnis nieder.

Mit einer deutlichen Verzögerung, aber in den Grundzügen ähnlich, gestaltete sich ein vergleichbares Freizeitleben seit den 1960er-Jahren in der DDR. Doch standen dem in der Bevölkerung des Arbeiter- und Bauernstaates verbreiteten Wunsch nach mehr freier Zeit die über ein Jahrzehnt nach der Staatsgründung äußerst prekäre wirtschaftliche Situation entgegen. Die SED-Führung sah keinen Spielraum für Arbeitszeitverkürzungen nach westlichem Vorbild. Darüber hinaus war der Alltag für einen großen Teil der ostdeutschen Bevölkerung vor allem in den ersten zwei Jahrzehnten der staatlichen Existenz deutlich stärker politisiert und reglementiert. Das Klischee des DDR-Bürgers, der außerhalb seiner Arbeitszeit in politischen Veranstaltungen, in

Betriebskampfgruppen, auf staatlich organisierten Demonstrationen, bei regelmäßigen Säuberungsaktionen („Subbotniks") oder Fähnchen schwenkend im Spalier für hochrangige Staatsgäste seine ohnehin wesentlich knapper bemessene Freizeit verschwende, hielt sich im Westen bis zum Mauerfall hartnäckig. Tatsächlich war die Vermengung von Arbeit und Leben im Osten deutlich stärker ausgeprägt. Von einer Politisierung als „großem Freizeitkiller" konnte freilich kaum die Rede sein, sie betraf nur eine Minderheit kommunistischer Spitzenfunktionäre. Fast ein Jahrzehnt nach den entsprechenden Regelungen in der Bundesrepublik sah sich die SED-Spitze auch in der DDR in der Lage, einen spürbaren Rückgang der Arbeitszeiten zu ermöglichen, der in der Bevölkerung mit Blick auf den Westen schon längst sehnsüchtig erwartet wurde. Parteichef Walter Ulbricht verkündete im August 1967 die Fünftagewoche mit 45 Arbeitsstunden. Im Jahr zuvor war der gesetzliche Urlaubsanspruch bereits von zwölf auf 15 Tage angehoben worden. Bis 1990 änderte sich vor allem an der wöchentlichen Arbeitszeit nur wenig: Sie blieb mit durchschnittlich 43 ¾ Stunden, bei 21 Urlaubstagen, vergleichsweise hoch. Dagegen wurden durchschnittliches Einkommen und soziale Leistungen nach und nach aufgestockt, sodass in der neu gewonnenen Freizeit prinzipiell auch mehr ausgegeben werden konnte. Dem standen jedoch eine Vielzahl von systembedingten Alltagsärgernissen entgegen, die das frei verfügbare Zeitbudget der Ostdeutschen weiter erheblich einschränkte: Man stand weiter mitunter stundenlang Schlange, um so begehrte wie knappe Waren zu ergattern. Davon waren vor allem die Frauen betroffen, deren Beschäftigungsgrad weit höher als im Westen lag, die sich aber unverändert um Hausarbeit und Kindererziehung außerhalb der staatlichen Betreuung zu kümmern hatten. Anders als im Westen plagte sich die Staatsführung darüber hinaus mit der Frage, was die Bevölkerung mit dem ungewohnten zeitlichen Freiraum anzustellen gedenke. Um die Ausbreitung von „Beat und Bummelei" („Der Spiegel") zu verhindern, erweiterte man den Reigen staatlich gelenkter Veranstaltungen historisch-politischer oder kultureller Bildung. So gab sich das „Neue Deutschland" im Hinblick auf die zukünftige Freizeitgestaltung der DDR-Bürger denn auch verhalten optimistisch, dass die Mehrheit diesbezüglich „durchaus etwas Nützliches anzufangen" wisse, da in einer Umfrage „77 Prozent der Befragten Goethes ‚Faust' gelesen oder auf der Bühne gesehen haben". Das sich aber tatsächlich die Vorstellungen über individuelle Freiräume in Ost und West ähnelten, bewies das Statement einer Ostberliner Ärztin. Sie gestand der „Berliner Zeitung", dass sie viele „Wünsche für die freien Sonnabende" habe: „Ausschlafen, lesen, spazieren gehen, ins Grüne fahren und auch hin und wieder einmal eine Bar besuchen." Der eigentliche Unterschied im Vergleich der beiden deutschen Staaten offenbarte sich im Freizeitangebot, das sich in der Bundesrepublik zu einer regelrechten Industrie ausweitete, während die DDR diesbezüglich dauerhaft hinter den wachsenden Ansprüchen der eigenen Bevölkerung zurückblieb. Das offenbarte nicht zuletzt ein Blick in die Kinosäle der geteilten Nation.

Der Kinobesuch gehörte bereits seit Kriegsende für Millionen Deutsche zu den beliebtesten Freizeitbeschäftigungen. Diese Leidenschaft setzt sich mit Abstrichen bis in die gesamtdeutsche Gegenwart fort, auch wenn die Zahlen bereits seit Ende der 1950er-Jahre kontinuierlich zurückgegangen sind. Denn obwohl die Kinobesuche von fast 818 Millionen 1956 alleine in der Bundesrepublik auf 122 Millionen im vereinten Deutschland 2007 sanken, drücken die auf Zelluloid gebannten Stoffe doch wie kaum ein anderes Medium die Träume, Sehnsüchte und Ängste in der Gesellschaft aus und faszinieren weiterhin ein viel breiteres Publikum, als es der statistische Blick in die Kinokasse zeigen kann. Denn längst erreichen Filmkonserven, ob im TV ausgestrahlt oder auf Video und später DVD gebannt, eine weit über die Lichtspielhäuser hinausgehende Öffentlichkeit. Das galt im Westen wesentlich früher als im Osten, da sich dort sowohl Fernseher als auch Videotechnik deutlich eher verbreiteten. Im langfristigen Trend entwickelte sich die Kinolandschaft hüben wie drüben negativ, wenngleich der durchschnittliche Kinobesuch in der DDR bis 1989 eindeutig höher blieb als in der Bundesrepublik. Hier spielte sicher auch der Mangel an Freizeitalternativen eine erhebliche Rolle. Erstaunlich aber, dass in beiden Gesellschaften der Filmgeschmack kaum Unterschiede erkennen ließ. Als 1959 in den Westen übergesiedelte Frauen nach den Filmen gefragt wurden, die sie in den vergangenen Jahren in der DDR gesehen hätten, gab es frappierenden Gleichklang mit westlichen Zeitströmungen: „Vom Winde verweht", „Sissy", „Quo vadis", „Das Wirtshaus im Spessart" oder „Der Hauptmann von Köpenick" räumten zu dieser Zeit auch in der Bundesrepublik an den Kinokassen ab. Dem Versuch des Staates, mit politisch motivierten Produktionen der volkseigenen Deutschen Film AG (DEFA) wie etwa „Ernst Thälmann – Führer seiner Klasse" in die Kinosessel hinein zu agitieren, blieb der Erfolg weitgehend versagt. Das Bedürfnis nach Unterhaltung und Zerstreuung vom grauen Alltag war in der DDR vielleicht noch ausgeprägter als beim westdeutschen Publikum. Die DEFA reagierte seit den 1960er-Jahren mit Imitaten kapitalistischer Filmproduktion, die – aufwendig produziert – in der eigenen Bevölkerung gut angenommen wurden, deren Erfolg aber auf den Ostblock beschränkt blieb. Der ostdeutsche Winnetou hieß Gojko Mitic, vertrat den „festen Standpunkt des Sozialismus" (Erich Honecker) und die Interessen der verfolgten und unterdrückten Indianer und wurde zu einem der populärsten Schauspieler der DDR. Im Westen kennt ihn dagegen bis heute nahezu niemand. Mitic selbst sah die Gründe für seinen überraschenden Erfolg vorwiegend systembedingt: „Wir hatten nicht so viel Geld wie die Westproduktionen. Als ich den ersten Film machte, dachte ich, das wäre eine Eintagsfliege. Dann habe ich erlebt, wie die Menschen in der DDR reagiert haben. Und das war der blanke Wahnsinn! Da lag es auf der Hand, dass wir in dieser Richtung weiter machen würden. So bin ich da richtig hängen geblieben. Die Menschen haben mich gehalten. Ich glaube im Nachhinein, dass das eine Art Ventil war und die Leute, da sie nicht viel reisen konnten, durch diese Filme vielleicht Ferne und Abenteuer erlebten. Ich spürte überall, wohin ich kam, diese Zuneigung und Verehrung. Einmal war in einer Stadt die Premiere und vor dem Eingang hing ein Transparent, auf dem stand ‚Wir grüssen unseren Gojko!'"[11]

Ein vergleichbares Phänomen in umgekehrter Richtung ist nicht bekannt; wohl ausnahmslos alle in der Bundesrepublik populären Filmstars waren auch im Osten wenn nicht beliebt, so doch zumindest geläufig. Das gilt für das frühe Traumpaar des bundesdeutschen Kinos, Rudolf Prack und Sonja Ziemann, ebenso wie für Otto Waalkes, dessen erster abendfüllender Spielfilm „Otto – Der Film" 1985 in der Bundesrepublik und ein Jahr später in der DDR zum mit Abstand erfolgreichsten Film avancierte. Trotz der staatlich geförderten Filmproduktion mit teilweise herausragenden Werken wie „Die Legende von Paul und Paula" oder „Solo Sunny", gerieten DDR-Produktionen gegenüber der westlichen Konkurrenz ins Hintertreffen, sobald die Importbeschränkungen schrittweise gelockert wurden. Louis de Funès brachte auch die Kinobesucher in Ostberlin, Leipzig oder Dresden in Massen zum Lachen, und Hollywood-Blockbuster wie „Dirty Dancing", „ET" oder „Beverly Hills Cop" waren systemübergreifend erfolgreich. Den Status als Leitmedium der Freizeitkultur hatte das Kino jedoch zu diesem Zeitpunkt in Ost und West eingebüßt. Die rasche Verbreitung des Fernsehens war sicher die Hauptursache. Die „drei Fs" – Fernsehen, Filzlatschen, Flaschenbier – wurden zum markanten Freizeitzeichen des Durchschnittsdeutschen in Ost und West. Das Kino blieb ein Phänomen der jugendlichen Freizeitkultur, das jedoch zunehmend von der konkurrierenden digitalen Ästhetik der Computerspiele und den virtuellen Welten des Internets verdrängt wird.

Häuslichkeit, vor dem Fernseher, im Garten, an der Hobby-Werkbank oder vor dem heimischen PC verbracht, war und ist bestimmendes Motiv deutscher Freizeitkultur. Aber es gibt eine ebenso gesamtdeutsche Tradition der Geselligkeit, die aus Elementen bürgerlicher und proletarischer Überlieferung gebildet, auch vier Jahrzehnte Teilung weitgehend überdauerte.

Egal ob in Erfurt oder Essen – wenn sich die Gelegenheit ergab, vergnügte man sich bisweilen gerne außer Haus, ging zum Tanzen, ins Restaurant, ins Kino oder in die Kneipe, eher selten ins Theater. Das galt schon für die frühen 1950er-Jahre, auch wenn das Angebot, vor allem in der ökonomisch noch sehr schmalbrüstigen DDR, zu wünschen übrig ließ. Von den Schwierigkeiten, eine abendliche Essgelegenheit in Leipzig zu finden, berichtete der kolumbianische Reporter Gabriel F. Marquez 1959: „Im Zentrum der Stadt herrschte verdächtige Ruhe. Die Beleuchtung war ebenso spärlich wie in den Vororten. Das einzige Lebenszeichen waren die Neonschilder in den staatlichen Schenken – H.O. – mit sehr wenig Kundschaft in Zivil und einigen Soldaten. Nachdem wir vergeblich ein geöffnetes Restaurant – ein Mitropa – gesucht hatten, entschlossen wir uns zu einem Hotel. Das Verwaltungspersonal sprach nur Deutsch und Russisch. Es war das beste Hotel von Leipzig und nach denselben Dekorationsvorstellungen eingerichtet wie die Stalinallee. Auf dem Tisch im Empfang gab es eine Ausstellung aller kommunistischen Zeitungen in Luftpostausgabe. Ein Violinorchester spielte einen nostalgischen Walzer in der von schweren und prunkhaften Kuriositäten beleuchteten Bar, wo die Kundschaft mit einem Air trübsinniger Vornehmheit schweigend ungekühlten Sekt trank. Die talkumpuderbleichen älteren Frauen trugen altmodische Hüte. Die Musik wogte in durchdringendem Parfüm.

Wir waren gekommen, um zu sehen. Aber nach vierundzwanzig Stunden in Leipzig ging es nicht mehr nur darum zu sehen, sondern zu verstehen. Vierzehn Tage vorher – wie ein Trick des Zufalls – waren wir in Heidelberg, der westdeutschen Studentenstadt, gewesen, die wie keine andere in Europa durch ihre Offenherzigkeit und ihren Optimismus beeindruckt. Leipzig ist auch eine Universitätsstadt, aber es ist eine traurige Stadt mit alten Straßenbahnen voller schäbig gekleideter und bedrückter Menschen. Ich glaube nicht, dass mehr als zwanzig Autos auf eine halbe Million Einwohner kommen. Für uns war es unbegreiflich, dass das ostdeutsche Volk die Macht, die Produktionsmittel, den Handel, die Banken, das Verkehrswesen übernommen hatte und trotzdem ein trauriges Volk, das traurigste Volk war, das ich jemals gesehen hatte."[12]

Der erste ständige Vertreter Bonns in Ostberlin, Günter Gaus, prägte 1983 den Begriff der „Nischengesellschaft", in die sich die Mehrheit der ostdeutschen Bevölkerung, nicht zuletzt flüchtend vor permanenter politischer Agitation, in der Freizeit zurückzog. Die Nische in der DDR war, so Gaus, ein „Freiraum von der herrschenden Lehre", der „bevorzugte Platz der Menschen drüben, an dem sie Politiker, Planer, Propagandisten, das Kollektiv, das große Ziel, das kulturelle Erbe – an dem sie alles einen guten Mann sein lassen, Gott einen guten Mann sein lassen und mit der Familie und unter Freunden die Topfblumen gießen, das Automobil wachsen, Skat spielen, Gespräche führen, Feste feiern. Und überlegen, mit wessen Hilfe man Fehlendes besorgen, organisieren kann, damit die Nische noch wohnlicher wird." Um die Früchte seiner Arbeit nach Feierabend, am Wochenende oder im Urlaub ungestört ernten zu können, passten sich die meisten Menschen im Alltag an – sie wollten nicht anecken und privat unbehelligt bleiben. Und je stärker der Frust über schlechte Versorgung, bürokratische Gängelung und politische Kontrolle wurde, desto mehr zogen sich viele DDR-Bürger in ihre heimelige Nische zurück. Tatsächlich erlebten viele Ostdeutsche gerade die Nischenexistenz als solidarisch und behaglich: Wo der Staat offensichtlich versagte, half man sich gegenseitig, baute mit an der Laube des Nachbarn, schraubte am Trabant des Kollegen oder „organisierte" gemeinsam Material für den Ausbau der eigenen vier Wände. Geld spielte eher eine geringfügige Rolle; sicher ein Grund für die bis in die Gegenwart in der ostdeutschen Erlebnisgeneration anhaltende Verklärung der gesellschaftlichen Verhältnisse vor 1989, die mitunter „so traulich an die Kindheit in der Nachkriegszeit oder in den fünfziger Jahren" erinnerte: „Über dem Land lag der Duft von selbstgebackenem Pflaumenkuchen, ewigen Kaffeekränzchen und miefiger Gemütlichkeit. Jeder gestaltete sich seine eigene Welt, kämpfte weniger um die Befreiung der Menschheit als für die Begrünung des Hinterhofes oder den Bau eines Buddelkastens", so resümierte Stefan Wolle unlängst sarkastisch und verwies damit auf eines der wesentlichen Motive für anhaltende „ostalgische" Gefühle vieler ehemaliger DDR-Bürger.

Schon Günter Gaus hat darauf verwiesen, dass auch die Mehrheit der Bundesbürger den Mittelpunkt ihres Alltags stets im Privaten gesehen hat. Hier gab es ebenfalls die Nischen, in die sich eine Mehrheit der Bevölkerung flüchtete, freilich eher vor den Anforderungen an berufliche Flexibilität und Leistungsfähigkeit, und sicher auch vor den lärmenden Zumutungen der Konsum- und Erlebnisgesellschaft. Die westdeutschen Nischen hatten allerdings mehr Abwechslung zu bieten. Vergleichbar waren die Sammelleidenschaften, die sich vom Bierdeckel bis zur Briefmarke erstreckten und insbesondere Männer faszinierten. In Ost und West gleichermaßen verbreitet war die ebenfalls vorwiegend männliche Obsession für das Auto, das sich zumindest bis in die 1990er-Jahre vom Gebrauchs- zum Kultgegenstand entwickelte. Hier herrschten freilich in der Bundesrepublik mannigfaltigere Möglichkeiten vor, den automobilen Enthusiasmus tatsächlich am eigenen Objekt auszuleben, während er in der DDR vor allem für junge Erwachsene zunächst lediglich Gegenstand eigener Träume blieb. Modelleisenbahnen reüssierten ebenfalls in beiden deutschen Staaten, unterschieden nur durch die Spurweiten TT (Ost) und HO, N oder Z (West), natürlich mit deutlichen Versorgungsvorteilen für die westdeutschen Heimeisenbahner. Auch darüber hinaus herrschte viel Gleichklang in Bezug auf die Nischenformen: Man pflegte das Nähen, Heimwerken, Kegeln, Jagen oder auch und ganz besonders den Sport, ob passiv geschaut oder aktiv betrieben. Die Motive der Freizeitgestaltung ähnelten sich; der zentrale Unterschied lag in den Möglichkeiten der konkreten Ausgestaltung, also der Versorgung mit dafür notwendigen Konsumgütern, die im Westen dauerhaft deutlich besser war. Bereits 1964 beschrieb der „Spiegel" spöttisch eine „typische" sommerliche Freizeitszenerie aus der Bundesrepublik, wie sie in der DDR bis zum Ende kaum vorstellbar schien: „Freizeitfieber grassiert besonders in den neuen Familienheim-Dschungeln rings um die Städte. Wenn das Rattern der Rasenmäher vorübergehend verstummt, wird allenthalben das insistente Klacken von Ping-Pong-Bällen, von Krocket-, Boule- und Boccia-Kugeln hörbar, vermischt mit Planschgeräuschen aus Plastik-Swimmingpools. Durch die Abenddämmerung zieht der Qualm von Freiluft-Bratereien, bei denen der Spaß darin besteht, sich nach amerikanischem Vorbild an halb verkohlten Fleischklumpen zu delektieren." Zudem zeigte sich in den Konsumgewohnheiten des Westens schon seit den späten 1950er-Jahren vielfach ein Hang zur sozialen Distinktion: Man versuchte also, durch qualitativ möglichst hochwertige Ausstattung der privaten Nischen, aber auch zunehmend durch Kleidung und Kosmetik, den eigenen gesellschaftlichen Status aufzuwerten – ein

Phänomen, das in der DDR ebenfalls vorhanden, aber nicht annähernd so verbreitet war.

Kein anderes Refugium der Freizeitgestaltung steht wohl beispielhafter für den Begriff der „Nische" wie der Kleingarten, und dies gilt für Ost und West gleichermaßen. Was vielen DDR-Bürgern ihre „Datsche", in der sie Feierabend, Wochenende, bisweilen gar den Urlaub verbrachten, war nicht wenigen Bundesbürgern ihre gleichermaßen extensiv genutzte Laube. Über zwei Millionen West- und fast 860 000 Ostdeutsche nannten eine Hütte in den häufig bereits in den 1920er-Jahren entstandenen, mitten in den Städten gelegenen Gartenkolonien ihr Eigen. Während die bundesdeutschen Kleingärtner bis heute im Ruch der kleinbürgerlich-spießigen Lebensart stehen, hatte sich dieses traditionelle Klischee im Osten bereits in den 1960er-Jahren weitgehend aufgelöst. Die zwar geduldete, aber argwöhnisch betrachtete Freizeitgestaltung wandelte sich zu staatlich gewünschten und sogar geförderten Erholungsorten. Aus staatlicher Sicht lagen die Vorteile auf der Hand: Wer sich in seiner Datsche verwirklichen konnte, kam politisch auf keine dummen Gedanken. Zudem entlastete die Selbstversorgung der Datschenbesitzer mit Gemüse und Obst die andauernd angespannte Versorgungslage im Land. DDR-Bürger ohne Kleingarten schauten angesichts der häufig beengten Wohnverhältnisse keineswegs mitleidig, sondern vielmehr sehnsüchtig auf die Datschenbesitzer, die aus ihrer bescheidenen Stadtwohnung flüchten konnten, so oft es das alltägliche Zeitbudget zuließ. „Der Ostdeutsche als Kleingärtner", schlussfolgert Isolde Dietrich, „– kein Klischee scheint besser geeignet, die vormoderne Art der Lebensführung, den beschränkten Horizont, den Mangel an Weltläufigkeit in diesem Land zu charakterisieren. Sicher ist der unangefochtene Platz des Kleingartens im Alltag der DDR-Bürger ein Phänomen, das sich auch aus allerlei Defiziten und Nöten erklären lässt: Unwirtliche Städte und Wohngebiete, übermäßige Politisierung des öffentlichen Lebens, Belehrung allerorten, die den Leuten die Ohren verstopfte und sie hinter ihre Hecke flüchten ließ, Mängel in der Versorgung, die zur Selbsthilfe zwangen, Fehlen einer kommerzialisierten Freizeitkultur, die Alternativen geboten hätte." Aber, und das gilt sicher exemplarisch für die Gestaltung der Freizeit in der DDR: „Der Kleingärtner musste nie das Gefühl haben, viel zu verpassen, wenn er sich auf seine Parzelle zurückzog, keine Ereignisse, bei denen man hätte dabei sein müssen, keine Erlebnisse, die ihn hätten reizen können. Er konnte nicht damit rechnen, in seiner Freizeit irgendwo verwöhnt und umworben zu werden, weil andere ihr Geld damit verdienen wollten. Was angeboten wurde, erschien oft unprofessionell und lieblos, war für viele zu anstrengend, zu aufwendig, zu langweilig oder zu teuer."[13] Dies war wohl einer der wesentlichen Unterschiede zur vielfältigen, bunten und lärmenden Freizeitgestaltung des Westens, der die Sehnsüchte vieler DDR-Bürger galten und die sich daher nach 1989 vergleichsweise rasch und reibungslos im ostdeutschen Alltag durchsetzen konnte. Alltagsfrust, nicht zuletzt erwachsen aus dem Mangel an attraktiven Freizeitangeboten, zog die Ostdeutschen ganz offenkundig weit stärker in private Nischen, als es bei Westdeutschen der Fall war. Diese Nischen waren vielleicht improvisierter, aber nicht zwangsläufig weniger vielfältig als im Westen. Die im offiziösen Alltag fehlende Farbigkeit holten sich viele DDR-Bürger in das begrenzte, jedoch umso vehementer verteidigte und liebevoller gepflegte private Refugium.

IRRTUM 10

In der DDR gab es keine Verbrechen

Was könne man sich von der nach 1990 gewonnenen Freiheit schon kaufen, wenn man nicht mehr sicher leben könne und das Verbrechen nun stets und überall lauere: So oder ähnlich klagt es bis heute ostalgisch jenseits des ehemaligen eisernen Vorhangs. Die von manchen DDR-Bürgern generell empfundene Unsicherheit der neuen Verhältnisse schien nicht zuletzt mit Blick auf die Kriminalität die antiwestliche Propaganda der zurückliegenden Jahrzehnte posthum zu bestätigen. In vielen verklärenden Rückblicken auf den erlebten Alltag im real existierenden Sozialismus durfte der Hinweis auf das Schockerlebnis scheinbar allgegenwärtiger Straftaten nicht fehlen. Der „Spiegel" schlug im Juli 1992 Alarm und zitierte aus einem an den sächsischen Innenminister Heinz Eggert gerichteten Brief eines panischen Bürgers: „Bei Hitler und Honecker konnten wir ruhig auf die Straße gehen, nun nicht mehr." Nach einer im gleichen Bericht erwähnten Studie des Bundeskriminalamtes waren sich knapp 30 Prozent der Ostdeutschen sicher, innerhalb des kommenden Jahres von Raub oder Diebstahl betroffen zu sein, 15 Prozent sahen sich damals einem drohenden Gewaltdelikt ausgesetzt. Diese von den seinerzeit messbaren Daten in keiner Weise gestützten Befürchtungen waren nicht nur Verlustängsten angesichts des rasanten gesellschaftlichen Umbruchs geschuldet: Drogentod, Prostitution, Diebstahl, Gewalt waren schließlich immer Verbrechen des anderen Staates gewesen,

Ausfluss der „Hetze des Alltags, de[s] Neid[es] des einen auf den anderen" im kapitalistischen Westen, wie der orthodoxe Ost-Historiker Jürgen Kuczynski 1969 behauptete: „Wenn man die Zeitungen aufschlägt – eine Hetz- oder Eifersuchts- und Mord- oder Sex-Nachricht jagt die andere." Es lag schließlich aus ideologischer Sicht im Wesen des Kapitalismus, Kriminalität der naturgemäßen Unzulänglichkeit des menschlichen Wesens zuzuschreiben, während das Verbrechen im Sozialismus auf der Grundlage vermeintlich fortschrittlicher Gesellschaftswissenschaften als gesellschaftliche Erscheinung definiert wurde. Mit der schrittweisen Verbesserung eben dieser gesellschaftlichen Verhältnisse stand ergo nichts weniger als das Verschwinden von Kriminalität zu erwarten.

Tatsächlich lag die Kriminalitätsrate der DDR seit den frühen 1950er-Jahren im internationalen Vergleich ausgesprochen niedrig. Folgt man dem Statistischen Jahrbuch der DDR für 1989, fielen auf 100 000 Einwohner magere 601 erfasste Delikte. In der Bundesrepublik zählte man im gleichen Jahr auf diese Einwohnerzahl gerechnet über 7 000 Straftaten. Das war zum einen Folge der totalen Überwachung und Kontrolle durch die staatlichen Organe, allen voran des Ministeriums für Staatssicherheit. Ursprünglich zur Bekämpfung „feindlich-negativer" Kräfte geschaffen, war es mit schließlich fast 85 000 hauptamtlichen und etwa 200 000 inoffiziellen Mitarbeitern in allen Bereichen des öffentlichen Lebens omnipräsent. Die Kontrolle war nahezu total und machte vor der Privatsphäre nicht halt. Regelrechte Angststarre ergriff weite Teile der Bevölkerung, die sich nur im kolportierten Witz gelegentlich ein Ventil suchte: Stasi-Beamter auf der Straße: „Wie beurteilen Sie die politische Lage?" Passant: „Ich denke ..." Stasi-Beamter: „Das genügt – Sie sind verhaftet!" Eigentlich zuständig für die „Gewährleistung von Sicherheit und Ordnung" war die Deutsche Volkspolizei, in deren Verantwortlichkeit die Aufklärung von Straftaten und Ordnungswidrigkeiten fiel. Polizeistationen waren flächendeckend über das Land verteilt. Hinzu kam die Institution des Abschnittsbevollmächtigten (ABV), der dem freilich weniger verbreiteten Streifen- bzw. Kontaktbereichsbeamten der westdeutschen Polizei entsprach. Gerade die Präsenz des ABV wird in vielen verklärenden Berichten über den vermeintlich sicheren Alltag in der DDR immer wieder hervorgehoben. Dieser Ordnungshüter trug offensichtlich erheblich zum subjektiven Sicherheitsempfinden vieler DDR-Bürger bei. Dem Dogma von einer sozialistischen Gesellschaft, die sich mit Kriminalität nicht abfinden wollte, vielmehr die Gesellschaft und den Menschen so zu verändern gedachte, dass Verbrechen ausgeschlossen wären, wurde jedoch nicht nur durch die Allgegenwart der Sicherheitsorgane, sondern auch durch simple statistische Tricks nachgeholfen. Das Strafgesetzbuch der DDR unterschied bei den Delikten zwischen Verbrechen, Vergehen und Verfehlungen. Bei Letzteren handelte es sich nach Paragraf 4 des StGB der DDR um weniger schwere „Verletzungen rechtlich geschützter Interessen der Gesellschaft oder der Bürger". Die Ahndung solcher Verfehlungen stellte keine strafrechtliche Maßnahme dar, tauchte folglich in keiner offiziellen Kriminalitätsstatistik auf. Dabei handelte es sich doch kriminologisch gerade um besonders häufig auftretende Delikte wie Hausfriedensbruch, einfachen Diebstahl oder Sachbeschädigung. Sie wurden von „gesellschaftlichen Gerichten", betrieblichen Konflikt- oder lokalen Schiedskommissionen, im Falle des Ladendiebstahls auch von den zuständigen Mitarbeitern der betroffenen Geschäfte geahndet. Selbst wenn die Zahl der Verfehlungen kaum zu schätzen ist, spricht doch allein die Zahl von über 30 000 gesellschaftlichen Gerichten in den 1980er-Jahren für eine erhebliche Entlastung der einschlägigen Statistik. Die Abschottung der Grenzen, die das Land für international operierende Tätergruppen etwa im Bereich der Drogenkriminalität unattraktiv machten, und die gängige Praxis, neben politisch Missliebigen auch Kriminelle in die Bundesrepublik abzuschieben, taten ihr Übriges, um den matten Glanz der DDR für viele ihrer Bürger zumindest im Bereich der Sicherheit aufzupolieren.

Gleichwohl musste die Staatsführung feststellen, dass trotz der propagandistischen Formel von der zunehmenden Auflösung der Klassenwidersprüche im real existierenden Sozialismus Kriminalität nicht nur weiter existierte, sondern seit den 1970er-Jahren kontinuierlich und nicht nur in Bezug auf politische Straftatbestände zunahm. Das Freiburger Max-Planck-Institut für ausländisches und internationales Strafrecht wartete dabei bereits 1988, also noch vor dem Fall der Mauer, mit dem nüchternen, in Befragungen in Ost und West erhobenen Befund auf, dass „Diebstahl und Aggressionsdelikte (...) auch in der DDR zum Kriminalitätsalltag" gehörten. So gaben immerhin 2,1 Prozent der befragten DDR-Bürger an, in den vorangegangenen fünf Jahren Opfer eines Einbruchs geworden zu sein; im Westen lag der Anteil mit 2,5 Prozent nur unwesentlich höher. Insbesondere die stetig wachsende Jugendkriminalität bereitete der ostdeutschen Justiz zunehmendes ideologisches Kopfzerbrechen. Dass es sich dabei – getreu der marxistisch-leninistischen Lehre – um „Muttermale der alten Gesellschaft" handle, war kaum überzeugend: Schließlich waren dies Jugendliche, die bereits als Babys in die „lichte Zukunft" des Sozialismus blinzeln konnten. Also musste wieder der Klassenfeind herhalten. DDR-Generalstaatsanwalt Josef Streit sah 1973 einen wesentlichen Grund für die Beständigkeit des Verbrechens auf sozialistischem Boden gewohnt einfallslos in „Aktionen des Imperialismus". Der Westen, so Streit sinngemäß, habe sich die negative Beeinflussung der ostdeutschen Jugend zum Ziel gesetzt und operiere insbesondere mithilfe seiner Massenmedien für das „Weiterwirken bürgerlicher Ideologie und Lebensweise", dem Nährboden für jedwede Art der Kriminalität. Das entsprach ganz der verbreiteten Paranoia vor westlichem Einfluss und ignorierte innere Ursachen, die man – wenn überhaupt – rhetorisch geschraubt auf die „komplizierte Entwicklung und Herausbildung der sozialistischen Gesellschaft" schob. So konnte man die gerade in den 1980er-Jahren rapide steigende und als „Rowdytum" verfolgte Gewaltbereitschaft unter Jugendlichen, die jener im Westen kaum nachstand, natürlich auch verharmlosen. Immerhin schonte man mit dem gängigen Kunstgriff des Hinweises auf „fortwährende Widersprüche" das Ansehen der Klassiker, die Kriminalität als ein dem verwirklichten Sozialismus wesensfremdes Element definiert hatten. Sie konnten respektive durften nicht irren. Den Beweis für dieses Dogma anzutreten, verlegte man auf den St. Nimmerleinstag des weltweiten Triumphes der sozialistischen Idee. So blieb die Vorstellung der DDR als nahezu verbrechensfreie Zone –

trotz einer im Vergleich zur Bundesrepublik insgesamt geringeren Kriminalitätsrate – ein frommer Wunsch. Der konnte sich freilich nach 1990 vor dem Hintergrund der einschneidenden gesellschaftlichen und persönlichen Umbrüche für viele Ostdeutsche zum Mythos einer besseren, weil sichereren DDR auswachsen.

IRRTUM 11

Frauen waren in der DDR gleichberechtigter als im Westen

Ein besonders langlebiger Mythos in der vergleichenden Ost-West-Geschichte ist derjenige von der Gleichstellung der DDR-Frauen – sowieso und erst recht vor dem Hintergrund der mühsamen Emanzipationsbemühungen ihrer westdeutschen Geschlechtsgenossinnen. Gerade mit Blick auf die Situation der Frauen im Sozialismus tobt in Online-Foren als Reaktion auf kritische Beiträge oft ein erbitterter Streit um die Deutungshoheit – nicht auch noch diesen kleinen Teil der gesellschaftlichen Überlegenheitsdoktrin des real existierenden Sozialismus wollen sich die ostdeutschen Zeitzeuginnen nehmen lassen. Tatsächlich sprechen die nackten Fakten auf den ersten Blick eine deutliche Sprache und scheinen den ostalgischen Empfindlichkeiten Zucker zu geben.

Drei Jahre vor dem Fall der Mauer betrug die Erwerbstätigenquote bei Frauen zwischen 15 und 60 Jahren in der DDR sagenhafte 91 Prozent, während sie sich im Westen knapp über 50 Prozent eingependelt hatte. Fast die Hälfte aller zu diesem Zeitpunkt beschäftigten Ostdeutschen waren Frauen. Ein flächendeckend ausgebautes System der frühkindlichen, in der Regel ganztägigen Betreuung und Erziehung in Krippen und Kindergärten garantierte die Vereinbarkeit von Beruf und Familie. Und das war noch nicht alles: Volle

Lohnfortzahlung während des Schwangerschaftsurlaubs und eine berufliche Wiedereinstiegsgarantie gehörten ebenfalls zu den weltweit beispiellosen sozialen Wohltaten des Regimes. Im Westen von Konservativen scharf kritisiert, von der Frauenbewegung teils neidvoll registriert, trugen sie zu einem Selbstverständnis von Frauen in der ostdeutschen Gesellschaft bei, das sich zumindest zum Zeitpunkt der Wende 1989/90 fundamental vom Status der Frauen in der Bundesrepublik unterschied. Noch heute ist die in der DDR aufgebaute Infrastruktur der Kinderbetreuung der in den westlichen Bundesländern deutlich voraus und gilt so manchen Familienpolitikern als vorbildlich.

Die Frauenpolitik in der DDR hatte zunächst ein klares ideologisches Motiv. Nachlesen konnte man das bei den Klassikern des Marxismus-Leninismus: Sie sahen in der ökonomischen Unabhängigkeit der Frau die Grundvoraussetzung für den Weg aus der „Sklaverei der Hausarbeit" (Lenin). August Bebel, einer der Gründerväter der deutschen Sozialdemokratie, ging noch einen Schritt weiter und bekräftigte in seinem weit verbreiteten, 1879 erstmals erschienenen Hauptwerk „Die Frau und der Sozialismus", es könne „keine Befreiung der Menschheit ohne die soziale Unabhängigkeit und Gleichstellung der Geschlechter" geben. Für Bebel, noch viel stärker aber für Friedrich Engels hing die Unterdrückung der Frauen entscheidend an der urhistorisch bedingten Verfügung der Männer über die Produktionsmittel, und damit auch die des Privateigentums. Da nur die sozialistische Gesellschaft den Wegfall persönlichen Vermögens garantiere, war das dialektische Verhältnis zwischen Frauenemanzipation und Sozialismus theoretisch offenkundig. Pikante Randnotiz: Karl Marx selbst war in dieser Frage durchaus gespalten und sah Erwerbstätigkeit von Frauen als Teil kapitalistischer Ausbeutung.

Mit Bezug auf die Altvorderen war es nur konsequent, dass die Gleichstellung von Mann und Frau in der Gründungsverfassung der DDR verankert wurde – zunächst ganz im Gegensatz zur Bundesrepublik. Der blieben solche Bestrebungen anfänglich fremd, auch weil sich die Gesellschaft eher dem geschlechtlichen Rollenbild der Zeit vor 1945 verpflichtet fühlte.

In der DDR sollte kein Arbeitsbereich den Frauen versperrt bleiben, gleichzeitig wurden sie – so Staatspräsident Wilhelm Pieck im September 1945 – zur „Einreihung (...) in die antifaschistisch-demokratische Einheitsfront", also zur aktiven politischen Mitwirkung aufgefordert. Um dieses Ziel politisch kontrolliert zu erreichen, schuf man 1947 mit dem „Demokratischen Frauenbund Deutschlands" (DFD) eine vordergründig überparteiliche Organisation, deren Spitzenpositionen jedoch von Anfang an von SED-Parteifunktionärinnen besetzt waren. Mit dem DFD sollten zunächst auch jene Frauen, die aus konfessionellen oder anderen Gründen nicht für eine offensichtlich von der SED dominierte Frauenpolitik erreicht werden konnten, eingesammelt und von der Gründung eigenständiger Organisationen abgehalten werden. Diese Tarnfunktion verschaffte dem Bund nicht unverdient die boshafte Etikette „Dienstbar – Folgsam – Dumpf". Trotz dieser politisch eher plumpen Umarmungsstrategie der SED lesen sich die Emanzipationsleistungen der DDR auf dem Papier beeindruckend. Dass „Mann und Frau (...) gleichberechtigt" seien, regelte der Artikel 7 der Verfassung. Darin versprach ein weiterer Paragraf, Einrichtungen zu schaffen, „die es gewährleisten, daß die Frau ihre Aufgabe als Bürgerin und Schaffende mit ihren Pflichten als Frau und Mutter vereinbaren" könne. Eine Aufgabe, die das Leistungsvermögen der ökonomisch zunächst äußerst schwachbrüstigen Republik überforderte und sich erst in der Ära Honecker in den 1970er- und 1980er-Jahren vergleichsweise umfassend umsetzen ließ. Mutterschutzregelungen wurden stetig erweitert, Studienbedingungen für weiblichen wissenschaftlichen Nachwuchs erleichtert. Der Anteil von Frauen an der Erwerbstätigkeit in der DDR stieg durch dieses Maßnahmenbündel bis Ende der 1980er-Jahre auf beeindruckende knapp 50 Prozent, die Versorgung mit Kinderbetreuungseinrichtungen, die in aller Regel ganztägig öffneten und darüber hinaus geradezu lächerliche Gebühren verlangten, erreichte zum gleichen Zeitpunkt in den Städten fast 100 Prozent und lag selbst in ländlichen Regionen nur unwesentlich darunter. Gerade im Vergleich zur Frauenpolitik der Bundesrepublik vermochten solche Zahlen zumindest oberflächlich zu glänzen.

Das Frauenbild der frühen Bundesrepublik als „gestrig" zu kennzeichnen, ist noch untertrieben. Wie in der sowjetischen Zone, so war die Arbeitskraft der Frauen angesichts des kriegsbedingten Männermangels auch in den westlichen Besatzungszonen für Enttrümmerung und ersten Wiederaufbau unverzichtbar. Mit der Rückkehr aus der Kriegsgefangenschaft nahmen die Männer die als angestammt angesehenen Arbeitsplätze ungerührt wieder für sich in Anspruch und drängten die Frauen relativ rasch und geräuschlos aus dem Erwerbsleben in das traditionelle Rollenmuster zurück. Immerhin gelang es nach langwierigen und teils erbittert geführten Auseinandersetzungen, angeführt von der Sozialdemokratin Elisabeth Selbert, die Kernforderung nach Gleichberechtigung zwischen Mann und Frau in Artikel 3, Absatz 2 des Grundgesetzes zu verankern. Keine Selbstverständlichkeit angesichts einer mageren Frauenquote innerhalb des Parlamentarischen Rates von gerade einmal sechs Prozent. Diesem in den Worten von Selbert „im tiefsten Sinne revolutionären" frauenpolitischen Durchbruch standen in den folgenden Jahren, ja Jahrzehnten äußerst schleppende Reformbemühungen des Ehe-und Familienrechts gegenüber. Und einigermaßen irritierend wirken aus heutiger Sicht in diesem Zusammenhang Umfrageergebnisse aus der Mitte der 1950er-Jahre, nach denen nicht nur Männer, sondern auch die Mehrheit der Frauen sich nicht zur rechtlichen Gleichstellung in der Ehe, wie insgesamt in der Gesellschaft bekennen mochten. Bezeichnend war schließlich auch die Auseinandersetzung um die Anpassung des grundgesetzlichen Anspruchs auf Gleichstellung an die rechtliche Wirklichkeit. Höflich formuliert verfolgte die christlich-liberale Bundesregierung, flankiert von konservativen und kirchlichen Kreisen, dieses Anliegen nicht unbedingt mit Nachdruck. Erst 1957, vier Jahre nach Ablauf der im Grundgesetz vorgeschriebenen Frist und begleitet vom Gezeter der Kirche über den Verfall der „natürlichen Eheordnung", wurden mit dem Gleichberechtigungsgesetz, einige wesentliche, dem Artikel 3 widersprechende Normen geändert. Wie halbherzig, ergo widerwillig der Gesetzgeber diese erste Stufe der Emanzipation baute, offenbarte die Klausel zur Erwerbstätigkeit der Ehefrau, die ohne Zustimmung des Mannes nur gestattet war, wenn es „mit ihren Pflichten in Ehe und Familie vereinbar" sei. Bezeichnend für diesen zählebigen gesellschaftspolitischen Mainstream ist der über das krampfhafte Festhalten an patriarchalischer Tradition hinausgehende Einwand von „anatomischen Grundverschiedenheiten". Diese seien nach 1963 veröffentlichter Ansicht der Illustrierten „Stern" die „Ursache dafür", „daß die Gleichberechtigung der Frau im Beruf für immer eine Illusion bleiben" müsse. Erst die Reformanstrengungen der sozial-liberalen Koalition ebneten den Weg zur umfassenden gesetzlichen Gleichstellung. Das gesellschaftliche Klima hielt jedoch gerade in diesem Bereich mit den normativen Fortschritten noch lange nicht Schritt.

Die Begleitmusik zu den kleinteiligen Reformen des Ehe- und Familienrechts lieferte die „neue Frauenbewegung" um die Herausgeberin der Zeitschrift „Emma", Alice Schwarzer, die im Windschatten anderer Protestbewegungen seit Mitte der 1960er-Jahre gegen die anhaltende gesellschaftliche und berufliche Diskriminierung von Frauen zu Felde zog. Die Radikalität ihrer Forderungen, zu denen etwa Krippen mit Öffnungszeiten von 24 Stunden zählten, stieß längst nicht bei allen weiblichen Geschlechtsgenossinnen auf Gegenliebe, war aber letztlich dem gnadenlos emanzipationsresistenten Verhalten einer männlich dominierten Gesellschaft geschuldet. Die Schaltstellen von Staat, Wirtschaft und Medien der Bundesrepublik waren sämtlich von überwiegend älteren Männern besetzt. Industrie und Werbung propagierten mit einer Fülle technischer Haushaltsinnovationen das Bild der „modernen Hausfrau", die zwar entlastet wird, aber dennoch auf den häuslichen Arbeitsplatz reduziert bleibt. Mode, Kosmetik und Accessoires stützten dieses Image, das weiterhin auf traditionellen Mustern beruhte. Die Frauenbewegung reagierte auf die kommerzielle Verwertung dieses getarnten konventionellen Rollenbildes mit bewusst unprätentiösem, legerem, mitunter provokant nachlässigem Auftreten. Die inzwischen sprichwörtliche lila Latzhose, auf den Laufstegen der Modewelt verpönt, symbolisierte stilgerecht den Willen zur Gleichberechtigung. Die Kampagne zur Abschaffung des Abtreibungsparagrafen 218, der bis dato einen Schwangerschaftsabbruch nur in akuten medizinischen Notsituationen straffrei stellte, sorgte für zusätzlichen Zündstoff, befeuert vom Titel des „Stern" vom Juni 1971, in dem sich 374 mehr oder weniger prominente westdeutsche Frauen unter der provokanten Überschrift „Wir haben abgetrieben" des Verstoßes gegen den Paragraf 218 bezichtigten. Das von immer mehr Frauen eingeforderte Recht auf körperliche, somit auch sexuelle Selbstbestimmung wiesen insbesondere die Kirchen mit dem Hinweis auf das übergeordnete Recht des ungeborenen Lebens vehement zurück. Während diese und andere Emanzipationskämpfe heftig, aber mit noch ungewissem Ausgang tobten, machten sich die ersten westdeutschen Frauen auf einen langen Marsch durch die Institutionen, der sie schließlich, aber noch nicht endlich in höchste Führungsfunktionen bringen sollte.

Zumal vor dem Hintergrund der scharfen Auseinandersetzungen im Westen scheint an der Erfolgsgeschichte der Frauenpolitik in der DDR kaum zu rütteln. Bereits 1964 hatte die Vorsitzende des Demokratischen Frauenbundes die Gleichberechtigungsfrage für abgeschlossen erklärt und – sicher nicht ohne spöttischen Blick gen Westen – getönt, dass im „Arbeiter-und-Bauern-Staat (...) die Köchinnen gelernt [haben], den Staat zu regieren!" Und noch 2009 zitierte der „Spiegel" die letzte DFD-Chefin Claudia Böse, die im Brustton der Überzeugung betonte, Frauen seien „in der DDR gleichberechtigter" gewesen, da sie „die Chance [hatten], jeden Beruf ergreifen zu können und auch auszuüben, wenn sie das wollten. Sie haben gleichen Lohn für gleiche Arbeit bekommen. Das ist heute bei Weitem nicht mehr so. Sie haben sich gesellschaftlich engagieren können, und sie konnten sich auch in politische Ämter wählen lassen genau wie die Männer. Es gab da eigentlich keinen Unterschied." Und doch gibt es gewichtige Gründe, hinter den scheinbar offenkundigen Erfolgen der Gleichstellungspolitik der DDR einige gewichtige Fragezeichen zu setzen.

Die Förderung von Frauen in der DDR war, bei aller sozialistischen Traditionslyrik, von Beginn an ein schlichtes Gebot ökonomischer Notwendigkeit. Der notorische, durch den permanenten Verlust gut ausgebildeter Fachleute bedingte Mangel an Arbeitskräften konnte bis zum Bau der Mauer nur durch den verstärkten Einsatz von Frauen im Arbeitsleben gerade so eben aufgefangen werden. Im Übrigen waren Frauen zwar dank schrittweise verbesserter Studienbedingungen in qualifizierten Berufen durchaus – und allemal stärker als im Westen – vertreten, aber eben weit unter dem Durchschnitt der männlichen Arbeitskonkurrenz. Daraus ergaben sich zwangsläufig wesentlich geringere Durchschnittsverdienste. Erst recht blieben berufstätigen Frauen wirkliche Spitzenpositionen hier wie dort weithin versperrt. Das galt für Kombinatsleitungen ebenso wie für politische Führungsfunktionen, gleich ob auf regionaler oder gesamtstaatlicher Ebene. Geradezu sinnbildlich für das Scheitern einer wirklich umfassenden Frauenemanzipation in der DDR steht die Zusammensetzung von Politbüro und Zentralkomitee der SED, den Schaltzentralen der Macht: Bis in die letzten Tage des Regimes waren das „closed shops" für weibliche Kompetenz. Am weitesten in das männliche Machtkartell drang noch Margot Honecker vor, die gut 26 Jahre lang das Amt der Ministerin für Volksbildung bekleidete und dabei zu einer der unbeliebtesten öffentlichen Personen avancierte. Ihren Posten verdankte sie bezeichnenderweise ihrer Verbindung zum Gatten Erich, ihre fachlichen Qualitäten als gelernte kaufmännische Angestellter spielten da weniger eine Rolle.

Die eigentlich bittere Pille hatten Frauen in der DDR aber mit der Doppelbelastung zu schlucken, die ihnen trotz oder gerade wegen ihrer Berufstätigkeit aufgebürdet wurde. Denn der Staat konnte verordnen, wünschen, appellieren, gesetzlich regeln wie er wollte: Solange die Männer sich der fairen familiären Arbeitsteilung verweigerten, war das alles nichts und die stolz beschworene sozialistische Emanzipation allenfalls in Ansätzen verwirklicht. Volkes Witz brachte diesen Widerspruch auf den Punkt: „Was ist der Unterschied zwischen einer West- und einer DDR-Frau? Die Westfrau hat an der linken Hand einen Brillanten, in der rechten Hand den Autoschlüssel, hinter sich eine tolle Nacht und vor sich eine Reise in den Süden. Die DDR-Frau hat in der linken Hand ein leeres Einkaufsnetz, an der rechten Hand vier Kinder, hinter sich die letzte Nachtschicht und vor sich den nächsten Parteitag." Nach allen bekannten statistischen und demoskopischen Erhebungen leisteten Frauen in der DDR bis in die späten 1980er-Jahre den Löwenanteil der Haushaltstätigkeit. Und im Übrigen gab es für ostdeutsche Frauen nicht nur ein Recht, sondern auch eine Pflicht zur Arbeit, so zumindest war es im Artikel 24, Absatz 2 der DDR-Verfassung verankert: „Gesellschaftlich nützliche Tätigkeit ist eine ehrenvolle Pflicht für jeden arbeitsfähigen Bürger. Das Recht auf Arbeit und die Pflicht zur Arbeit bilden eine Einheit." Eine „ehrenvolle Pflicht zur Arbeit" schloss zwar die Rolle der Hausfrau und Mutter nicht aus, diese galt aber als mit den Prinzipien sozialistischer Emanzipation nicht vereinbar, ergo schlicht rückständig. Ostdeutsche Frauen sicherten sich also finanzielle Unabhängigkeit, standen fester auf eigenen Beinen als ihre westdeutschen Geschlechtsgenossinnen, die sich in Eheverhältnissen noch bis 1976 nur für eine Berufstätigkeit entscheiden konnten, wenn dadurch ihre „Verpflichtungen" in Haushalt und Familie nicht beeinträchtigt wurden.

So waren „Ost-Frauen (...) berufstätig, West-Frauen [dagegen] erwerbstätig", wie Daniela Dahn 1998 schrieb, um gleichzeitig hinzuzufügen: „Dabei scheinen mir die westlichen Kolleginnen irgendwie perfekter. Sie treten selbstsicherer auf, sind rhetorisch gewandter und argumentieren nicht so zurückhaltend. (...) Die West-Frauen sind irgendwie offener und beweglicher in ihrer Lebensplanung." Das lag sicher zum Teil daran, dass sich Frauen in der Bundesrepublik emanzipatorische Fortschritte gegen politische und gesellschaftliche Widerstände hart erkämpfen mussten. Seit den späten 1970er-Jahren offenbarten sich nämlich auch im Westen grundsätzliche Veränderungen der Geschlechterrollen, die sich denen im Osten langsam annäherten. Dazu zählten, neben der weiter steigenden Erwerbsquote von Frauen, die zurückgehende Zahl der Eheschließungen, der Rückgang der Geburtenraten und die wachsenden Scheidungsquoten. Parallelen zur Entwicklung beim östlichen Nachbarn sind erkennbar, wenngleich auf unterschiedlichem Niveau: Bei der Zahl der Ehescheidungen blieb die DDR weltweiter Rekordhalter und die Zahl der Geburten sank vor allem in den 1980er-Jahren trotz aller staatlichen Maßnahmen kontinuierlich ab.

Nimmt man die geschaffenen öffentlichen Strukturen und die nackten Zahlen zum Maßstab, kann man der Gleichstellungspolitik in der DDR im Vergleich zur Bundesrepublik einen signifikanten Vorsprung unterstellen. Ihren eigenen ideologischen Ansprüchen in der Tradition von Marx, Engels und vor allem Bebel war die Staatsführung nachgekommen – auf dem Papier, in Recht und Gesetz. Dies ist aber mit Blick auf die realen Verhältnisse im Alltag der ostdeutschen Frauen, also auf Doppelbelastung, schlechtere Bezahlung und geringer qualifizierte Berufstätigkeit, nur bedingt aussagekräftig. Ohne einen tiefgreifenden Mentalitätswandel der Männer ist alle Gleichstellungspolitik hüben wie drüben nicht wirklich viel wert. Dass ein solcher Wandel auch in der DDR eher wenig überzeugend gelang, zeigte sich nach der Wiedervereinigung, als, wie Rainer Eckart nüchtern festhielt, „viele ostdeutsche Frauen bei der Konkurrenz um die knappen Ausbildungs- und Arbeitsplätze ins Hintertreffen" gerieten.

IRRTUM 12

Der Osten war humorlos

Mit den Deutschen und ihrem Humor ist es ja sowieso ein eigen Ding. Zumindest grämt man sich hierzulande angesichts der im Ausland offensichtlich verbreiteten Ansicht, es handele sich bei den Deutschen um ein zwar fleißiges, doch weitgehend freudloses Volk. Das Erbe Lichtenbergs, Jean Pauls, Heines, Morgensterns oder Tucholskys geriet im Schatten von Pickelhaube, Knobelbecher und selbst noch im überwiegend verbissenen Aufbauklima der ersten Nachkriegsjahrzehnte zunehmend in Vergessenheit. Zugegeben, vor dem Hintergrund der Krisen und Katastrophen des 20. Jahrhunderts musste vielen Deutschen das Lachen vergehen, aber auch mit zunehmendem Wohlstand änderte sich zumindest an der Außenwahrnehmung des deutschen Humors nichts Grundsätzliches, er blieb Engländern, Amerikanern oder Franzosen weitgehend verborgen. Doch wenn Frohsinn den Deutschen allgemein schon abgesprochen wurde, so galt das im Besonderen für die bereits früh als „freudlos", „grau" und „verdrießlich" geziehene DDR. Kongenial setzte dieses Klischee allumfassender Depression im sozialistischen deutschen Staat bereits 1961 Billy Wilder in der Filmkomödie „Eins, Zwei, Drei" in Szene, die allerdings nicht nur vor dem Hintergrund des Mauerbaus, sondern auch wegen der deutlichen Spitzen gegen den restaurativen Geist der westdeutschen Wiederaufbaugesellschaft floppte. Noch 1985, gerade zum Kultfilm avanciert, mokierte sich Gerhard Straguhn in der ohnehin damals wenig humorigen „Zeit" über die „Dümmlichkeit der Geschichte", der auch „die Art der Komik" entspreche, und empfahl am

Ende völlig entfesselt „angenehmere Brechmittel". Mit der „Leichtigkeit eines Panzers" (Roger Boyes) beschäftigt sich die Wochenzeitung, wie auch andere deutsche Medien seit jeher mit der vermeintlichen Humorlosigkeit der Deutschen, die sich so ganz zwangsläufig in den „Rang eines unerschütterlichen Gemeinplatzes" (Jens Jessen) erhob.

Was durfte denn eigentlich, in Anlehnung an Tucholskys berühmte Frage, die Satire in der DDR? Offiziell nicht viel: Wenn es stimmt, was im Duden-Herkunftswörterbuch steht, definieren wir Humor im Kern als Eigenschaft, allen Fährnissen des Alltags „mit heiterer Gelassenheit [zu] begegnen". Nichts lag den SED-Funktionären über die gesamte Lebensdauer des ostdeutschen Teilstaates ferner. Hier schlug der berüchtigte Zensurparagraf 106 des Strafgesetzbuches zu, der den aufs Äußerste dehnbaren Begriff der „staatsfeindlichen Hetze" dem in der Verfassung garantierten Recht auf freie Meinungsäußerung vorschaltete und entsprechende Delikte mit Zuchthaus ahndete. Natürlich war man sich in der Führungsriege stets bewusst, dass man auf Komik nicht gänzlich verzichten konnte, dies jedoch wohldosiert und in ideologisch abgesicherten Grenzen. Lachen über sich selbst oder Zustände im eigenen Staat – nein; Witze über den Klassenfeind – aber bitte, und möglichst boshaft. Einen bezeichnenden Kommentar platzierte die Wochenzeitung „Sonntag" im August 1961, in dem „die soziale Bedeutung des Komischen, die sein innerstes Wesen" ausmache, hervorgehoben und an zwei konkreten Beispielen deutlich gemacht wurde: „Wenn ein x-beliebiger Mensch sich eine Zigarette anzustecken versucht, aber die Streichhölzer nicht brennen, so ist das lächerlich; komisch aber ist, wenn derselbe Vorgang den Direktor einer Streichholzfabrik betrifft, dem die von ihm selbst hergestellten Hölzer den Dienst verweigern. Lächerlich, aber nicht komisch ist, wenn ein Mann seine Hosen verliert. Komisch ist, wenn (...) einem Mann die von ihm selbst geschneiderte Hose im kritischen Augenblick, wo er das Herz einer Schönen erobern will, herunterfällt." Ungewohnt launig kommentierte wiederum „Die Zeit": „Vom marxistischen Standpunkt aus ist also die Existenz der Komik im Prozeß des Herunterfallens einer Hose davon abhängig, wer diese Hose produziert hat. Völlig klar." Innerhalb dieses ideologischen Korsetts etablierten sich in den 1950er-Jahren die nicht nur geduldeten, sondern staatlich geförderten Institutionen offiziöser „Satire mit Maulkorb" (Sylvia Klötzer): Das Ostberliner Kabarett „Die Distel" und das Magazin „Eulenspiegel".

Wohl nicht ganz zufällig wurde die „Distel" am 2. Oktober 1953 im Ostberliner Admiralspalast gegründet, als sich der Rauch des Aufstandes vom 17. Juni des gleichen Jahres gerade ein wenig gelegt hatte. Die Staats- und Parteiführung war sich trotz fortgesetzter Repressionspolitik durchaus bewusst, dass es einiger Ventile bedurfte, um den zwar gewaltsam unterdrückten, aber nicht beseitigten Unmut in der Bevölkerung zu lenken. Und natürlich war das erste Profi-Kabarett der DDR auch als Antwort auf die Westberliner „Stachelschweine", vor allem aber Günter Neumanns antikommunistische Kabarettsendung „Die Insulaner" gedacht, die mit ihren gezielten satirischen Hieben gegen „Jenosse [SED]-Funktionär" und den sowjetischen „Professor Quatschnie" über den grenzenlosen Äther eben auch die Deutschen Ost aus Sicht der Staatsmacht bedrohlich oft zum Schmunzeln brachte. Das erste Programm trug den für DDR-Verhältnisse geradezu gewagten Titel „Hurra! Humor ist eingeplant" und sorgte wohl gerade deshalb rasch für die nötige Popularität, die in den folgenden Jahrzehnten immer wieder leise kritische Töne auf der Bühne erlaubte, ohne das die Existenz von staatlicher Seite ernsthaft infrage gestellt worden wäre.

Natürlich richtete sich der satirische Blick immer wieder – wie es die Staatsdoktrin gebot – auf die Verhältnisse in der Bundesrepublik. Doch die ständige „Gratwanderung zwischen dem gerade noch Möglichen und dem schon Verbotenen" (Horst Wagner) führte immerhin zum Verbot von drei Programmen 1965, 1980 und 1988, trug aber eben gleichzeitig zur fortwährenden Beliebtheit des Ensembles und seiner Autoren bei, unter denen Peter Ensikat sicher einer der herausragenden war. Der Erfolg der „Distel" zog andere Gründungen nach sich, von denen die Leipziger „Pfeffermühle" und „Akademixer" sowie die Dresdener „Herkuleskeule" ebenfalls republikweite Bekanntheit erlangten. Auch sie waren von gelegentlichen Maßregelungen und Verboten betroffen, wurden mithin permanenter staatlicher Kontrolle unterzogen. Das Programm „Wir können uns gratulieren", das die Leipziger Pfeffermühle zum 30. Jahrestag der DDR-Gründung aufführte, wurde im März 1979 abgesetzt, da es nach Einschätzung der SED-Bezirksleitung Leipzig „gegen die Politik der Partei und des Staates" gerichtet sei und daher „vom Klassenfeind als Basis für politische Verleumdung und Angriffe" genutzt werden könne. Trotz dieses schmalen Grats der Programmgestaltung hatten sich bis 1989 insgesamt zwölf professionelle und erstaunliche geschätzte 600 private Kabarettbühnen über das nach Zerstreuung und Ablenkung dürstende Land, freilich mit ganz unterschiedlicher Lebensdauer und Bissigkeit, verteilt.

Überhaupt schien westlichen Beobachtern, all das, was da von den Kabarettbühnen zwischen Rostock und Dresden dargeboten wurde, eher bizarr und kaum zum Lachen. Der „Spiegel" zitierte in einem Beitrag aus dem Februar 1980 über den „organisierten Spaß" in der DDR fast genüsslich aus einer Leitlinie des wissenschaftlichen Beirates für Volkskunst beim Ministerium für Kultur: „Der Beitrag des Kabaretts besteht hauptsächlich in der satirischen beziehungsweise humoristischen Beleuchtung von subjektiver Nichterfüllung gesellschaftlicher Erfordernisse, beabsichtigt als produktive Kritik, die Denkanstöße und Handlungsimpulse zur weiteren Vervollkommnung des Menschen gibt." Das war Realsatire. Das westdeutsche Blatt sah das Ost-Kabarett schließlich in der Klemme einer „Alternative zwischen lustigem Schabernack und fadem Agitprop". Aufgespießt wurden tatsächlich eher die kleinen Unzulänglichkeiten des Alltags – man wusste doch, von Ausnahmen abgesehen, wie weit der kritische Humor gehen durfte; und da setzte die unterdrückte Meinungsfreiheit engste Grenzen, die aber mitunter virtuos ausgelotet wurden. Das galt auch für den „Eulenspiegel", das 1954 erstmals gedruckte Satireblatt, das in seinen besten Zeiten auf eine gleichermaßen beeindruckende wie bezeichnende Auflage von einer halben Million Exemplare kam. Es hätten mehr sein können, wenn es der notorische Papiermangel in der DDR erlaubt hätte. Der eher altbackene Titel der Zeitschrift täuschte leicht darüber hinweg, dass der „Eulenspiegel" nicht selten „mit Systemkritik zwischen den Zeilen [brillierte]", wie selbst der westdeutsche Kritiker Willi Winkler rückblickend im Dezember 1995 in der „Zeit" einräumte. Unter den Bedingungen, unter denen Satire überhaupt gedeihen konnte, leisteten sich Redakteurinnen wie Renate Holland-Moritz oder Zeichner wie Heinz Behling mitunter erstaunlich kritische Töne, natürlich stets argwöhnisch von der allgegenwärtigen Zensur beäugt.

Dass man in der DDR „das gescheiteste Lesepublikum der Welt" besaß, weil es „zwischen den Zeilen lesen" konnte, wie Holland-Moritz nach der Wende beteuerte, ist sicher übertrieben. Ohne Zweifel war es freilich eine besonders ausgeklügelte, doppelbödige Textur, der sich die Satire in der DDR bedienen musste, um an der Zensur vorbei ein breites Lesepublikum anzusprechen. Dass eine solche in Jahrzehnten gewachsene Sprache von Lesern jenseits der „Zwerchfellmauer" (Andreas Hutzler) kaum dechiffriert werden konnte, lag auf der Hand. Die „Berliner Zeitung" brachte das im Zusammenhang mit Heinz Behling 2004 auf den Punkt: „So richtig verstehen können Behlings Blätter auch nur Ostdeutsche – das soll kein Affront sein oder ein Beitrag, um Ost-West-Vorbehalte zu befördern – es ist einfach eine Tatsache. Denn Behling, der im vorigen Jahr verstorben ist, hat Jahrzehnte für die DDR-Satirezeitschrift ‚Eulenspiegel' gezeichnet. Im Vordergrund sieht man Plattenbauten. Alle Fenster sind geöffnet, die Bewohner blicken zum Himmel. Dort schweben Fesselballons. Darunter steht ‚Schmuckblatt zum Tag der rationellen Energienutzung'. Ex-DDR-Bürger können über so was lachen. Denn die Heizkörper in den Neubauten ließen sich nicht individuell einstellen. In ihrer Not rissen die Leute die Fenster auf, um so die Temperatur in den heißen Räumen zu senken. Über den Wohngebieten stiegen Wärmewolken auf, die Ballons durchaus Auftrieb verschafft hätten."

Aus westlicher Sicht mag der vorherrschende Blick auf die kleinen Unzulänglichkeiten des Alltags bieder gewirkt haben, aus der Perspektive vieler DDR-Bürger schienen die behutsam abgewogenen satirischen Hiebe bisweilen wie gewagte Heldenstücke. Dieser differenzierten, mehr oder weniger geduldeten, in den Grundzügen selbstredend konformen, weil das System nicht ernsthaft infrage stellenden Satire im sozialistischen Staat, stand eine auch aus heutiger Sicht ausgeprägte, erstaunlich freche und intelligente Witzkultur gegenüber. Unter der vermeintlich trost- und humorlosen Oberfläche des Regimes brodelte eine Kultur des von Mund zu Mund kolportierten staatsfeindlichen Witzes, die selbst von der ansonsten allmächtigen Staatssicherheit nie unter Kontrolle gebracht werden konnte. Natürlich hat auch der Witz immer eine Ventilfunktion und mag so kurzfristig stabilisierend wirken. Er war „gerade in seiner geflüsterten Variante ein Element von Hilflosigkeit, sogar von resignativer Anerkennung der Bedrückung", wie Stefan Wolle klargestellt hat. Auf lange Sicht ist aber jedes diktatorische System, das sich dem zwar verhüllten, aber fortgesetzten Spott der eigenen Bevölkerung ausgesetzt sieht, zum Scheitern verurteilt. Anna Greve hat dies im „Tagesspiegel" vom 8. November 2009 in die schöne Überschrift von der „zarten Pflanze der Zersetzung" gekleidet. In diesem Sinne verfolgte die Staatsmacht zumindest in der stalinistisch geprägten Frühphase sozialistischer Herrschaft den systemkritischen Witz als „staatsfeindliche Hetze". Diese durch obligatorisches Denunziantentum gestützte Jagd erwies sich jedoch rasch als müßig, was nicht zuletzt an der subkulturellen Verarbeitung in unverdrossen neu geschaffenen Witzen zu beweisen war: „Frage: Was gibt's für einen guten Witz? Antwort: Ein Jahr Gefängnis." Oder schärfer: „Was ist ein 08/15-Witz? Ein politischer Witz, den man in 8 Sekunden erzählt hat und dann 15 Jahre dafür sitzen muss." Und mit Bezug auf Denunzianten: „Es gibt Leute, die Witze erzählen, es gibt Leute, die Witze sammeln und Witze erzählen, und es gibt Leute, die Leute sammeln, die Witze erzählen." Das war doch wirklich witzig, im besten Sinne des Wortes in der Grimm'schen Definition als „Verstand, Klugheit, Kluger Einfall".

Der Niedergang dieser ostdeutschen Witzkultur ist wohl nirgendwo sicht- und hörbarer ablesbar als am Schicksal von Fips Asmussen, der nicht nur in den neuen Bundesländern seine vermutlich letzten kleinen Bühnenerfolge feiert, sondern dort auch sesshaft geworden ist. Wahrlich eine bittere Pointe der deutsch-deutschen Humorgeschichte: Der in die Jahre gekommene Titan des schalen, obszönen und plumpen Witzes der bundesdeutschen 1970er- und 1980er-Jahre planiert mit seinen peinlichen Ergüssen die letzten Reste eigenständigen Ost-Humors. Soweit ist es glücklicherweise nicht, das Kabarett etwa hat die Umbrüche nach 1989, lernfähig, aber in seiner östlichen Eigenart erstaunlich zählebig, weitgehend überlebt. „Distel", „Herkuleskeule" in Dresden, „Akademixer" und „Pfeffermühle" in Leipzig feiern auch heute noch Erfolge mit eigenständigen, nicht zuletzt auf die besonderen Probleme der ostdeutschen (Umbruch-)Gesellschaft bezogenen Programmen. Und auch der „Eulenspiegel" trotzt allen Schmährufen der westdeutschen Konkurrenz, besonders des Magazins „Titanic", das sich immer wieder über die vermeintliche Biederkeit der ostdeutschen Satireschaffenden mokiert. Allerdings hat sich die Auflage seit den frühen 1990er-Jahren drastisch verringert und vorerst an der 100 000er Marke eingependelt: Es fehlt der Ruch des Verbotenen, der Reiz der satirischen Grenzüberschreitung, die auszuloten im vergleichsweise offenen Meinungsklima des vereinten Deutschland schwerfällt.

Dass Satire, in Anlehnung an Tucholskys bekanntes Diktum, eben alles dürfe, musste aber auch im freiheitlich-demokratisch fundierten Weststaat erst mühsam erlernt werden. Die Nationalsozialisten hatten die bereits im späten Kaiserreich, dann aber vor allem in der Weimarer Republik mit Namen wie Otto Reutter, Karl Valentin, Werner Finck, Erich Kästner oder Kurt Tucholsky aufblühende, literarische wie dramaturgische Zeitkritik abgewürgt. Aber schon bald nach Kriegsende, seit 1949 unter dem Schutz des Grundgesetzartikels 5, der neben der Meinungs- eben auch die Kunstfreiheit schützt, entwickelte sich im westdeutschen Teilstaat eine vielfältige Kultur der Satire und des Witzes, die ihre Grenzen nur gelegentlich in den geschützten Bereichen des Persönlichkeitsrechts findet. Es ist müßig, an dieser Stelle die notwendigerweise höhere Quantität intelligenter bundesdeutscher Satire – vom bereits erwähnten Werner Finck, über den tragischen Wolfgang Neuss, den umtriebigen Dieter Hildebrandt, bis zum Bayern Gerhart Polt und unzähligen anderen – hervorzuheben. Ihre Kritik war jedoch immer auch wohlfeil, von Sanktionierung nicht wirklich bedroht. Und im Übrigen blieb sie, wohl viel stärker als in der DDR, auf ein akademisches, eher im linken politischen Spektrum angesiedeltes Publikum beschränkt, selbst wenn die erfolgreichen Bühnen der „Münchener Lach- und Schießgesellschaft", des Düsseldorfer „Kommödchens" oder der Berliner „Stachelschweine" in aller Regel ebenfalls ausverkauft melden konnten. Bewegten sich Humoristen nicht oder eher zurückhaltend im Bereich der politischen Satire, konnten sie dagegen ebenso im bürgerlichen Lager reüssieren. Das traf etwa auf Vicco von Bülow zu, der unter seinem Künstlernamen „Loriot" das kollektive Humorgedächtnis der Deutschen, gleich ob Ost oder West, wie keiner vor und nach ihm geprägt hat.

Darüber hinaus sorgte das zumindest seit Beginn der 1960er-Jahre offenere geistige Klima der Gesellschaft in der Bundesrepublik für frischen Wind, etwa durch die Zeitschrift „pardon", der die satirischen Zeichner und Texter der „Neuen Frankfurter Schule", allen voran Robert Gernhardt, Hans Traxler und F.K. Waechter angehörten. Deren Arbeiten fundierten satirisch die Protestbewegungen der späten 1960er-Jahre, inspirierten aber zudem einen Komiker wie Otto Waalkes, dessen in den Anfängen originelle Bühnenshow sowohl die Massen ansprach, als auch gleichzeitig maßgeblich von den Texten des Autorentrios Gernhardt, Peter Knorr und Bernd Eilert profitierte. Diese von den drei Frankfurter Satirikern erprobte Grenzüberschreitung bereitete langfristig sicher den Boden für den Comedy-Boom der 1990er-Jahre, der wiederum für das zur gleichen Zeit schwächelnde politische Kabarett befruchtend wirkte, wie nicht zuletzt am Erfolg des Düsseldorfers Dieter Nuhr abzulesen ist. Doch auch in der Bundesrepublik zog sich die Satire immer wieder den Unmut des Publikums zu. Das war auch ein Ergebnis ihrer zunehmenden Verbreitung im allgegenwärtigen Volksmedium, dem Fernsehen. Dieter Hildebrandts „Notizen aus der Provinz" und seine Nachfolgesendung „Scheibenwischer" trieben die Regierenden vor allem in den 1980er-Jahren nicht selten zur Weißglut. So geschehen im Falle einer Satire über das Atomunglück in Tschernobyl 1986, die im Sendegebiet des Bayerischen Rundfunks kurzerhand abgeschaltet wurde. Eine Form der politischen Zensur, die allerdings Ausnahme blieb. Wolfgang Menges „Ein Herz und eine Seele" nahm sich des deutschen Spießbürgers in Person des „Ekels" Alfred Tetzlaff an, einem Abbild des klischeehaften deutschen Spießbürgers, der sich gegen die politischen und gesellschaftlichen Entwicklungen seiner Zeit mit unaufhörlichen Tiraden gegen Kommunisten, „Sozen", Frauen und Ausländer zu schützen sucht. So mancher Bundesbürger erkannte sich wohl wieder und nahm übel. Hier hielten die Fernsehanstalten dem Druck der öffentlichen Meinung stand, die Serie lief planmäßig und wandelte sich schließlich, häufig wiederholt, zu einer der ersten Kultsendungen des deutschen Fernsehens.

Im gesamtdeutschen Vergleich trifft der Vorwurf des grauen und tristen, daher zwangsläufig humorlosen Daseins das Regime in der DDR zu Recht. Für die Bevölkerung gilt das freilich nicht. Das zeigt sich auch am real existierenden Witz des sozialistischen Alltags, der sogar in einer in West wie Ost gleichermaßen verbreiteten derberen Variation gelegentlich politisch wirkte: „Was ist der Unterschied zwischen Sozialismus und Orgasmus? Im Sozialismus stöhnt man länger." Den verstanden auch die Bundesdeutschen.

IRRTUM 13

Die DDR war eine Sportnation

Der Sport nahm in der organisierten Arbeiterbewegung von jeher einen besonderen Stellenwert ein, denn körperliche Ertüchtigung war für Sozialisten und Kommunisten immer auch probates Mittel im Klassenkampf. In Deutschland galt es, den bürgerlichen Sportverbänden und -vereinen die Stirn zu bieten, allen voran der deutsch-national geprägten Turnerschaft und dem 1900 gegründeten, politisch wie gesellschaftlich ebenfalls dezidiert rechtskonservativen „Deutschen Fußballbund" (DFB). Eigene Wettbewerbe und Meisterschaften solidarisierten nach innen und stählten nach außen. Wie tief der Graben zwischen bürgerlichen und sozialistisch bzw. kommunistisch geprägten Verbänden wirklich verlief, erzählt beispielhaft die Geschichte des Erwin Seeler, Vater von „uns Uwe": Seeler der Ältere spielte Ende der 1920er-Jahre eine herausragende Rolle beim Hamburger „SC Lorbeer", der es 1929 immerhin zur Meisterschaft des „Arbeiter-Turn- und-Sportbundes" (ATSB) brachte. Angeblich gelockt mit Geld und einer Wohnung im bürgerlichen Stadtteil Eppendorf, wechselte er 1932 zu dem im DFB organisierten Verein „Victoria Hamburg" und musste sich anschließend erbitterte Schmähungen der organisierten Arbeiterbewegung gefallen lassen. Wie in vielen anderen gesellschaftlichen Bereichen sah sich die DDR auch hier als Gralshüter der Traditionen der Arbeiterbewegung und instrumentalisierte den Sport als Mittel im Kampf der weltanschaulichen Systeme, aber auch – und vielleicht noch wichtiger – zur Stiftung einer eigenständigen nationalen Identität. Walter Ulbricht hatte 1958 die passende Parole zum Aufbau eines alle Bereiche des gesellschaftlichen Lebens umfassenden Sportlebens im real existierenden Sozialismus vorgegeben: „Jedermann an jedem Ort – einmal in der Woche Sport." Dass den SED-Funktionären auch hier ein übererfüllter Plan über alles ging, bewies Ulbrichts Nachfolger Honecker, der zu Beginn der 1980er-Jahre „einmal" durch „mehrmals" ersetzte. Die SED-Granden glaubten sogar selbst an die propagandistische Wirkung des Sports und zeigten dies bisweilen als bemühte Vorturner oder enthusiastische Zuschauer oder auch – wie Ulbricht beim Tischtennis – in arrangierter Filmszene. Begleitet wurden die Appelle und Gesten von zwar unregelmäßigen, aber gigantischen Turn- und Sportfesten, die kurioserweise in ihrem organisatorischen Ablauf an das bürgerliche Massenschauturnen des Kaiserreichs erinnerten. Seit 1956 fanden die sogenannten Turn- und Sportfeste im vornehmlich dafür errichteten Leipziger Zentralstadion statt – mit einer Kapazität von 100 000 Plätzen war es bis zum Abriss im Jahre 2000 das größte deutsche Stadion. Ansonsten aber ließ die Infrastruktur des DDR-Breitensports insgesamt zu wünschen übrig. Es gab zwar republikweit einige tausend Sportplätze, allerdings in häufig eher dürftigem Zustand. Auch hier war der Mangel an benötigtem Material, wie überall in der DDR, deutlich spürbar. Eine Ausnahme bildete das 1981 errichtete Sport- und Erholungszentrum in Ostberlin, ein sogar im Vergleich zur Bundesrepublik beachtliches Sportbauwerk, das jedoch enorme finanzielle Ressourcen band, die wiederum für Sanierung und Neubau von Sportanlagen andernorts fehlten. Wer organisiert Sport treiben wollte, fand dazu nahezu flächendeckend die Möglichkeit in Betriebssportgemeinschaften (BSG) oder Sportgemeinschaften (SG), allesamt organisiert unter dem Dach des „Deutschen Turn- und Sportbundes". Die Mitgliedschaft und damit auch der Zugang zu den Sportstätten war in der Regel kostenlos, was die Attraktivität des Breitensports steigerte, gleichzeitig aber immense Kostenprobleme in der Unterhaltung der entsprechenden Anlagen nach sich zog.

Zu den Charakteristika der Sportförderung in der DDR gehörte ohne Zweifel ein umfassendes und durchdachtes System des Schul- und Jugendsports. Er nahm im Schulunterricht einen wichtigen Platz ein und mündete in unterschiedlichem Turnus in den 1965 erstmals ausgetragenen sogenannten „Spartakiaden": sportlichen Wettkämpfen in unterschiedlichsten Disziplinen, die auf lokaler, regionaler und schließlich nationaler Ebene stattfanden. An diesen nicht selten aufwendig organisierten Veranstaltungen nahmen in Spitzenzeiten bis zu eine Million Kinder und Jugendliche teil. Natürlich hatte die beachtliche, auch finanziell äußerst aufwendige Sportförderung einen Hintersinn. Das zeigte nicht zuletzt die Geschichte der „Gesellschaft für Sport und Technik" (GST), hinter deren harmlosem Namen sich unverblümter Wehrsport von Kindesbeinen an verbarg. Begleitet von massiver finanzieller und materieller Unterstützung spielte die GST mit der Technikbegeisterung vieler Jugendlicher und warb ganz unverhohlen schon frühzeitig für den Dienst an der Waffe. In wohl keinem anderen Teilbereich der staatlich geförderten Freizeitgestaltung war der Anspruch auf umfassende Ideologisierung von Staat und Gesellschaft sichtbarer, der Missbrauch des Sports als Vorbereitung des Kampfes gegen den Klassenfeind im Westen hervorstechender als in den beklemmenden Wehrsportaktivitäten des sozialistischen Staates.

Und doch gilt die DDR vielen ihrer ehemaligen Bürger noch heute als sportliches Musterland, oder wie es der ostdeutsche Journalist Volker Kuhn im Brustton der Überzeugung und voller Stolz formulierte: „Im Sport war die DDR das Land der Sieger, weltweit sprach man vom ‚Sportwunder DDR'." Seine Legitimation bezieht dieser Mythos natürlich aus den Erfolgen der ostdeutschen Athleten bei internationalen Wettbewerben, allen voran den Olympischen Spielen. Hunderte von Medaillen, darunter 203 goldene, regneten zwischen Melbourne 1956 und Seoul 1988 auf die Hochleistungssportler der DDR herab. Der nicht nur relative, sondern auch absolute Leistungsvorsprung hatte sich bereits bei den Olympischen Spielen in Tokio 1964 angedeutet, als die DDR in der letztmals unter der Fahne der Olympischen Bewegung antretenden gesamtdeutschen Mannschaft mehr Athleten als die Bundesrepublik stellte. 1969 hatte das Zentralkomitee der SED einen in diesem Zusammenhang besonders wegweisenden Beschluss gefasst: Die volle Aufmerksamkeit sollte fortan einer „bestimmte[n] Anzahl von Sportarten, insbesondere medaillen- und punkteintensive[n]" gelten. In vielen Individualsportarten nahm die DDR daher insbesondere seit den 1970er-Jahren eine Spitzenstellung ein, die allerdings, wie Andreas Michaelis bemerkt hat, „in keinem Verhältnis zur politischen, wirtschaftlichen oder kulturellen Bedeutung des Landes stand". Gleichwohl war sie nicht nur Ergebnis eines zu Recht kritisierten unmenschlichen Drills in der jugendlichen Talentförderung oder flächendeckenden Dopings, sondern auch des Einsatzes modernster Trainingsmethoden in professionell geführten Leistungszentren. Die in aller Regel sehr gut ausgebildeten Trainer der DDR erfreuten sich in vielen Sportarten weltweiter Nachfrage. Das Hauptziel der Staats- und Parteiführung, über die massive Förderung und daraus resultierende Erfolge im Spitzensport gleichzeitig das internationale Renommee und die Identifikation der eigenen Bürger mit dem sozialistischen Staat zu stärken, ist allerdings nie in gewünschtem Maße erreicht worden. Das hing sicher auch damit zusammen, dass der angestrebte Beweis einer Überlegenheit des sozialistischen Systems eben gerade dort nicht angetreten werden konnte, wo sich bei andauernden Erfolgen vielleicht tatsächlich eine gewisse Annäherung breiter Bevölkerungsschichten mit der Regierung hätte einstellen können: In den auch im Osten populären Mannschaftssportarten, allen voran dem Fußball.

„Wo waren Sie, als das Sparwasser-Tor fiel?", so fragte eine Buchautorin vor einigen Jahren prominente West- und Ostdeutsche und rekurrierte damit auf die einschneidende Wirkung, die der Ausgang des einzigen deutsch-deutschen Fußballduells der Geschichte bei der Weltmeisterschaft 1974 auf die Befindlichkeiten der Deutschen in Ost und West hatte.

Bis zu diesem Zeitpunkt verlief die Entwicklung des Fußballs in beiden deutschen Staaten gegensätzlich: Während sich im bundesdeutschen Fußball sukzessive der Leistungsgedanke des westdeutschen Gesellschaftssystems widerspiegelte, versuchte die DDR-Führung wie den gesamten Sport so auch den Fußball zentralistisch zu organisieren. Ohnehin gewann sie diesem Sport, der doch spätestens seit den 1920er-Jahren als „proletarisch" gelten konnte, nur wenig ab. „Zeit"-Reporter Christoph Dieckmann spitzte es 1995 beredt zu: „Fußball war ein ungeliebter Bastard des Deutschen Turn- und Sportbundes, der die Landeskinder für medaillenintensive Disziplinen rekrutierte, um mit Schwimmerinnen und Kanuten den Olymp zu stürmen." Selbstständige Vereine wurden behindert, die Gründung sogenannter Betriebssportgemeinschaften gefördert: „In die Fußballclubs regierten die SED-Bezirksfürsten hinein." (Christoph Dieckmann) So wurde etwa die SG Planitz, Gewinner der ersten Meisterrunde der sowjetischen Besatzungszone 1948, kurze Zeit später in die „Zentrale Sportgemeinschaft Horch Zwickau" zwangsintegriert. Die Reglementierung des Spielbetriebs führte zu kuriosen Vereinsnamen wie „Sachsenobst Dürrweitzschen" oder „Turbine Potsdam". Trotz sporadischer Erfolge auch auf internationalem Parkett – man denke an den Gewinn des Europapokals der Pokalsieger durch den 1. FC Magdeburg 1974 – stand der DDR-Fußball immer im Schatten internationaler Erfolge in anderen Disziplinen. In der Bevölkerung blieb er gleichwohl bis zum Ende des Regimes 1989 die mit Abstand populärste Sportart, und das galt – sehr zum Leidwesen der Staatsführung – auch für Erfolge der bundesdeutschen Auswahl.

Insofern sah man bei den Funktionären den Sieg über das DFB-Team mit besonderer Genugtuung. Während die „Bild"-Zeitung schon vor der Partie am 22. Juni 1974 im Hamburger Volksparkstadion überzeugt titelte: „Warum wir heute gewinnen", überließ man auf DDR-Seite nichts dem Zufall. Abgezählte 1 500 linientreue Bürger durften dem Spiel beiwohnen und mit vorgegebenen Parolen ihre Mannschaft unterstützen. So hieß es in einer Anweisung der Staatssicherheit: „Die DDR-Touristen verwenden bei ihrer Unterstützung der Sportler den bekannten Zuruf der sportbegeisterten Bürger der DDR: ‚7-8-9-10-Klasse!' und spenden kräftig Beifall!" Die Hoffnungen der DDR-Führung, den 1:0-Erfolg – gesichert durch das Tor des Magdeburgers Jürgen Sparwasser in der 76. Minute – über den westdeutschen Fußball als Sieg im politischen Systemvergleich zu deuten, scheiterte jedoch bereits im Ansatz. Der bereits zitierte Christoph Dieckmann erinnert in diesem Zusammenhang im Juli 1994 in der „Zeit" an „jenen Samstagabend in Nachbar Geyers Korbstuhl vor dem Schwarzweißapparat der Marke ‚Staßfurt', aus dessen Spelacart-Lamellen Heinz Florian Oertels Siegesbariton tremolierte, indes Nachbar Geyer SCHEISSE!!! schrie, weil er seit sechsundzwanzig Jahren in den Mitteldeutschen Fahrradwerken Rahmen schweißen mußte und sich mit diesem Spiel an der DDR zu rächen dachte fürs Dreischichtensystem, die rote Propaganda, die Republikflucht seines Sohnes Horst, die Ehe und das Sangerhäuser Mammutbräu: Mammut-Biere, starke Biere – trinkste dreie, pißte viere. All diese Unbill zu sühnen, erkoren DDR-Verdrossene wie Kurt Geyer DIE DEUTSCHE NATIONALMANNSCHAFT – umsonst." Es war im Übrigen ein Pyrrhus-Sieg, den die DDR errang. Sie wurde nach altem WM-Modus in die starke Zwischenrundengruppe mit Argentinien, den Niederlanden und Brasilien gelost, während die Bundesrepublik auf Schweden und Polen traf.

Im Westen hatte der WM-Erfolg von 1954, das viel zitierte „Wunder von Bern", die noch reichlich tönerne Demokratie stabilisiert, auch wenn das Diktum Joachim Fests vom eigentlichen „Gründungsakt" der Bundesrepublik sicher ein wenig übertrieben ist. Vergleichbares gelang im Osten nicht. Außer beachtlichen Erfolgen in der Talentförderung erwies sich der ostdeutsche Fußball zwischen 1949 und 1989 dem westdeutschen Modell als deutlich unterlegen und wirkte damit eher destabilisierend. Geradezu sinnbildlich, fast tragisch, stehen dafür die Ereignisse im Vorfeld der Weltmeisterschaft 1990. Die vielleicht hoffnungsvollste Mannschaft, die der DDR-Fußball je hervorbrachte, mit herausragenden Spielern wie Thom, Kirsten oder Sammer, hatte sich in den Qualifikationsspielen in eine aussichtsreiche Position gespielt, als die Mauer fiel: Am 15. November 1989 bestritt die Auswahl der DDR ihr letztes Qualifikationsspiel in Wien gegen Österreich. Ein Unentschieden hätte der von Eduard Geyer trainierten Elf genügt, um bei der WM in Italien dabei zu sein. Angesichts eines möglichen deutsch-deutschen WM-Duells titelte „Bild": „So ein

Quatsch: Wir gegen uns!" Beeindruckt von den aktuellen Geschehnissen in der Heimat hatten die Spieler der DDR im Praterstadion keine Chance und unterlagen mit 0:3. Die bundesdeutsche Mannschaft dagegen qualifizierte sich dank so überzeugender Ergebnisse wie 3:2 gegen Luxemburg oder 2:1 gegen Wales für die Endrunde in Italien und zeigte dort zur Überraschung der meisten Experten mitunter erfrischend offensiven Fußball, der sie bis ins Finale in Rom trug, das dank eines von Andreas Brehme verwandelten Elfmeters gegen Argentinien erfolgreich bestritten werden konnte. Der frenetische Jubel über diesen Titel war gesamtdeutsch und zeigte noch einmal, dass der Versuch des SED-Regimes über den Sport die Identität mit der „sozialistischen Nation" zu stärken, zum Scheitern verurteilt war.

Der DDR-Sport schuf Idole, deren Status aber über die eigenen Mauern und Grenzzäune nie hinausreichte. Es war den Bundesdeutschen schlicht egal. Der im Rheinland aufgewachsene Schriftsteller David Wagner hat diese Ignoranz 2004 bissig erklärt: „Ich habe mich nie für die DDR interessiert. Wer hat sich, solange es sie gab, überhaupt für die DDR interessiert? (...) Dass in der DDR auch Fußball gespielt wurde, war mir nicht bekannt, das Fußballland DDR kam in der Sportschau nicht vor. Die DDR lieferte bloß ihre gefürchteten Sportroboter der Armee- und Stasisportclubs aus, Gold-Terminatoren aus der Gegenwelt, die es geben musste, um unser Westdeutschland zum Paradies erklären zu können. Und die DDR entwarf und baute in einem sozialistischen Labor in Karl-Marx-Stadt auch den Verführungs-Cyborg Katharina Witt, der sich als Eisläuferin getarnter Bladerunner die Zuneigung des Westens erlief."[14] Umgekehrt waren erfolgreiche westdeutsche Sportler auch im Osten bekannt und nicht selten geschätzt. Das galt nicht nur für die Stars des bundesdeutschen Fußballs wie Müller, Beckenbauer oder Rummenigge, sondern auch für Heroen der in der DDR kaum verbreiteten Disziplinen, wie Steffi Graf oder Boris Becker im Tennis. Aber wer kannte im Westen Täve Schur, bereits zu Lebzeiten Radsportlegende im Osten? Wer den Jenenser Peter Ducke, der von keinem Geringeren als Pelé zu den zehn besten Stürmern seiner Zeit gezählt wurde und der alles vereinte, was den im Westen fast mythisch besungenen Günter Netzer auszeichnete: Spielkultur und rebellische Ader? Die von der Staatsführung nicht zuletzt aus Prestigegründen forcierte Sportförderung blieb so auf halbem Wege stehen: Sie brachte Edelmetall zuhauf, trug aber zumindest aus Sicht des Westens nur selten ein menschliches Antlitz.

Am sichtbarsten bröckelt der Mythos von der „Sportnation DDR" aber vor dem Hintergrund der immer neuen Erkenntnisse, die in den vergangenen zwei Jahrzehnten über das gezielte Aufputschen der ostdeutschen Athleten mit unerlaubten medizinischen Substanzen aufgedeckt worden sind. Natürlich war das Doping kein auf den Osten beschränktes Problem. Das hatte nicht zuletzt der aufsehenerregende Fall der bundesdeutschen Siebenkämpferin Birgit Dressel gezeigt, die am 10. April 1987 vermutlich aufgrund jahrelangen Medikamentenmissbrauchs, eingesetzt zur Leistungsförderung, gestorben war. Es folgte eine erregte öffentliche Debatte, die zum Rücktritt von Verbandsfunktionären, nicht aber zu einem Ende der westdeutschen Dopinggeschichte geführt hat. Das systematische, von der DDR-Staatsführung bewusst finanziell großzügig unterstützte Dopingprogramm, Deckname „Staatsplanthema 14.25", war jedoch beispiellos. Es verzerrte nicht nur die Leistungsbilanz, sondern führte bei vielen in das Programm einbezogenen Sportlern zu teilweise verheerenden gesundheitlichen Schäden, vor allem Krebs- und Herzmuskelerkrankungen, kühl in Kauf genommen im krampfhaften Ringen um Anerkennung des sozialistischen deutschen Staates. Doping war mitnichten ein spezifisches Problem der DDR, aber wohl in kaum einem anderen Staat sind Anabolika so gezielt und auch so gewinnbringend eingesetzt worden. Angesichts der begrenzten Ressourcen des planwirtschaftlichen Systems schien der Staatsführung im Kampf um das internationale Prestige gerade mit Blick auf die Konkurrenz zum kapitalistischen Nachbarn unumgänglich. So musste der langjährige Leiter des in der Dopingforschung führenden Forschungsinstituts für Körperkultur und Sport, Hans Schuster, einräumen, „dass ohne die Verabreichung von Anabolika die internationale Spitzenstellung [des DDR-Sports] nicht zu halten [gewesen] wäre." Jeder mag selbst entscheiden, ob angesichts solcher Einsichten der noch immer verbreiteten Überzeugung von der Überlegenheit des sozialistischen Sports zugestimmt werden kann.

IRRTUM 14

In der DDR verstand man nichts von Autos

Ein Auto wurde zur unbestrittenen Ikone der Wiedervereinigung: Als sich Ende 1989 Hunderttausende von DDR-Bürgern in kilometerlangen Schlangen über die nun geöffneten Grenzübergänge zu einer ersten Stippvisite gen Westen wagten, dominierte der halb liebevoll, halb verächtlich als „Rennpappe" oder auch „Asphaltblase" bezeichnete Trabant aus dem sächsischen Zwickau das Bild. Mit drei Millionen Exemplaren meistverkauftes Automobil aus DDR-Produktion, löste das kleine, technisch anspruchslose und ästhetisch veraltete Fahrzeug instinktive Hilfsreflexe vieler Westdeutscher aus. Die durch die zähen Nebelschwaden der Zweitakt-Abgase zusätzlich ergrauten Modelle des VEB Sachsenring illustrierten dem westlichen Betrachter noch einmal anschaulich den erheblichen technologischen Rückstand der östlichen Planwirtschaft. Daran änderten im Übrigen die in der DDR als gehobene Mittelklassewagen laufenden Fahrzeuge der Marke Wartburg nichts, die außer ihrer Größe dem Trabant kaum etwas Wesentliches voraushatten. Gerade der Fahrzeugbau aus ostdeutscher Produktion diente im Westen als lärmender und stinkender Beleg für die notorische Schwäche sozialistischer Technologien und die Unfähigkeit ihrer Ingenieure insgesamt.

Und tatsächlich hinkten die PKWs aus DDR-Produktion seit der frühen Nachkriegszeit den westlichen Standards der Motorisierung immer weiter hinterher. Dabei war zumindest Sachsen in der ersten

Hälfte des 20. Jahrhunderts eines der wichtigsten Zentren der deutschen Automobilindustrie. Der Wanderer aus Chemnitz, DKW aus Zschopau sowie Audi und Horch aus Zwickau wurden im mitteldeutschen Industriegebiet hergestellt und 1930 zur Auto-Union zusammengeschlossen. Trotz der verheerenden Demontagepolitik der Sowjetunion konnte die Produktion in Zwickau und Zschopau bereits kurz nach dem Kriegsende wieder aufgenommen werden. Ausnahme war die Marke Audi, die im Westen, genauer in Ingolstadt, neu aufgebaut wurde. Die Markennamen DKW und Horch gab man schon bald auf und ersetzte sie durch die vermeintlich unverfänglicheren Namen „Industrie- und Fahrzeuganlagen" (IFA) und Sachsenring. Man knüpfte zunächst vorwiegend an die Modellpalette der Vorkriegszeit an, nicht zuletzt aus dem wie in anderen Wirtschaftszweigen auch hier akuten Mangel an Konstrukteuren und Ingenieuren. Hinzu kamen ideologische Vorgaben, die das Automobil als Luxusgut definierten und daher seiner massenhaften Produktion keine Priorität einräumten. Dem Regime lag vielmehr am raschen Wiederaufbau und Ausbau des öffentlichen Personenverkehrs, insbesondere auf der Schiene. Dass auch das nicht überzeugend gelang, steht auf einem anderen Blatt. Während also im Westen gerade die Automobilindustrie sich bereits frühzeitig zum Symbol des wirtschaftlichen Wiederaufstiegs entwickeln konnte – bestes Beispiel war der erfolgreiche Kleinwagen „Käfer" der Wolfsburger Volkswagenwerke –, ging die beginnende Massenmotorisierung an der DDR zunächst nahezu spurlos vorbei. Nicht so in der Bevölkerung, die sehr rasch das dramatisch wachsende Wohlstandsgefälle zwischen Ost und Weste in den frühen 1950er-Jahren registrierte und das gerade auch an der Verfügbarkeit privater Kraftfahrzeuge festmachte.

Die Staatsführung sah sich zum Handeln gezwungen und beauftragte 1953 das VEB-Werk Forschung und Entwicklung in Karl-Marx-Stadt mit der Konstruktion eines Kleinwagens für Familien. Zwei Jahre später übernahmen die Automobilwerke Zwickau, vormalige Produktionsstätte von Audi, das Projekt und entwickelten es, mittlerweile unter dem Namen VEB Sachsenring tätig, bis 1958 zur Serienreife. Dabei standen Rohstoffmangel, überwiegend noch auf Vorkriegsniveau ausgerüstete Produktionsstätten und der fehlende technologische Austausch aufgrund der politischen und ökonomischen Isolation dem durchschlagenden Erfolg des „Trabant" getauften PKW aus DDR-Produktion im Wege. Unter den gegebenen Umständen konnte sich das Produkt zum damaligen Zeitpunkt sicher sehen lassen. Frontantrieb, Platzangebot und die Sparsamkeit des Zweitaktmotors waren für die Verhältnisse der späten 1950er-Jahre durchaus bemerkenswert. Das galt auch für die Karosserie, überwiegend aus dem Kunststoff Duroplast gefertigt und damit vergleichbar dem „Leukoplastbomber" der Bremer Lloyd-Borgward-Werke. Mit großem Aufwand und entsprechender propagandistischer Begleitmusik hatte man einen kurzzeitig annähernd konkurrenzfähigen Kleinwagen zur Welt gebracht. In den folgenden Jahren griffen jedoch die systembedingten Mängel der Planwirtschaft, vor allem fehlende Investitionen in Produktionsanlagen, Rohstoffmangel und die dauerhaft begrenzten Möglichkeiten von DDR-Ingenieuren, am internationalen Erfahrungsaustausch in Forschung und Produktion teilzuhaben. Die Entwicklung des bald halb liebevoll, halb spöttisch „Trabbi" genannten Fahrzeugs stagnierte und kam über allenfalls leichte technische Verbesserungen jahrzehntelang kaum hinaus. Die grotesk langen Lieferfristen gaben dem hoffnungsvoll gestarteten Trabant den Rest und machten aus ihm eine Lachnummer: „Bestellt einer 1980 einen Trabant im Autohaus. Fragt: Wann wird er geliefert? Der Verkäufer guckt in seinen Computer: Am 6. April 1998. Gegenfrage: Vormittags oder nachmittags? Der Verkäufer: Ist das so wichtig? Antwort: Ja, vormittags kann ich nicht kommen, da wird die Waschmaschine geliefert." Kaum verwunderlich, dass noch Ende der 1960er-Jahre so manches Fahrzeug aus Vorkriegsproduktion auf den im Vergleich zum Westen nahezu blech- und bleifreien Straßen der DDR unterwegs waren. Das zumindest nahm der US-Korrespondent Welles Hangen 1966 beim Blick in den Anzeigenteil der Zeitung „Neue Zeit" verblüfft zur Kenntnis: „Nur ein leidenschaftlicher Autofan kann all die uralten Modelle kennen, die in der ‚Neuen Zeit' zum Verkauf oder Tausch angeboten werden. Ein ‚Adler Junior' aus der Vorkriegszeit zum Beispiel kostet 2 230 Mark, ein 1939er ‚Ford Eifel' 2 600 Mark, ein ‚Eifel Kabriolett' 3 500

Mark, ein ‚Mercedes' aus der Kriegszeit 4 000 Mark. Dies sind die offiziell gebilligten Schätzpreise – der wirkliche Preis liegt in den meisten Fällen noch höher."

Die notorische Untermotorisierung der DDR war weniger dem Versagen von Technikern und Konstrukteuren geschuldet, die durchaus verbesserte oder gar gänzlich neu konstruierte Modelle vorschlugen. Gescheitert war auch in diesem Fall das ineffiziente und widersprüchliche Zusammenspiel von Politik und Planwirtschaft. Selbst in den wahrlich nicht verwöhnten Staaten des Ostblocks wurden die Zweitakter aus Zwickau (Trabant) und Eisenach (Wartburg) rasch zu Ladenhütern. Doch auf zunehmenden Spott reagierten viele ostdeutsche Autofahrer immer häufiger mit trotzigem Stolz: Man wusste um die miserable Qualität der mühsam und teuer erworbenen Fahrzeuge, musste aber das Beste aus der im Wortsinne verfahrenen Situation machen. Wenn der durchschnittliche DDR-Bürger nach in der Regel jahrelanger Wartezeit sein Fahrzeug geliefert bekam, blieb es für unabsehbare Zeit das einzige. So wurde aus den Ostdeutschen ein einig Volk von Bastlern und Tüftlern, denn das Fahrzeug musste schließlich lange halten. Das erklärte auch das außergewöhnliche Ansehen, dass Automechaniker in der DDR besaßen, wie sich Ilko-Sascha Kowalczuk erinnert: „In der DDR rangierte der Berufswunsch, Kfz-Schlosser zu werden, bei Jungen ganz weit oben. Der Beruf versprach hohes Sozialprestige, ein hohes ‚nebentarifliches' Einkommen und vielfältige ‚Beziehungen' wie von selbst." Auch wenn sich die Objekte der Begierde in Ost und West fundamental unterschieden, so war doch die Faszination für das Automobil in beiden deutschen Staaten sicher vergleichbar ausgeprägt. Nicht umsonst handelte es sich bei der massenwirksamsten Sportveranstaltung der DDR um ein Motorsportereignis: Die Renntage in Schleiz, zu denen regelmäßig am ersten Augustwochenende über 200 000 Menschen strömten, „um sich", wie der „Spiegel" 1986 mit gehauchtem Dünkel berichtete, „wenigstens als Zuschauer an Dingen zu erfreuen, von denen sie sonst nur träumen können – an schnellen Motorrädern und rasanten Automobilen".

Weil der Erhalt des mangelhaften, aber doch kostbaren Kraftwagens so viel Hege und Pflege, Zeit und Geld kostete, wuchs eine besondere Bindung zwischen Fahrer und Fahrzeug, die freilich 1990 mehrheitlich brach, als der Kauf eines lang ersehnten PKW mit westlicher Technologie möglich wurde. Das in den Werksbroschüren bis 1990 gedruckte Eigenlob des „schnittige[n], elegante[n] und temperamentvolle[n]" Trabant hatte ohnehin kein leidgeprüfter Autofahrer ernst genommen. Ohne das es statistisch zu belegen wäre, war der Erwerb eines mit zeitgemäßer Technologie ausgestatten Autos, neben dem Reisen, eines der zentralen Sehnsuchtsmotive vieler DDR-Bürger und ein wichtiger Mosaikstein der Unzufriedenheit mit den Lebensbedingungen, die schließlich entscheidend zum Untergang der DDR beitrugen. Die Staatsführung mag sich des Dilemmas auch in diesem Bereich bewusst gewesen sein, aber sie reagierte gewohnt starrköpfig. Erich Honecker begegnete dem zunehmenden Unmut mit dem lakonischen Hinweis, dass man jeder Familie zwar eine Wohnung, nicht aber ein Auto versprochen habe. So verkündete der Plan die rein rechnerische Befriedigung des PKW-Bedarfs für jeden Haushalt der DDR bis zum Jahre 2010, ohne jedoch eine wesentliche Verbesserung der Qualität in Aussicht zu stellen. Eine solch dürftige und zudem vage Perspektive konnte den wachsenden Unmut der unterversorgten, aber entgegen dem gängigen West-Klischee technisch aufgeschlossenen und versierten Autofahrer der DDR nicht mehr zähmen.

IRRTUM 15

Im Osten wurde viel getrunken und schlecht gegessen

Geduldig wartende Menschenschlangen vor Geschäften – wer denkt da nicht sofort an die alltäglichen Gegebenheiten in der DDR? Und so zählen diese Schlangen zu den Hauptmotiven im kollektiven Bildgedächtnis der Ostdeutschen. Der subversive Witz kommentierte den allgegenwärtigen Mangel an Gütern des täglichen Bedarfs mit dem Spruch: „Es gibt alles, nur nicht immer, nicht überall und schon gar nicht, wenn es gerade gebraucht wird." Das galt auch und gerade für die Ernährungsversorgung: Grundnahrungsmittel standen in aller Regel ausreichend und billig, da hoch subventioniert, zur Verfügung. Aber hochwertige Lebensmittel, von Fleisch über Fisch bis hin zu frischem Gemüse, waren spärlich verteilt, und wenn geliefert auch rasch ausverkauft. Notorisch war das fehlende Angebot an Südfrüchten, das der Volksmund mit einer Fülle von Witzen verarbeitete. Einer ging so: „Warum ist die Banane krumm? Weil sie immer einen Bogen um die DDR macht." Zum Qualitätsmangel im Angebot gesellte sich eine unterentwickelte Gaststättenkultur, die sich auch nach 1989 nur im Schneckentempo dem Dienstleistungsgedanken annäherte, wie der „Spiegel" noch im Oktober 1992 zu berichten wusste: „Dem Niveau der Speisen entspricht das Auftreten der Bedienung. Zu DDR-Zeiten sprangen die Kellner – Herren über rare Plätze, Getränke und Gerichte – mit der Kundschaft meist nach Gutsherrenart um. Die mühsam einstudierte Devotheit, die dem Gast nun in vielen Häusern entgegenschlägt, hat daran wenig geändert."

Die Kollektivierungswelle der 1950er-Jahre hatte auch vor dem ostdeutschen Gaststättengewerbe nicht Halt gemacht. Gegen die zahlenmäßig erdrückende staatliche Konkurrenz, die zudem noch bei der Lebensmittelbelieferung bevorzugt wurde, konnten sich nur wenige private Betriebe am Leben halten. Die gastronomischen Kollektive boten in aller Regel biedere, trostlose Einheitskost zum Einheitspreis. Vor allem auf dem Land und in kleineren Städten waren sie oft die einzigen Etablissements ihrer Art und selbst in größeren Metropolen präsentierte sich das Angebot eher übersichtlich und beschränkte sich auf „gutbürgerliche Küche", die systembedingt natürlich nicht gerne so genannt wurde. In den „Gastronomischen Entdeckungen" von Manfred Otto aus dem Jahr 1983, einer Art Guide Michelin des Ostens, findet sich eine archetypische Auswahl, die von Eisbein, Erbsensuppe, Forelle blau bis zur berüchtigten Schlachteplatte alle Klassiker vereint, darüber hinaus aber kaum Varianten enthält: Der Naumburger Hammelbraten kann da schon fast als Delikatesse durchgehen. Dieser mangelnde Wettbewerb wirkte sich unmittelbar auf den Service aus: Der war auch im Westen zunächst verbesserungswürdig – jeder kennt schließlich den ebenso verschrobenen wie hartnäckigen Hinweis „Draußen nur Kännchen". Dass man aber am spontanen Betreten einer halbleeren Gaststätte durch die Anweisung „Sie werden platziert" gehindert wurde, war eine exklusive Spezialität der DDR. Wagte man es dennoch, auf eigene Faust einen Platz zu suchen, folgte prompt der Rüffel des Kellners – mehr noch: „Wer derart unangenehm aufgefallen war, musste mit ‚erzieherischen Maßnahmen' rechnen und extra lange warten", wie Stefan Wolle erinnert. Bemerkenswert, so Wolle, war auch die „Negativwerbung", die nicht nur, aber vor allem gastronomische Betriebe betraf und mit Hinweisen wie „Kein warmes Mittagessen", „Kein Kaffee und Kuchen" oder jenem, „dass der Laden wegen Krankheit, Wasserrohrbruch, Havarie oder ganz allgemein aus technischen Gründen geschlossen sei" aufwartete. Die Bevölkerung empfand die Missstände offensichtlich als so eklatant, dass diese in der Presse erstaunlich offen thematisiert wurden, angefeuert von Erfahrungsberichten erboster Bürger, wie dem Dresdner Paul Lohse, der 1982 den „Sächsischen Neuesten Nachrichten" über seine Erfahrung auf einer Wanderung mit Freunden in der Sächsischen Schweiz berichtete: „Treffpunkt war das Erbgericht Hellendorf – diese Gaststätte ist für die Öffentlichkeit gesperrt. Gasthof Kechritz hatte Urlaub, Erbgericht Markersbach ebenfalls. Die dortige Linde war aus betrieblichen Gründen geschlossen. Das Erbgericht in Rosental, die Schweizermühle, die Ottomühle, die Konsumgaststätte in Raum, der Gasthof Bahra hatten alle geschlossen." Der „Spiegel", der die Geschichte wiedergab, ergänzte süffisant: „Lohses Durststrecke: 15 Kilometer."

Immerhin sah sich die SED-Führung seit Ende der 1970er-Jahre veranlasst, per Verordnung das „Platzierungsgebot" aufzuweichen, da jeder Bürger das Recht habe, „in einer Gaststätte seinen Platz selbst zu wählen, sofern er damit nicht gegen berechtigte Interessen anderer Gäste verstößt". Diese „berechtigten Interessen" festzulegen, lag freilich weiterhin im Ermessen des Personals. Auch die Hemmnisse für privat geführte Gaststätten wurden teilweise beseitigt, sodass sich das Angebot seit den frühen 1980er-Jahren zumindest leicht verbesserte; das betraf auch die Öffnung der biederen Küche, die im nicht so provinziellen Ostberlin eine Bereicherung durch einige ungarische und bulgarische Restaurants erfuhr. Sogar der „Fast Food"-Gedanke hielt Einzug – selbstredend nicht im Gewand eines kapitalistischen „Hamburgers", sondern vielmehr als „gegrillte Rindfleischbulette in einem Spezialbrötchen mit Garnitur und scharfer Sauce", im volkseigenen Jargon „Grilleta" genannt. Für viele blieb häufig als einziger Trost, dass man bei allem Zorn über schlechten Service und mäßige Qualität zumindest konkurrenzlos billig auswärts speisen konnte. Gerade in den HO-Gaststätten auf dem Lande wurde eine vierköpfige Familie für 20 Mark satt. Im „Gastmahl des Meeres", den volkseigenen Fischrestaurants, oder den HO-Gaststätten „Goldbroiler", in denen man überwiegend Brathähnchen servierte, war es kaum mehr.

Im Westen breiteten sich die Wohlstandszeichen seit Mitte der 1950er-Jahre sichtbar aus. Nicht nur die Vergnügungsindustrie boomte, auch Gastronomie und Hotellerie erreichten zumindest in größeren Städten teilweise wieder internationalen Standard. Hinzu kam eine blühende Konsumgüterindustrie, die zunehmend auch ungewöhnliche Bedürfnisse befriedigen konnte. Neben den weiter anspruchslosen Gourmand trat – freilich deutlich in der Minderheit – der kultivierte Gourmet, auch wenn er sich lange den Anfeindungen insbesondere politisch links stehender Kreise ausgesetzt sah, die den brillanten Gastrokritiker Wolfram Siebeck bissig klagen ließ, man könne „in Deutschland (...) die Köstlichkeit einer getrüffelten Poularde (...) nicht beschreiben, ohne dass einem die Hungernden der Dritten Welt unter die Nase gerieben werden". Eine „kulinarische Entnazifizierung" habe „manches Bodenständige in Sippenhaftung genommen", wie der auf Ernährung spezialisierte Kulturhistoriker Peter Peter konstatierte. „Gutes Essen, gar gutes deutsches Essen", so Peter weiter, „ist in der Leitkultur der 68er politisch unkorrekt." Daran hat auch die gerade im linken Milieu zunehmend populäre, aus Italien stammende Bewegung des „Slowfood" noch nicht allzu viel ändern können.

Mit dem Slogan „Heute bleibt die Küche kalt, wir gehen in den Wienerwald" läutete die gleichnamige Restaurantkette bereits 1955 die Fastfood-Ära in der Bundesrepublik ein. Der Inbegriff des rationellen, standardisierten Essens, die amerikanische Kette „Mc Donald's" folgte erst im Dezember 1971 mit einer ersten deutschen Filiale in München. Aus einer wurden sehr rasch sehr viele Filialen, und gemeinsam trotzten sie den bis in die Gegenwart anhaltenden Schmähungen von Konsumkritikern und Ernährungswissenschaftlern. Offene Gesellschaft, wachsender Wohlstand, zunehmende Migration: All das förderte auch die Ausbreitung der noch bis 1945 weitgehend unbekannten ausländischen Küche. Nach dem Abklingen der „Fresswelle", in der die Bundesbürger mit maßlosem Konsum von kalorienreicher Ernährung die Hungerkrisen der Nachkriegszeit kompensierten, verfeinerte sich ihr Geschmack seit den frühen 1960er-Jahren und wurde anspruchsvoller. Dementsprechend befand sich das gastronomische Angebot im permanenten Wandel.

Die traditionelle Eckkneipe musste Italienern, Chinesen oder Griechen des Viertels oder des kleineren Ortes weichen. In klischeehaft nachempfundener mediterraner Atmosphäre, mit bastummantelter Chiantiflasche, antikisierendem Raum-Enterieur und einem zunächst ungewohnt lebendigen und freundlichen Service holte man sich ein Stück Urlaub in den Alltag. Wie stark die „Gastarbeiter-Küche" die kulinarischen Gewohnheiten zumindest der Westdeutschen durchbrach, hat unlängst die Historikerin Maren Möhring in einer „Fremdes Essen" betitelten Studie deutlich gemacht. 1980 wurde jedes vierte Restaurant in der Bundesrepublik von Migranten geführt, und diese neue gastronomische Kultur entwickelte ein erstaunliches Eigenleben, das mitunter nicht ohne Auswirkung auf die Herkunftsländer blieb. So trat der türkische Döner Kebab erst von Westberlin aus seinen Siegeszug in die Türkei an. Durch alle Zeiten hielten sich freilich die traditionellen Orte der schnell zubereiteten und vermeintlich kostengünstigen Mahlzeit, allerdings auch hier zunehmend international angehaucht, ob als Bistro, Dönerbude oder Tapasbar. In kaum einem anderen Bereich der bundesdeutschen Freizeitkultur entwickelte sich aus bescheidenen Anfängen innerhalb kürzester Zeit ein abwechslungsreicheres Angebot als in der Gastronomie. Angesichts einer solch bunten Vielfalt wirkte das kulinarische Angebot in der DDR bis 1989 ausgesprochen fade, auch wenn sich der qualitative Unterschied zwischen „Grilletta" und „Hamburger" kaum messen lässt und sich mit der Soljanka immerhin eine ausländische Speise nachhaltig in der ostdeutschen Küche etablierte. Der verkrampfte Versuch mit den „Krusta-Stuben", in denen eben jene Krusta als Alternative zur westlichen Pizza angeboten wurde, blieb jedoch eher eine Lachnummer und hatte nach der Wiedervereinigung keine Zukunft.

Und das Kochen in den eigenen vier Wänden? Natürlich lassen sich seit den 1950er-Jahren die zum Teil deutlichen Unterschiede zwischen Ost- und West-Herd nicht verdecken. Das ist in erster Linie eine Folge des ungleichen Angebots an höherwertigen Lebensmitteln, die auch die Küche der westdeutschen Familie verfeinerte. In der DDR dagegen war die Versorgungslage noch bis weit in die 1960er-Jahre häufig schwierig, sieht man einmal von den bereits erwähnten hoch subventionierten Grundnahrungsmitteln ab. Der Korrespondent des amerikanischen Senders NBC wusste 1966 ein Lied davon zu singen: „(...) wenn sich der Mitteldeutsche an den Frühstückstisch setzt, spürt er den Mangel, der in vieler Hinsicht herrscht. Es gibt selten Sahne, Grapefruit, Ananas, Orangen und Bananen. Viele Obstsorten haben die Mitteldeutschen schon seit einer Generation nicht mehr gesehen. Bohnenkaffee kostet zwischen 60 und 70 Mark das Kilo, das Pfund Tee 12 Mark, das Pfund Kakao 16 Mark. Eine Flasche Milch hingegen bekommt man für nur 68 Pfennig. Butter, ein wesentlicher Bestandteil der deutschen Küche, kostet 10 Mark das Kilo. Eier sind oft nicht erhältlich." Das trübe Fazit des Amerikaners: „Die Mitteldeutschen brauchen nicht zu hungern, doch sie essen nicht gerade gut."[15] Zu signifikanten Verbesserungen kam es schließlich ab den frühen 1970er-Jahren mit der Förderung der Konsumgüterindustrie. Das Fundament der Durchschnittshaushalte hüben wie drüben blieb jedoch die „bürgerliche Küche" mit ihren Hauptbestandteilen heimisches Fleisch und Gemüse. Indiz für den über die hermetische Grenze hinweg ausgeprägten gesamtdeutschen Geschmack sind die jeweils verbreiteten Kochbücher: Was im Westen der „Oetker", der bis in die 1980er-Jahre – nicht immer zur Freude der Betroffenen – als Hochzeitsgabe von einer Generation zur nächsten weitergereicht wurde, war den Ostdeutschen das 1962 erstmals aufgelegte Buch „Wir kochen gut", mit über 1 000 Rezepten und einer Gesamtauflage von mehr als drei Millionen Exemplaren. Beide Werke boten eher althergebrachte, aber noch immer populäre Hausmannskost. Der große Unterschied lag noch am ehesten in der Verfügbarkeit der Zutaten, deren Mangel die Köchinnen und Köche in der DDR immer wieder vor neue Herausforderungen stellte und zur Improvisation zwang. Das galt auch für die Rezepte, die der beliebte DDR-Fernsehkoch Kurt Drummer in die ostdeutschen Haushalte versendete. Im Ost-West-Vergleich pikant: Drummer wusste als gelernter Koch, was er vor seinem Publikum zubereitete, während sein westliches Pendant Clemens Wilmenrod die Studioküche als Schauspieler durchaus gekonnt, aber autodidaktisch traktierte. Die bunte Vielfalt im Westen musste im Übrigen nicht zwingend einen qualitativen Vorsprung bedeuten. Denn parallel zum stetig wachsenden Angebot an frischen Lebensmitteln erhöhte sich auch die Auswahl an „Convenience-food", vorgefertigten, häufig tiefgekühlten Gerichten, deren Nährwert kaum über dem eines Broilers liegen dürfte. Es sind zunächst die Westdeutschen, die die fragwürdigen Qualitäten der Tiefkühl- oder Dosenkost, Haltbarkeit und Bevorratung, zu schätzen lernten. Dazu noch einmal Peter Peter, der in seiner „Kulturgeschichte der deutschen Küche" klagte, die Deutschen zögen „eine Generation von Kindern" heran, „die jahraus jahrein nie erntefrisches Gemüse bekommt und Käse nur in Form von eingeschweißten Scheibletten kennt". Bedauerlicherweise haben sich die Ostdeutschen nach 1989 den vollmundigen Verheißungen der westlichen Nahrungsmittelindustrie fast bedingungslos ergeben.

Legt man die jeweiligen Statistischen Jahrbücher zugrunde, ergibt sich für die Zeit vor 1989 ein kaum überraschendes Bild: So nahm die „Sättigungsbeilage" Kartoffel in der DDR 1984 mit einem Pro-Kopf-Verbrauch von 145,8 Kilogramm einen wesentlich höheren Stellenwert ein als in der Bundesrepublik, wo des Deutschen lange Zeit liebste Knolle kontinuierlich ihre Rolle als Grundnahrungsmittel insbesondere an die italienisch angehauchte Nudel abgab. Auch beim Gemüsekonsum lagen die Konsumenten im Osten vorn, wobei hier der günstige Kohl und alle Arten von Wurzelgemüse den Ton angaben, während sich der Bundesdeutsche zunehmend neu entdeckten Gemüsesorten aus dem Mittelmeerraum, wie Tomaten, Zucchini oder Auberginen, hingab. Dagegen stand ein signifikanter Mehrverbrauch an Frischobst im Westen, der nicht nur mit dem notorischen Mangel an Südfrüchten auf dem ostdeutschen Markt zu erklären ist. Bemerkenswert ist der Fleischkonsum, der in der DDR kontinuierlich anstieg, während er in der Bundesrepublik seit 1980 auf konstant hohem Niveau verharrte. Mit 94,4 Kilogramm pro Kopf lag er 1984 im Osten immerhin um gut vier Kilo über dem anderen Teil Deutschlands, auch wenn die besseren Teile vom Schwein, Rind oder Geflügel in der DDR überwiegend in den Export gingen und damit die Qualität des verzehrten Fleisches nicht an die in der Bundesrepublik heranreichte. Die Journalistin Jutta Voigt hat den horrenden Fleischkonsum der DDR-Bevölkerung – aus eigener Anschauung – einleuchtend beschrieben: „Wir waren Vielfraße. Wir aßen aus Lust und Frust, aus Begeisterung und Verzweiflung, aus Langeweile und der chronischen Angst, nicht genug zu kriegen. (...) Wir haben gegessen, weil es billig war und weil man sanft wurde vom vielen Essen. (...) Wir gaben unser Geld für Lebensmittel aus, weil wir anderes nur mit viel Warten und Mühe oder gar nicht kriegten, Videos, Autos, Geschirrspüler; die Kaufkraft war immer höher als das Warenangebot. Weil wir nicht nach Mallorca konnten und nicht an den Gardasee, haben die Hungrigsten von uns an so manchem lauen Grillabend in Lauben, Datschen und auf Balkons jeder drei Bratwürste und zwei Scheiben Schweinekamm verzehrt. (...) Zeit zum Essen hatten wir ja, Zeitwohlstand war eine der schönsten Nebenwirkungen des Staates DDR, wir nahmen ihn mit großer Selbstverständlichkeit entgegen."[16] Für beide deutschen Staaten galt, dass sie, gleich in welcher qualitativen Gewichtung, offensichtlich „überernährt" waren, wie einer Studie der Friedrich-Ebert-Stiftung über „Lebenshaltung und Lebensniveau in der DDR" 1986 zu entnehmen war. Daran hat sich bis heute nichts Wesentliches geändert.

Entgegen dem gängigen Klischee, nach dem im Osten generell, gleich ob aus Frust oder Langeweile, „mehr gesoffen" wurde, waren die Trinkgewohnheiten in den Grundzügen ähnlich. Getrunken wurde hier wie dort viel und stets international rekordverdächtig. Bei Wein und Sekt lag der Bundesbürger deutlich vorne, in erster Linie wegen des dürren Angebotes in der DDR, das über ausreichende Mengen an lieblichen rumänischen und bulgarischen Tropfen kaum einmal hinausreichte. Schon der ebenfalls süße „Rosenthaler Kardaka" aus Ungarn war in der Regel nur als Bückware erhältlich, einheimische Weißweine aus dem traditionsreichen, aber planmäßig heruntergewirtschafteten Anbaugebiet Saale-Unstrut in weiten Teilen der Republik fast gar nicht. Gleiches galt für Sekt, auch wenn es mit dem ostdeutschen „Rotkäppchen" eine sogar international gefragte Ost-Marke gab. Bier war, insbesondere bei Männern, allenthalben beliebt: Im

Westen stieg der Konsum zwischen 1950 und 1967 um das Vierfache; fast elf Milliarden Mark wurden „ausgetrunken". Ebenso fragwürdig, aber international konkurrenzlos war der Verbrauch an harten Spirituosen im gleichen Zeitraum. Die verbreitete These des „Elendsalkoholismus" griff hier nicht als Erklärung für diesen Trend; die zeitgenössische Presse verwies dagegen eher auf das Phänomen der „Wohlstandssucht" als Grund für die außergewöhnliche Zunahme des Alkoholkonsums. In der DDR verlief die Entwicklung ähnlich, mit Blick auf Hochprozentiges sogar noch dramatischer. Nach den für 1986 vorliegenden Zahlen tranken die Ostdeutschen mit 15,4 Litern pro Kopf mehr als doppelt so viel Schnaps wie ihre Zechbrüder und -schwestern in Westdeutschland. Wenn man den Ausführungen von Thomas Kochan in seiner Studie „Blauer Würger. So trank die DDR" folgt, dann war der zumindest im hochprozentigen Bereich signifikant höhere Alkoholkonsum in der DDR weniger ein Resultat von Verzweiflung und Frust, sondern vielmehr Ergebnis „einer konkurrenzarmen Kollektivgesellschaft, ein[es] wenig geförderte[n] Leistungsdenkens, gemeinschaftliche[r] Verantwortungsfreiheit, existentielle[r] Sorglosigkeit und [des] Leben[s] in einer räumlich begrenzten, dafür an Zeit umso reicheren Welt". Exzessives Trinken mag sich in der DDR im Vergleich zur Bundesrepublik in einzelnen Bereichen, in den abgeschotteten Kasernen der NVA etwa, noch stärker in den Vordergrund geschoben haben. Hieraus werden aber mit Blick auf alle Spielarten alkoholischer Getränke keine für die Mehrzahl der Ostdeutschen geltenden Regeln abzuleiten sein. Alkoholismus war und ist hier wie dort ein gesellschaftliches Problem, auch wenn es im Osten bis zum Ende offiziell weitgehend totgeschwiegen wurde.

Die Trinkgewohnheiten in Ost und West haben sich nach der Wiedervereinigung vergleichsweise rasch angeglichen. In den Worten Thomas Kochans legten die Ostdeutschen „das alkoholzentrierte System sang- und klanglos ad acta". Etwas länger ließ die kulinarische Angleichung in der Gastronomie auf sich warten. Renate Peiler, Redakteurin der Zeitschrift „Essen und Trinken", schilderte ihre lukullische Testreise in das Umland Berlins im Oktober 1992 in düsteren Farben:

„Sie [die ostdeutschen Köche] schmeißen industriell vorgefertigte Schnitzel in altes Frittenfett, tragen das Ganze mit totgebackenen Kroketten, Einheitssalat und unverschämtem Gehabe auf und verlangen dafür Höllenpreise." Die systembedingte Unterentwicklung der ostdeutschen Gastronomie ließ sich nicht kurzfristig kompensieren. Dass sie auf Dauer jedoch konkurrenzfähig werden sollte, war vorgezeichnet. Dafür sorgten schon die Ostdeutschen selbst, die sich ihren, dem westlichen zumindest nicht unterlegenen Geschmack gegen alle Versorgungswidrigkeiten am heimischen Herd bewahrt hatten.

IRRTUM 16

Wessis waren (und sind) arrogant

Die negative Folie ostalgischer Gefühle ist das Motiv des Angeber- und Besserwessis. Skrupellos, ohne Werte, Geist und Sensibilität, stets auf seinen eigenen Vorteil bedacht, herablassend und mit ausgefahrenen Ellenbogen, durchtrieben und von der Gier nach Besitz und Macht besessen, ergo: arrogant, habe er den von haltlosen Versprechungen etablierter West-Politiker geblendeten Ostdeutschen nach der Wende das materielle Fell über die Ohren gezogen, die DDR kolonisiert, in Besitz genommen und selbst Erhaltenswertes in seinem maßlosen Egoismus planiert. So oder ähnlich wütend und polemisch reagierten viele Ostdeutsche etwa auf eine Studie der Freien Universität Berlin aus dem Jahr 2008. Sie hatte in einer Befragung unter 5 000 Schülern in Ost und West zum Teil erhebliche Wissenslücken in der Kenntnis über die DDR zu Tage gefördert. Die Autoren der Studie monierten die Unkenntnis vor allem ostdeutscher Jungen und Mädchen über die Schattenseiten des zweiten deutschen Staates. Sie ernteten in einigen tausend erfassten Kommentaren weit überwiegend Kritik, mitunter unverhohlenen Hass. Eine Leseprobe: „Was maßt Ihr gottverdammten arroganten Besser-Wisser-Wessis Euch eigentlich an, die ‚40-jährige kommunistische Gewaltherrschafts-Diktatur' aufzuarbeiten? Und wie oft wollt Ihr das und wie lange noch machen? Mistet doch gefälligst erst einmal den Augiasstall im ‚Rechtsstaat der FREIHEIT' aus!" Zwanzig Jahre Einheit scheinen die mentalen Gräben zwischen Ost und

West nicht zugeschüttet, eher vertieft zu haben, wie auch der im nächsten Kapitel betrachtete hartnäckige Mythos vom „faulen Ossi" belegen mag. In beiden Fällen reifte das Vorurteil jedoch schon in der geteilten Nation und stand daher bereits zur Wendezeit in voller Blüte.

Die DDR litt vom Beginn ihrer fast 15 000 Tage am Vergleich mit dem ökonomisch potenteren westlichen Nachbarstaat. Nahezu jeder ihrer Fortschritte musste gemessen an dem aller Welt sichtbaren Erfolg des Westens schal wirken. Das Bild von den armen und reichen Brüdern verfestigte sich; mit wachsender Spaltung wurden aus Brüdern schließlich Vettern, die sehr unterschiedlich aufeinander bezogen waren, die DDR stets mehr auf die Bundesrepublik als umgekehrt. Der Westen war Sehnsuchtsort vieler Ostdeutscher, aber spätestens mit dem Mauerbau außerhalb realistischer Reichweite. So richtete man sich notgedrungen ein, lebte das im System eben mögliche Leben und stillte sein Verlangen nach mehr Farbe im Alltag durch „allabendliche kollektive Ausreise" (Stefan Wolle) in das Westfernsehen. Das Medium bot jenseits der ideologischen Doktrin vom „Raubtierkapitalismus" die Möglichkeit, sich ein eigenes Urteil über die Lebensverhältnisse der Bundesrepublik zu bilden. Dabei wurden durchaus auch negative Begleiterscheinungen sensibel registriert. „Sicherheit" mutierte zur Chiffre eines trotzigen Stolzes, den man der protzig anmutenden Pose des Westens entgegenhielt. Das meinte in erster Linie den Schutz vor Arbeitslosigkeit und Kriminalität sowie die kostenlose medizinische Versorgung. Es war doch, so der DDR-Korrespondent Hendrik Bussiek 1979, „menschenunmöglich, drei Jahrzehnte lang in einem Staat zu leben, ohne ihn für sich selbst – mehr oder weniger zu akzeptieren. Es ist unmöglich, drei Jahrzehnte voller Neid auf die ach so reichen Leute im Westen zu starren". So entwickelte sich in der DDR spätestens seit Mitte der 1960er-Jahre ein „Wir-sind-wieder-wer"-Gefühl, im Vergleich zur Bundesrepublik freilich deutlich verspätet und fragil. Aber man reagierte zunehmend beleidigt auf die Ignoranz westdeutscher Politik, etwa in Gestalt des Kanzlers Kiesinger, der die staatliche Existenz des „zweiten Deutschland" (Ernst Richert) mit dem Begriff „Phänomen" leugnete.

Die Sensibilität der westdeutschen Politik und Öffentlichkeit mit Blick auf die ostdeutschen Realitäten ließ tatsächlich zu wünschen übrig. Dass Konrad Adenauer, seither vielzitiert, von der „Befreiung von 18 Millionen Deutschen in der Soffjetzone" sprach, mag zur rhetorischen Folklore des Kalten Krieges der 1950er-Jahre gehört haben. Die Diktion wirkte aber tief in die westdeutsche Öffentlichkeit hinein. Dem „Teil Deutschlands, der Sowjetischen Besatzungszone", wie es noch 1965 in einem Deutschland-Handbuch der Bundesregierung ausweichend hieß, trat man mit der festen Überzeugung westlicher Überlegenheit gegenüber. Daraus erwuchs nicht zu leugnender Hochmut, aber auch Anteilnahme und schließlich, insbesondere mit Blick auf die Nachkriegsgeneration, zunehmendes Desinteresse. Verwandt- oder freundschaftlich verbunden, sandte man Pakete mit den im Osten entbehrten Konsumgütern. Geschäftlich oder touristisch unterwegs, wirkten Westdeutsche mitunter so, wie es von Ostdeutschen erwartet wurde: selbstherrlich, prahlerisch, dünkelhaft. Aber konnten sich denn Bundesbürger wirklich unbefangen dem DDR-Alltag nähern? Waren die Unterschiede nicht zu eklatant? Selbst der so klug und zurückhaltend urteilenden Marion Gräfin Dönhoff rutschte nach einer Reise im März 1964 ein wenig abschätzig heraus, dass sie „das Gefühl [habe], in eine Welt eingetreten zu sein, die dreißig Jahre hinter der unsrigen zurück ist. Es ist so, als lebe man dort in einer vortechnischen Zeit (…)". Der ihr und den mitreisenden Redakteuren der Hamburger ZEIT zur Verfügung gestellte Fahrer erinnerte sie „an jene Generation von Kutschern, die eines Tages Autofahren lernten und dann vergeblich versuchten, sich mit dem Einbruch der Technik abzufinden". Auch wenn sich die Lebensverhältnisse „drüben" gerade seit dem Ende der 1960er-Jahre spürbar verbesserten, blieb gesehen durch die westdeutsche Brille der Eindruck von Rückständigkeit vorherrschend. Das manche Westdeutsche dies die DDR-Bürger gerne spüren ließen, ist nicht zu leugnen, aber nicht pro toto zu nehmen. Gerade vor dem Hintergrund der Entspannung und Normalisierung der innerdeutschen Beziehungen der 1970er-Jahre versuchten westdeutsche Beobachter, den Blick auf den Alltag im real existierenden Sozialismus zu richten und den Ostdeutschen unvoreingenommen zu begegnen. Dass dabei bisweilen die Schattenseiten des Systems in den Hintergrund traten und die Erfolge des sozialistischen Staates übertrieben wurden, steht auf einem anderen Blatt.

Wenn es eine Identität mit dem Staat DDR gegeben hat, so war sie im Kern eine Identifikation mit dem allumfassenden Sicherheitsanspruch, verbunden mit dem Gefühl, bei allen mehr oder weniger schmerzhaft empfundenen Defiziten wenigstens vor den individuellen Gefährdungen des kapitalistischen Systems, allen voran Arbeitslosigkeit, Armut und Kriminalität gefeit zu sein. In den von Timothy Garton Ash zitierten Worten eines Ostberliner Bauarbeiters 1985: „Es is janz einfach. Ick bin Maurer. Ick arbeite, ja, ick muß rackern wie ein Schwein. Ick verdien meine tausend Mark und aus. Im Westen verdien ick vielleicht zweimal so viel. Aber dann werd ick arbeitslos." Sicherheit war planübergreifendes Leitmotiv des Ost-Stolzes. Dieser Glaube brach bei allzu vielen nach 1990 in sich zusammen. An die Stelle des Stolzes auf das „trotzdem" Erreichte trat das alte, nie gänzlich verdrängte Gefühl der Demütigung, der Eindruck, der vom Wesen her gewissenlose und raffgierige Wessi wittere nun die schnelle Mark. Und tatsächlich folgte dem Rausch des Mauerfalls die blanke Geschäftemacherei, von der weit überwiegend, aber nicht nur Westdeutsche profitierten. Das ging jedoch vorbei. Viel nachhaltiger wirkte die Besetzung von Schlüsselstellungen in Politik, Wirtschaft, Justiz, Forschung und Lehre durch ein Heer westdeutscher Beamter. Sie garantierten eine möglichst reibungslose Transformation des bundesdeutschen Wirtschafts-, Sozial- und Gesellschaftssystems – mit rasch zu Tage tretenden sozialen Verwerfungen – die als Kolonisierung empfunden wurde. Oder wie Christoph Dieckmann 1998 polemisch bemerkte: „Der Westen empfand und empfindet sich als komplettes Deutschland. Mit dem Osten teilt er keine Gegenwart. Der Osten ist nicht Ausland, nur Protektorat, doch das Geld, das von West nach Osten fließt, heißt grenzbewußt Transfer. Wie heißt das Geld, das die Westwirtschaft auf ostdeutschen Märkten verdient?" Die Kritik mag im Einzelnen zutreffend sein. Und warum sollten die westdeutschen Aufbauhelfer nicht ein Spiegelbild der bundesdeutschen Gesellschaft verkörpern: gewissenlos und überheblich die einen, selbstlos und unermüdlich die anderen. Man darf in diesem Zusammenhang schließlich auch daran erinnern, dass die Entscheidung für einen Beitritt zur Bundesrepublik von der letzten, erstmals frei gewählten parlamentarischen Vertretung der DDR gefällt worden ist und dem noch hinzufügen, dass mit dem sächsischen Ministerpräsidenten Kurt Biedenkopf einer der populärsten Nachwendepolitiker aus dem Westen kam. Manchen ehemaligen DDR-Bürger mag seine Wahlentscheidung im März 1990 nachträglich gereut haben; sie jedoch mit einer pauschalen Herabwürdigung aller Wessis zu vergelten, ist ebenso stupide wie der umgekehrte Vorwurf einer generellen Undankbarkeit der Ossis.

IRRTUM 17

Ossis waren (und sind) faul

Was dem Ossi sein arroganter Besser-Wessi, ist dem Wessi der faule Jammer-Ossi. Hinter Letzterem verbarg sich der bis heute weit verbreitete Vorwurf mangelnder Leistungsbereitschaft, die von nicht wenigen Westdeutschen als zentrales Hemmnis im Prozess der wirtschaftlichen und sozialen Verhältnisse zwischen Ost und West angesehen wird. Westliches Lästermaul fasste das Vorurteil in der prägnanten Klischeeformel „Arbeiten wie bei Honecker, leben wie bei Kohl" zusammen. Unter dem gleichen Titel veröffentliche der Rechtssoziologe Thomas Roethe 1999 eine Streitschrift, in der er den vermeintlich „parasitären Lebensstil" der Ostdeutschen anprangerte, die erst noch lernen müssten, „daß man für sein Geld auch arbeiten und mit ihm haushalten" müsse. Diese Schelte wurde in vielen Umfragen zu den deutschen Befindlichkeiten nach 1990 immer wieder bestätigt. Hinter all dem steckte nicht zuletzt das Unverständnis über den Undank der ehemaligen DDR-Bürger, der sich im ostdeutschen Empfinden einer rücksichtslosen Kolonisierung manifestierte. Das war und ist ja eben in Worten Daniela Dahns das „Grundmissverständnis zwischen Ost und West (...), dass eine Seite denkt, sie gibt ihr Letztes, während die andere meint, man nähme ihr das Letzte". Doch wie sein stereotyper antiwestlicher Bruder „Arroganz" hat auch die Kritik an der „Faulheit" der Ostdeutschen seine Wurzeln in den vier Jahrzehnten der deutschen Zweistaatlichkeit.

Die im Vergleich zum Westen deutlich geringere Arbeitsproduktivität war stets eines der herausragenden Probleme der DDR-Wirtschaft. In der gesteuerten Organisation der Arbeitsprozesse setzte man frühzeitig auf das sowjetische Vorbild der Arbeitsnormen. Im dirigistischen System der Planwirtschaft richtete sich die Norm nach den von der Staatsführung durch Parteitagsbeschluss vorgegebenen Fünfjahresplänen. Wurden die Leistungsvorgaben übertroffen, winkten Lohnzuschläge. An dieser Frage hatte sich auch der Aufstand vom 17. Juni 1953 entzündet. Aufgrund der prekären wirtschaftlichen Situation verordnete die Staatsführung eine drastische Erhöhung der Normen. Für die Arbeiter war das ein Verlustgeschäft, denn sie hatten von den bis dato eher niedrig angesetzten Vorgaben profitiert und sich von den so erzielten Lohnzuwächsen vor dem Hintergrund eines sehr niedrigen Grundeinkommens einen bescheidenen, aber ausreichenden Lebensstandard sichern können. Nach der Niederschlagung des Aufstandes durch sowjetische Truppen verharrte die SED-Spitze zunächst in panischer Angststarre, nahm schließlich die verfügte Normerhöhung zurück und passte im Gegenzug gar die Löhne nach oben an. Bis zum Ende der DDR beherrschte die Furcht vor einem erneuten Arbeiteraufstand die SED-Granden. Die Normen hinkten von nun an der Lohnentwicklung stets hinterher, mit negativen Auswirkungen auf die Arbeitsproduktivität, die nie auch nur ansatzweise in die Nähe jener der bundesdeutschen Wirtschaft kommen konnte. Die Krücke des sozialistischen Wettbewerbs, der mit Prämien und Auszeichnungen die Leistung der ostdeutschen Arbeiter stimulieren sollte, half in dieser Hinsicht auch nicht weiter.

Gedacht war an eine Alternative zur Konkurrenz marktwirtschaftlicher Prägung. Da die Existenz aller am Wirtschaftssystem beteiligten Produktionseinheiten, gleich ob Arbeiter oder Betrieb, de facto staatlich garantiert war, fehlten – kapitalistisch gesehen – wesentliche Leistungsanreize. Die waren nach Lenin'scher Definition freilich nicht nötig, denn gerade die Befreiung von kapitalistischer Unterdrückung schaffe Wettbewerb auf breiter Grundlage und die Möglichkeit „die Mehrheit der Werktätigen wirklich auf ein Tätigkeitsfeld zu führen, auf dem sie sich hervortun, ihre Fähigkeiten entfalten, jene Talente offenbaren können, die das Volk (…) hervorbringt und die der Kapitalismus zu Tausenden und Millionen zertreten, niedergehalten und erdrückt hat". Auf der Grundlage dieses sozialistischen Menschenbildes organisierten SED und Freier Deutscher Gewerkschaftsbund jedes Jahr aufs Neue einen Wettbewerb, der die Werktätigen zu besonderen Leistungen stimulieren sollte und an dessen besten Ende die Auszeichnung als „Held der Arbeit" winkte. Ganze Betriebe, aber auch kleinere Zusammenschlüsse von Arbeitern in Form sogenannter Brigaden, waren beteiligt. „Aktivisten" und „Neuerer" mit besonders hohen Arbeitsleistungen oder originellen Ideen zur Steigerung der Effizienz sollten die Dynamik des Wettbewerbs zusätzlich anheizen. Begleitet wurde jede Konkurrenzphase vom immer gleichen Propagandagetöse, fadem Wortgeklingel um die Hülsen „Vorwärts", „(über-) erfüllt" oder „besseres" oder monströsen, inszenierten Planübererfüllungen, etwa durch den Bergmann Adolph Hennecke, der sich anschließend zwar offiziellen Ruhmes, aber auch des Spottes der Werktätigen sicher sein konnte. Nie hat der sozialistische Wettbewerb sein eigentliches Ziel, konkurrenzfähige Arbeitsproduktivität im Vergleich zum Westen, erreicht. Die ausufernde Planungsbürokratie erstickte über kurz oder lang die Eigeninitiative, die in vielen Betrieben und Kollektiven durchaus vorhanden war. Und spätestens in den 1970er-Jahren ließen sich die Beschäftigten in der DDR nicht mehr mit der Parole vom heutigen Arbeiten, dass dem Leben von morgen entspräche, abspeisen. Das blieb das Grunddilemma des sozialistischen Wettbewerbs: Dem in Prämien ausgedrückten Leistungsanreiz stand nie ein ausreichendes Angebot an Konsumgütern gegenüber. So hielt sich das verbreitete Gefühl, dass die Vorteile der sozialistischen Arbeit sich im Vergleich zur Bundesrepublik auf ideelle Werte beschränken, „auf eben die Überzeugung, grundsätzlich auf der richtigen Seite zu stehen", wie das Magazin „Spiegel" im Oktober 1973 einen Ostberliner Maschinenbauer zitiert. Das war den meisten Werktätigen auf Dauer einfach zu wenig.

Als regelrechter Motivationskiller erwies sich jedoch in vielen volkseigenen Betrieben der Grad an Desorganisation und Planungschaos. Nach der reinen Lehre gehörten die VEBs dem Volk, mithin allen. Ergo diente die Produktion dieser Betriebe dem Allgemeinwohl. Ein hübscher Gedanke, der aber von vielen Menschen in der DDR anders, in einer Art negativer Dialektik, interpretiert wurde: Was allen gehört, gehört letztlich niemandem. Das förderte nicht unbedingt das Verantwortungsbewusstsein für die eigene Tätigkeit, ganz abgesehen von der Identifikation mit dem Arbeitsplatz. Der Volksmund nannte das „Privat geht vor Katastrophe". Desolat war nicht selten auch die Organisation von Arbeit. Da stockte die Arbeit am Bau, weil kein Zement verfügbar war und auch nicht kurzfristig aus Lagerbeständen organisiert werden konnte. Ersatzteile fehlten, häufig für Maschinen, die noch vor dem Zweiten Weltkrieg, bisweilen gar im Kaiserreich gebaut worden waren. Und wenn einmal neuwertige Maschinen aus westlicher Produktion zur Verfügung standen, scheiterte die rasche Lieferung von Ersatzteilen am bürokratischen Aufwand zur Devisenbeschaffung und Einfuhrgenehmigung. Diese Umstände führten oft zu zeitraubender Improvisation, zur regelrechten Bastelei an Maschine und Produkt und ja, es lässt sich nicht leugnen, auch zum „Bummelantentum", das Willi Stoph, Vorsitzender des DDR-Ministerrates, schon 1978 freimütig anprangerte. Das rührte jedoch weit eher aus dem Frust über die mangelhaften, sich wenn überhaupt nur zäh verbessernden Arbeitsumstände als aus grundsätzlicher Faulheit. Es blieb ein Teufelskreis: Aufgrund der vielfach veralteten Technologie waren die Arbeitskräfte nicht effizient einzusetzen. Und da sich die Werktätigen an den altertümlichen Industrieanlagen immer häufiger die Sinnfrage stellten, konnte sich auch die Arbeitsproduktivität nicht verbessern. Sie lag 1989 bei gerade einmal 50 Prozent der bundesdeutschen Rate. Das war jedoch kein Hinweis auf eine klischeehaft kolportierte Faulheit vieler Beschäftigter, sondern vielmehr unverkennbares Dokument des Scheiterns der sozialistischen Planwirtschaft.

IRRTUM 18

In der DDR fehlte ein Umweltbewusstsein

Rudolf Walther Leonhardt, gemeinsam mit Marion Gräfin Dönhoff und Theo Sommer für die Hamburger Wochenzeitung „Die Zeit" 1964 auf der „Reise in ein fernes Land", vulgo DDR, sparte nicht mit Kritik am kapitalistischen Wirtschaftssystem, das dazu neige, „über Gewinnkostenrechnungen so scheinbar unrentable Unternehmen wie Reinigung der Luft, Grünanlagen zwischen Industriewerken (...) und dergleichen zu vernachlässigen" und es in dieser Hinsicht etwa im Ruhrgebiet noch viel zu tun gäbe. All dies sei aber gar nichts zu den Verhältnissen im nordsächsischen Industriegebiet um Leipzig: „Ein Mensch mit empfindlichen Atmungsorganen wird von physischem Brechreiz geschüttelt, wenn er durch Böhlen oder Espenhain fährt." Und gut zwanzig Jahre später konstatierte ein verbitterter Erich Loest angesichts der katastrophalen Folgen des Braunkohletagebaus für seine Geburtsstadt Leipzig, „es gibt wenig Großstädte, deren nahe Umgebung sich für den Luft-, Wasser- und Sonnenhungrigen als so miserabel erweisen". Und daran ist auch im Rückblick nichts zu deuten: Die ökologische war neben der ökonomischen die eigentliche Katastrophenbilanz der DDR. Sie stellte im Verlaufe ihrer Existenz immer neue Schmutzrekorde auf und erreichte schließlich in den 1970er- und 1980er-Jahren in diesem Bereich tatsächlich das auf anderem Gebiet nur propagierte Weltniveau. So war die Belastung durch Schwefeldioxide in den besonders betroffenen Gebieten um Leipzig,

Karl-Marx-Stadt und Halle in den Jahren vor 1989 konstant europaweit unübertroffen. Das, was sich an Schwefeldioxid, Asche und Staub gerade in dieser Region wieder auf die Erde herabsenkte, toppte die selbst in den stark industrialisierten Gegenden der Bundesrepublik gemessenen Werte um ein Vielfaches. Und es trug überdies zum graumäusigen Image der DDR bei, das sich an keinem anderen ostdeutschen Ort augenfälliger zeigte wie in Bitterfeld, dem von Monika Maron in ihrem Roman „Flugasche" zur „dreckigsten Stadt Europas" geadelten Zentrum der chemischen Industrie. „Nur noch der Industrieschlamm bewegt sich in den Flüssen fort, ansonsten ist alles kilometerweit tot", berichtete „Spiegel"-Reporterin Christiane Kohl im Januar 1990 entsetzt aus dem „ökologischen Katastrophengebiet" ihrer noch weitgehend ahnungslosen Leserschaft im Westen und setzte nach: „Versaut ist die Luft, vergiftet das Grundwasser, weiträumig verseucht auch der Boden." Was aber nicht nur die Journalistin vielleicht noch mehr irritierte, war die ausgeprägte Lethargie der Bitterfelder selbst, die doch immerhin diesen alltäglichen Gesundheitsgefährdungen ausgesetzt waren. Sollte das nicht den westdeutschen Beobachtern Beweis genug für umweltpolitische Ignoranz nicht nur des Staates, sondern auch der DDR-Bevölkerung sein? Und wie wohltuend hoben sich also auch auf diesem Gebiet offensichtlich die Vorzüge der sozialen Marktwirtschaft vom planwirtschaftlichen Pendant ab. War es wirklich – aus Westsicht – wieder einmal so bequem oder – aus östlicher Perspektive – erniedrigend?

Warum sich das Gros der Menschen in Bitterfeld, Wolfen oder Espenhain tatsächlich bei den Umweltprotesten der Wendezeit 1989 eher zurückhielt, ist psychologisch hinreichend zu erklären. Das lokale Chemiekombinat hatte seit knapp 100 Jahren Arbeit für die meisten Menschen der Region geboten. Man war also mit kritischen Fragen nach den verheerenden Umständen der Produktion als Ortsansässiger naturgemäß nicht rasch bei der Hand. Zudem ließ die wirtschaftliche Schlüsselstellung und damit verbundene politische Rückendeckung für das Kombinat Widerstand selbst dann noch aussichtslos erscheinen, als er endlich möglich wurde – zu offenkundig war die Abstumpfung fortgeschritten. Dazu kam die wachsende Erkenntnis, dass Proteste gegen Luft- und Gewässerverschmutzung bei den zuständigen Behörden auf taube Ohren stießen. So berichtete der „Spiegel" im Oktober 1980 über mehrere hundert Einwohner der Stadt Wolfen, die sich bei der Eingabestelle des Bezirks „über den vom Chemiekombinat Bitterfeld verursachten Gestank" beschwert hatten. Solche Klagen blieben aber in der Regel schon allein daher ohne Erfolg, weil die Verschmutzung von Natur und Umwelt in ideologischer Sicht nur im Kapitalismus existieren konnte. Was die kommunistische Dialektik nicht vorsah, gab es demnach in der DDR nicht. Und im Übrigen pochte man auf den bereits in der Verfassung von 1968 verankerten Umweltschutz. Das aber war die besondere Schizophrenie dieser Problematik: Der krass auseinanderklaffende Widerspruch zwischen vergleichsweise umfangreicher Gesetzgebung zum Schutz der Umwelt und der realen Situation, die unaufhaltsam auf ein ökologisches Desaster zusteuerte.

Wie in einem Brennglas zeigt sich am Beispiel Bitterfeld das grundlegende Dilemma des DDR-Umweltschutzes, das der Systemkritiker Rolf Henrich in seiner Studie über „den vormundschaftlichen Staat" Anfang 1989 noch etwas gedrechselt formulierte: „Im Schlepptau der konsumwirksamen Anziehungskraft des anderen Deutschland sieht die Politbürokratie für sich und ihr Überleben als politische Klasse gar keine andere Wahl, als weitestgehend auf die fälligen Zukunftsinvestitionen und die erforderliche ökologische Aufklärung zu verzichten, damit die innerdeutsche Schere im Massenkonsum sich nicht allzuweit öffnet."[17] Es gab viele solcher ökologischer Notstandsgebiete: den Braunkohletagebau der Lausitz, den Uranbergbau der Wismut AG in Aue, den Kalibergbau an der jungen Werra.

Zwar mangelte es in der DDR nicht an gesetzlichen Regelungen zum Schutz der Umwelt. Schließlich hatte bereits Karl Marx vor dem Hintergrund des in wirklich jeder Hinsicht rücksichtslosen Frühkapitalismus auch einen schonenden Umgang mit natürlichen Ressourcen angemahnt: Die „ganze Gesellschaft" sei „nicht Eigentümer der Erde", vielmehr „nur ihre Besitzer, ihre Nutznießer". Nicht umsonst war die DDR der Bundesrepublik zumindest mit Blick auf Gesetz und Recht um Jahre, mitunter gar Jahrzehnte voraus. Das „Gesetz zur Erhaltung und Pflege der heimatlichen Natur (Naturschutzgesetz)" etwa wurde bereits 1954 verabschiedet. Die Bundesrepublik erließ eine vergleichbare Regelung erst 1976. Mit der Verfassung der DDR von 1968 erhielt der „Schutz der Natur" gar den Rang eines garantierten Rechtstitels. Seit 1972 existierte ein Ministerium für Umweltschutz und Wasserwirtschaft, das beispielsweise scharfe Grenzwerte im Bereich der chemischen Industrie durchsetzte und bei Verstoß hart sanktionierte. Aber letztlich blieb die auch im internationalen Maßstab zeitweise beachtliche Institutionalisierung des Umweltschutzes in der DDR vor dem Hintergrund ihrer immer sichtbarer unterlegenen Wirtschaft wirkungslos. Die Überlastung der zum Teil hoffnungslos überalterten Produktionsanlagen, die aufgrund der fehlenden finanziellen Mittel kaum instandgehalten, geschweige denn erneuert werden konnten, führten unweigerlich ins ökologische Desaster.

In Westdeutschland wurde dieser ungeheuerliche Raubbau an der Natur weitgehend empört und nicht selten mit penetrantem Verweis auf die eigene, vermeintlich geordnete ökologische Bilanz begegnet. Den Vogel schoss Michael Jungblut ab, der in einer 1990 veröffentlichten Analyse des gescheiterten Wirtschaftssystems der DDR den in der Tat jämmerlichen Investitionen zum Schutz der Umwelt in der DDR in Höhe von 0,4 Prozent des Bruttosozialprodukts die auch nicht gerade berauschenden 1,1 Prozent der Bundesrepublik stolz entgegenstellte. Gerne vergessen wurde in den kritischen Abrechnungen mit dem ökologischen Bankrott des real existierenden Sozialismus, dass die Bundesrepublik die in den 1980er-Jahren notorische Devisenknappheit der DDR kühl kalkulierend ausgenutzt hatte, um sich selbst eines drängenden Umweltproblems gegen Barzahlung zu entledigen. Millionen Tonnen zum Teil hochgiftigen Sondermülls wurde in den Jahren zwischen 1982 und 1989 – und sogar noch weit über die Wiedervereinigung hinaus – auf der 200 Hektar großen, im mecklenburgischen Schönberg unweit des Grenzübergangs Lübeck-Schlutup gelegenen Deponie entsorgt. Auch auf anderen Halden der notorisch klammen Republik landete westdeutscher Wohlstandsmüll gegen harte Devisen; doch kein Müllplatz schluckte europaweit vergleichbare Mengen an toxischen Stoffen und trug damit entscheidend zum zweifelhaften, in den 1980er Jahren erworbenen Ruf der DDR als „Müllkippe Europas" bei. Doch gerade hier, an einer besonders schmutzigen Schnittstelle der innerdeutschen Beziehungen, regte sich immer wieder der Protest der Anrainer, selbst bei den als träge geziehenen Mecklenburgern. So verwies 1985 eine Studie der Friedrich-Ebert-Stiftung über den „Umweltschutz in beiden deutschen Staaten" auf die in der betroffenen Bevölkerung verbreitete „Mißbilligung" des Mülltourismus zu Lasten der DDR, „weil sie dadurch eine zusätzliche Zerstörung der Umwelt befürchtet". Besonders perfide erscheint vor diesem Hintergrund aus heutiger Sicht der kurzzeitig von westdeutschen Behörden erwogene Gedanke, den aufgrund auslaufender Verträge, zunehmender Proteste und ohnehin ausgeschöpfter Kapazitäten nicht mehr in Schönberg zu lagernden Sondermüll nach 1990 in aufgelassenen Bergwerken Thüringens unterzubringen.

Der entsetzte, mitunter tadelnde westdeutsche Blick auf die Situation der Umwelt in der DDR in den 1980er Jahren überdeckte jedoch eigene Defizite in diesem Bereich. Auch in der Bundesrepublik war das Umweltbewusstsein zu diesem Zeitpunkt keinesfalls in allen Teilen der Bevölkerung verankert, und ganze Wirtschaftszweige verweigerten sich nach wie vor dem effizienten Schutz der Umwelt. Gern zitiert und als Beleg vergleichsweise frühzeitiger Umweltpolitik instrumentalisiert, insistierte schon SPD-Kanzlerkandidat Willy Brandt Mitte der 1960er Jahre, dass der Himmel über dem Ruhrgebiet wieder blau werden müsse. Das war nicht nur Vision, sondern indirekt auch bittere Beschreibung der desaströsen westdeutschen Umweltverhältnisse. In der breiten Öffentlichkeit verhallte der Appell ungehört, ökologische Themen spielten nicht nur eine geringe, sondern schlicht gar keine Rolle in den ersten Wahlkämpfen der Bundesrepublik. Immerhin war es dann die von Brandt geführte sozial-liberale Regierungskoalition, die 1971 mit dem Fluglärmgesetz den Acker der Umweltpolitik endlich, wenngleich kaum weniger zögerlich als in der DDR, zu pflügen begann. Und es waren weniger die weitgehend industrie- und sozialpolitisch orientierten Sozialdemokraten, sondern die Liberalen dieser Zeit, die den Weg der Bundesrepublik zur ökologischen Aufgeschlossenheit ebnen halfen. In Kenntnis der gegenwärtigen Programmatik der FDP wirkt es fast surreal, dass sich erste Ansätze einer dem Schutz von Natur und Umwelt verpflichteten Marktwirtschaft bereits 1971 ausgerechnet in den Freiburger Thesen der Partei finden lassen. Die Weltwirtschaftskrise bereitete diesen ersten Ansätzen jedoch ein frühzeitiges, vorläufiges Ende. Angesichts der labilen ökonomischen Lage gab es auf allen politischen Ebenen keine nennenswerte Bereitschaft, die Bilanz der Unternehmen und auch die öffentlichen Haushalte durch die Verabschiedung aufwendiger Umweltauflagen zusätzlich zu belasten.

Ein gesellschaftlicher Diskurs über die Folgen menschlichen Raubbaus an der Natur, die längst in vielen Regionen und Städten alltäglich wahrnehmbar waren, setzte allerdings 1972 mit dem Bericht des „Club of Rome" über die „Grenzen des Wachstums" ein. Er blieb zunächst auf akademische Kreise beschränkt. Erst die lokalen Protestinitiativen der späten 1970er-Jahre, etwa gegen den Bau des badischen Kernkraftwerkes Wyhl, verknüpften die neuen wissenschaftlichen Erkenntnisse über die jeder Wachstumsideologie innewohnenden Umweltbedrohungen mit zunehmenden Ängsten in der Bevölkerung und mündeten schließlich in einer nahezu flächendeckenden Gründung von Bürgerinitiativen und endlich der Entstehung ein zunächst auf Umweltfragen fokussierten Partei, den „Grünen", die 1983 in den Bundestag einzogen und die Parteienlandschaft der Bundesrepublik nachhaltig verändern sollten. Davon war in den Anfängen nichts zu ahnen, als sich die „Ökos" nicht zuletzt vor dem Hintergrund ihres unkonventionellen Auftretens den massiven Anfeindungen der etablierten Parteien, eines Teils der Medienlandschaft, vor allem aber der Industrie ausgesetzt sahen. Wer sich etwa mit dem Abstand von gut 30 Jahren noch einmal der parlamentarischen Debatten, insbesondere aber der grünen Redebeiträge ihrer ersten Legislaturperiode zwischen 1983 und 1987 erinnert, wird vor dem Hintergrund der Entwicklung der Grünen nicht nur inhaltlich von einer bemerkenswerten Integrationsleistung des parlamentarischen Systems sprechen wollen. Zugegeben luden die häufig fahrigen Auftritte von Petra Kelly oder auch die provokanten Beiträge eines Rainer Trampert zur heftigen Gegenreaktion ein, das zum Teil beschämende Niveau der Zwischenrufe wird dadurch freilich nicht entschuldigt. In der Bevölkerung stießen die Umweltbewegten zunächst überwiegend auf Zustimmung innerhalb der jüngeren Generation. Immerhin sah sich nun die politische Konkurrenz genötigt, den Gedanken des Umwelt- und Naturschutzes in ihrer Programmatik breiteren Raum zu geben und zunehmend in Regierungshandeln umzusetzen. Aber es wäre vermessen, zu Beginn der 1980er Jahre von einem weit verbreiteten Umweltbewusstsein der Westdeutschen im Vergleich zum östlichen Nachbarn zu sprechen, auch wenn sich Widerstand gegen wachsende Umweltbedrohungen angesichts der unterschiedlichen politischen Verhältnisse in der Bundesrepublik ungleich deutlicher artikulieren und damit rascher verbreiten konnte.

Tschernobyl markierte 1986 die erschütternde und einschneidende Zäsur: Das schwere Reaktorunglück in der Ukraine, das in seinen verheerenden Ausmaßen noch heute nicht vollständig erforscht ist, setzte nach Kernschmelze und Explosion eine radioaktive Wolke frei, die sich mit vorherrschender Windrichtung gen Westen – auch auf das Gebiet von DDR und BRD – zubewegte. Es spielt dabei keine Rolle, dass aus heutiger Kenntnis das tatsächliche Ausmaß der Verstrahlung deutscher Gebiete wohl unter den damals kommunizierten Werten lag; die ersten Berichte und schließlich die Bilder vom Unglücksort und seiner weiteren Umgebung sprachen eine eindeutige Sprache: Auch der zivilen Nutzung der Kernenergie wohnte eine Bedrohung inne, die nun vielen Deutschen, die sich zuvor Umweltthemen gegenüber eher gleichgültig verhielten, offen vor Augen stand. Und zumindest die westdeutsche Politik reagierte rasch mit der Gründung des Bundesministeriums für Umwelt, Naturschutz und Reaktorsicherheit nur gut sechs Wochen nach der Katastrophe. Dies jedoch nicht nur, um die wachsenden Sorgen der Bevölkerung aufzunehmen, sondern auch um die heimischen Reaktoren gegen den Vorwurf zu verteidigen, ihnen könne ein vergleichbares Desaster drohen. Die offizielle Ostberliner Politik verharmloste bzw. verschwieg die Reaktorkatastrophe zwar, doch registrierten die im Verborgenen tätigen Umweltgruppen in der DDR in der Bevölkerung eine verstärkte Sensibilisierung für ihre Forderungen, zumal die Berichterstattung über bundesdeutsche Funk- und Fernsehkanäle in die ostdeutschen Wohnzimmer strahlte.

Erste Umweltgruppen hatten sich im Osten, analog zum Westen, bereits in der zweiten Hälfte der 1970er-Jahre zusammengefunden. Die Staatsführung antwortete auf diese zarten oppositionellen Initiativen mit der Gründung der „Gesellschaft für Natur und Umwelt", die an die Massenorganisation „Deutscher Kulturbund" angegliedert wurde. Deren Aufgabe bestand in einer „Förderung des Naturinteresses Angehöriger der jungen Generation" im Sinne einer „Verbindung des ethischen Wertes der Liebe zur Natur mit der Ausprägung des sozialistischen Patriotismus und mit der Herausbildung kommunistischer Ideale". Genau an dieser Ideologisierung scheiterten die Bemühungen des Regimes, das wachsende Interesse an umweltpolitischen Fragestellungen zu instrumentalisieren. Darüber hinaus konnte der zunehmende Widerspruch zwischen den geschönten Umweltdaten und dem tatsächlichen, katastrophalen Zustand der Gewässer, der Luft und der Flora spätestens seit Beginn der 1980er-Jahre nicht mehr unter den Teppich gekehrt werden. Das dramatische Ausmaß der ökologischen Havarie sozialistischer Planwirtschaft bestimmte längst das Bewusstsein weiter Kreise vor allem jüngerer DDR-Bürger, selbst wenn die nackten Zahlen strengster Geheimhaltung unterlagen. Nicht umsonst zählten umweltpolitische Forderungen zu den zentralen Anliegen der ersten Montagsdemonstrationen in Leipzig, wie überhaupt der DDR-Opposition der 1980er-Jahre.

Mit noch heute erstaunlicher Effizienz machten sich die staatlichen Behörden nach der Wiedervereinigung an die Beseitigung der eklatantesten und für die Gesundheit gefährlichsten Umweltprobleme in den neuen Bundesländern. In Karten der Gewässergüte schon als „tot" gekennzeichnete Flüsse und Seen regenerierten, die Abwasserbelastung konnte durch den Bau von über 150 Kläranlagen im Zeitraum zwischen 1991 und 1997 minimiert werden, um nur einige wenige Beispiele zu nennen. Allerdings fiel dem Neuerungsdruck nach der Wende auch das einzig wirklich funktionierende Relikt des DDR-Umweltschutzes zum Opfer: die „Verwertung von Abprodukten". Sekundärrohstoffe wie Altglas oder Altpapier konnten an staatlichen

Sammelstellen gegen Erstattung abgegeben werden und wurden dem Produktionskreislauf wieder zugeführt. Ein aufwendiges, aber von der Bevölkerung eifrig frequentiertes System, kurz „SeRo" genannt, das freilich weniger dem Umweltgedanken, als vielmehr dem notorischen Rohstoffmangel der Planwirtschaft geschuldet war. Es gehört im Übrigen zu den ökologischen Widersprüchen im Prozess der deutschen Einheit, dass neben unbestreitbar positiven Sanierungseffekten auch viele Defizite der westdeutschen Umweltpolitik auf den Osten übertragen wurden. Dazu zählte eine stark auf stetig wachsende Motorisierung ausgerichtete Verkehrspolitik, wobei der Wunsch vieler DDR-Bürger nach einem eigenen bzw. besseren Auto emotional verständlich war. Hinzu kam, auch das eine Folge der Aufgabe des SeRo-Systems, eine enorme Zunahme des Hausmülls als zwangsläufige Begleiterscheinung jeder Konsumgesellschaft. Insofern haben sich die ökologischen Verhältnisse in Ost und West im Positiven wie Negativen erstaunlich rasch einander angeglichen. Ein gegenüber den Westdeutschen geringeres Umweltbewusstsein wird man der ostdeutschen Bevölkerung jedenfalls, trotz des eklatanten Versagens der staatlichen Umweltpolitik in der DDR, nicht nachsagen können. Das zeigen nicht zuletzt die überwiegend im Westen gelegenen Regionen, deren Wirtschaft weitgehend von der Massentierhaltung abhängt, mit allen drastischen Folgen etwa im Gewässerschutz. Für große Teile der dort ansässigen Bevölkerung spielt der kurzfristige ökonomische Erfolg die weitaus größte Rolle. Die Sensibilität für Fragen des Umwelt- oder gar Tierschutzes ist dagegen bei diesen Westdeutschen kaum ausgeprägt.

IRRTUM 19

Die Ostdeutschen sind rassistisch

1992, nur zwei Jahre nach der Wiedervereinigung ein „annus horribilis" der gesamtdeutschen Gesellschaft: Rostock-Lichtenhagen und Hoyerswerda werden zu Synonymen für das gerade im Ausland mit Argusaugen betrachtete hässliche Gesicht des zusammengewachsenen Deutschlands. Die pogromartige Stimmung bei dem Angriff eines entfesselten Mob auf von Ausländern bewohnte Gebäude in beiden Städten lässt Schlimmes befürchten, zumal die Überfälle der Neonazis von einer aufgeputschten, zum Teil erheblich alkoholisierten Menschenmenge noch zusätzlich angeheizt werden. Die Politik reagiert geschockt und appelliert. Aber es ist bezeichnend, dass es weniger Worte der Entschuldigung gegenüber den Opfern, als vielmehr Beschwichtigungen in Richtung Ausland waren: Der Standort Deutschland sei für ausländische Investoren nach wie vor sicher, man könne sein Kapital getrost im wirtschaftlich wiederaufzubauenden Osten Deutschlands anlegen. Selbst der im gleichen Jahr verübte Mordanschlag auf ein von Türken bewohntes Haus im westdeutschen Mölln konnte, da unweit der Zonengrenze gelegen, ostdeutschen Neonazis zugeordnet werden. Vor allem in den frühen 1990er-Jahren zog sich schließlich eine Spur rassistischer Gewalttaten durch Deutschland, deren Schwerpunkte tatsächlich in den neuen Bundesländern zu verorten waren. Neben den auf der Hand liegenden Ursachen in den sozialen, gesellschaftlichen und ökonomischen Verwerfungen der Nachwendezeit, fanden scharfsinnige Beobachter schon recht bald auch Gründe für die Eskalation rechtsextremer Gewalt im Osten, die viel tiefer lagen und in der Geschichte der DDR wurzelten.

Der Antifaschismus war Staatsdoktrin im sozialistischen Staat. So hatte sich die DDR von Beginn an einer offenen Auseinandersetzung mit dem Erbe des nationalsozialistischen Terrors verweigert; die Nazis saßen schließlich alle im Westen, so die offizielle Dauerdenunziation des Regimes. Doch unter dieser bis zum bitteren Ende aufrechterhaltenen ideologischen Lehre lugten schon immer, besonders aber seit den 1970er-Jahren, die ideologisch wegdefinierten Gespenster der faschistischen Vergangenheit innerhalb der ostdeutschen Gesellschaft empor. Fremdenhass war in der DDR durchaus kein unbekanntes Phänomen. Er entlud sich in der Begegnung mit der Bevölkerung der Bruderstaaten, vor allem den Polen, besonders erregt jedoch an den Tausenden sogenannter Vertragsarbeiter, die auf der Grundlage bilateraler Verträge mit anderen sozialistischen Staaten für die Arbeit in der DDR angeworben wurden, um dort den grassierenden Arbeitskräftemangel auszugleichen. Im Gegenzug sollten diese Arbeitskräfte nach Rückkehr in ihre Herkunftsstaaten ihre im sozialistischen Deutschland erworbene höhere Qualifikation zum Nutzen der Wirtschaft ihres Heimatlandes einsetzen. Neben Polen (1965) und Ungarn (1967) betrafen die Anwerbeabkommen auch Mozambik, Vietnam, Angola und Kuba, deren Staatsangehörige allein durch ihr Äußeres, aber auch durch andere Lebensgewohnheiten einen Hauch Exotik in die ansonsten abgeschottete Republik brachten.

Die weitgehende Ghettoisierung mit all ihren immanenten Problemen verhinderte jedoch von Anfang an die Annäherung zwischen den Einheimischen und den ausländischen Arbeitskräften. In der gängigen ideologischen Borniertheit gingen die amtlichen Stellen in Verwaltung und Wirtschaft davon aus, dass es reichen müsse, die Arbeitskräfte als sozialistische Brüder zu deklarieren, deren vorübergehende Tätigkeit in der DDR dem Aufbau und letztlich dem Durchbruch des internationalen Sozialismus diene. Die Integrationsbemühungen beschränkten sich auf gelegentliche Kulturveranstaltungen in den Betrieben. Außerhalb ihrer Arbeitsstelle wohnten die sozialistischen

Brüder und Schwestern in abgeschotteten Wohnbaracken oder Plattenbauten und mussten sich jeden Kontakt zu DDR-Bürgern genehmigen lassen. Vollends inhuman mutete der Zwang zur Abtreibung für schwangere Vertragsarbeiterinnen an, der mit erbarmungsloser Härte durchgesetzt wurde. Wer sich dieser Nötigung verweigerte, hatte keine weitere Wahl und musste sofort ausreisen. Von qualifizierten Tätigkeiten waren die meisten Vertragsarbeiter schließlich weit entfernt. Man setzte sie immer häufiger für Arbeiten ein, die einheimische Werktätige verweigerten, weil sie ihnen zu monoton oder zu schwer erschienen. Christoph Dieckmann fasste diese gefühllose Ausländerpolitik in der „Zeit" im Spätsommer 1992 zusammen: „Hunderttausende von Fremdarbeitern aus Asien und Afrika holte die DDR-Regierung ins Land – viele zur Ausbildung, viel mehr für ‚Dreckarbeit'. Sie lebten in Wohnheimen, abgeschirmt von einer Bevölkerung, deren internationalistisches Fühlen zu den großen Illusionen der DDR gehörte."

Streng überwacht von der Stasi, isoliert vom Rest der Bevölkerung und – bei Verstoß gegen Arbeitsnormen – von sofortiger Ausweisung bedroht, fristeten in den 1980er-Jahren gerade einmal geschätzte 100 000 dieser Arbeiter auf Zeit in der DDR ihr Dasein, das viele von ihnen jedoch einer raschen Rückkehr in ihre von kargen Lebensverhältnissen geprägten Heimatländer vorzogen. Im speziellen Fall der in der DDR arbeitenden Vietnamesen lockten die im bilateralen Vertrag vorgesehenen besonderen Regelungen nach Abschluss des befristeten Arbeitsverhältnisses: Am Ende ihres Aufenthaltes war es jedem von ihnen gestattet, zwei Mopeds und fünf Fahrräder in die Heimat auszuführen; ein Passus, den die DDR-Bürger nicht kannten und der gerade vor dem Hintergrund des allgegenwärtigen Mangels an hochwertigen Konsumgütern geeignet war, ohnehin vorhandene Ressentiments gegen Ausländer weiter zu verstärken. Scheinbar stoisch, aber doch voller Angst ertrugen die meisten Vertragsarbeiter dabei Beleidigungen und sogar gewalttätige Übergriffe von Einheimischen, die schließlich in den 1980er-Jahren immer mehr zunahmen. Gerhard Schöne, im Westen nahezu unbekannt, in der DDR aber einer der populärsten Liedermacher, verarbeitete die unter dem Deckmantel der internationalen Solidarität und Völkerfreundschaft zugekleisterten Alltagsrassismen in seinem Song „Kaltes Klima", der die fortwährenden Pöbeleien aufgreift, denen sich mosambikanische Arbeiter in einem thüringischen Forstbetrieb ausgesetzt sahen. Schöne wunderte sich noch rückblickend in einem Gespräch mit dem „Spiegel" über die ausbleibenden Reaktionen seines Publikums: „Ich habe [das Lied] seit 1988 live gespielt, und seltsamerweise hat mich nie jemand zur Rede gestellt, dass es so gar nicht wäre in der DDR. Viele Leute wussten ja vom alltäglichen Rassismus und auch, dass der Anspruch der Völkerfreundschaft das eine ist und die Wirklichkeit in der DDR das andere." Ohne den ernsthaften Willen des Regimes, Integration auch nur ansatzweise zu gestalten, trafen die ausländischen Arbeitskräfte auf das Misstrauen und die mitunter offene Ablehnung der Aufnahmegesellschaft, die durch die verbreitete Unzufriedenheit mit dem System noch weiter verschärft wurden. Ökonomische und soziale Frustration ist kein Nährboden für eine gesellschaftliche Willkommenskultur – das gilt allerdings in jedem Migrationszusammenhang, also nicht nur für die DDR, sondern etwa gerade auch mit Blick auf die Geschichte der Bundesrepublik.

Dass man dort ausländische Arbeitskräfte aus Jugoslawien, der Türkei, Portugal oder Italien seit der zweiten Hälfte der 1950er-Jahre mit Anwerbeabkommen gezielt ins Land lockte, war gewiss keine humanitäre Tat, sondern schlicht ein Gebot nackter ökonomischer Notwendigkeit. Es gab einfach zu wenig einheimische Beschäftigte für die mit schwindelerregenden Wachstumsraten boomende westdeutsche Wirtschaft. Selbst die Flüchtlingswelle aus der DDR, mit der Zehntausende von häufig gut ausgebildeten Fachkräften in den Westen strömten, half auf Sicht nicht aus der Bredouille, zumal dieser Strom mit dem Mauerbau im August 1961 weitgehend versiegte. Um die beständig wachsende Nachfrage nach deutschen Gütern auf dem Weltmarkt weiter befriedigen zu können, brauchte es den Zuzug aus Südeuropa und der Türkei. Doch über diese rein funktionale Idee einer kontrollierten und vorübergehenden Einwanderung hinaus, gab es von Beginn an keinerlei Vorstellung einer Integration dieses Bevölkerungsteils in die Aufnahmegesellschaft. Das bald geflügelte Wort vom

„Gastarbeiter" signalisierte den Fremden sofort, dass man keinesfalls auf Dauer erwünscht sei, umgekehrt den Einheimischen, man müsse keine Sorge vor „Überfremdung" haben. Es ist noch im Rückblick erstaunlich, welche Parallelen sich in der historischen Betrachtung der Aufnahme ausländischer Arbeitskräfte in der frühen Bundesrepublik und der DDR ergeben. Das gilt für die schlechten Wohnverhältnisse, für die von Ausländern verrichteten Arbeiten, insbesondere aber auch für das in weiten Teilen beider Gesellschaften spürbare Unbehagen, ja den erkennbaren und eben auch bisweilen handgreiflichen Widerwillen gegen das Fremde und Andersartige.

Mit Blick auf antisemitische Strömungen in beiden deutschen Staaten gilt es zu differenzieren. Während die Bundesregierungen seit 1949 – mal mehr, mal weniger entschieden – die Integration von Juden genauso wie die Solidarität mit dem israelischen Staat als Teil der Staatsräson begründeten, sah sich die DDR-Staatsführung dem Antizionismus, als Teil des doktrinären Antiimperialismus, verpflichtet und verweigerte den Juden überdies Wiedergutmachungsleistungen, da nach offizieller Lehrmeinung der Nazismus nach 1945 in den imperialistischen Westen übergesiedelt sei. Noch heute pflegt die „Linke" als Nachfolgepartei der SED einen nur dürftig verhüllten antiisraelischen Kurs, der dem antisemitischen Affen Zucker gibt. Umso erstaunlicher, dass gerade in der Gründungsphase der DDR aus dem Exil zurückgekehrte Juden, überzeugt von der Notwendigkeit eines radikalen Neuaufbaus unter kommunistischen Vorzeichen, keine geringe Rolle gespielt hatten: so zum Beispiel die Schriftsteller Stefan Heym, Arnold Zweig und Anna Seghers, der Literaturwissenschaftler Hans Mayer, der Komponist Hanns Eisler oder der Philosoph Ernst Bloch. In die Nomenklatura des SED-Zentralkomitees stiegen Albert Norden und Gerhard Eisler auf. Zum Kulturminister avancierte Alexander Abusch. Die in der DDR lebenden Juden konnten sich einer gewissen Unterstützung als anerkannte „Opfer des Faschismus" zwar sicher sein, wurden aber am Ende in den Widersprüchen zwischen antifaschistischer und antizionistischer Ideologie zerrieben. Lebten 1952 noch 2 200 Juden im Arbeiter- und Bauernstaat, waren es 1989 noch ganze 350 registrierte jüdische Gemeindemitglieder.

Zum gleichen Zeitpunkt zählten die jüdischen Gemeinden der Bundesrepublik etwa 30 000 Mitglieder, viele davon allerdings in den Jahren zuvor aus Osteuropa zugewandert und nicht in den Traditionen des deutschen Judentums verankert. Fast 230 000 Juden konnten nach 1933 dem nationalsozialistischen Terror ins Exil entkommen, kehrten aber nur zu einem sehr geringen Bruchteil wieder zurück. Das wohl nicht zuletzt, weil ihnen ein Willkommenssignal fehlte, wie Julius H. Schoeps betont hat: „Zur Remigration hätten sich gewiß mehr entschlossen, wenn ein Bundespräsident oder Bundeskanzler in den ersten Nachkriegsjahren die ehemaligen deutschen Juden expressis verbis zur Rückkehr eingeladen hätte. Eine solche als Geste verstandene Einladung hat es aber nicht gegeben." Immerhin hatte sich schon Konrad Adenauer zum Schutz jüdischer Gemeinden bekannt, die sich bereits in ihren zaghaften Wiederanfängen immer wieder gezielten Schändungen und Anfeindungen ausgesetzt sahen. Sie gipfelten in antisemitischen Schmierereien und Anschlägen, zuletzt auf die Kölner Synagoge im Januar 1960, die von Adenauer in einer eigentümlich hilflosen Regierungserklärung – und „unseren Gegnern im Ausland und den Zweiflern im Ausland" zugedacht – zwar verurteilt, aber gleichzeitig als bloße Geschmacklosigkeit unbedarfter Jugendlicher verharmlost wurden: „Meinen deutschen Mitbürgern sage ich: Wenn ihr irgendwo einen Lümmel erwischt, vollzieht die Strafe auf der Stelle und gebt ihm eine Tracht Prügel. Das ist die Strafe, die er verdient." Dass das Vertrauen der jüdischen Gemeinden in den von Adenauer im gleichen Zusammenhang versprochenen staatlichen Schutz vor weiteren Übergriffen begrenzt blieb, bedarf keiner weiteren Erklärung.

Antisemitische und fremdenfeindliche Stimmungen waren ein schwerwiegendes Erbe des Nationalsozialismus, das in der DDR aufgrund der Abschottung nach außen und Gleichschaltung nach innen länger erhalten blieb. Oder wie es Freya Klier zugespitzt formulierte: „Die Politik der herrschenden Sozialisten war der Dünger für Ressentiments gegenüber allem, was von der Norm abwich." Natürlich macht es die Sache nicht besser, dass die daraus resultierenden antisemitischen und ausländerfeindlichen Stimmungen vom gebetsmühlenhaft wiederholten Pathos der „Völkerfreundschaft" weitgehend übertönt wurden; aber offener, zum Teil in hohen Auflagen publizierter Rassismus lässt sich eher in der jungen Bundesrepublik nachweisen. Auf ein besonders perfides, nicht „Gastarbeiter", sondern „Besatzer" betreffendes Beispiel sei an dieser Stelle wegen seiner Anschaulichkeit einmal ausführlich hingewiesen. Es stammt aus der „Deutschen Chronik" des Journalisten und Fotoreporters Benno Wundshammer, erschienen 1955 in Stuttgart. Der Autor, ein vormaliger prominenter NS-Kriegsberichterstatter, hatte seine journalistische Karriere nach 1945 bruchlos bei der viel gelesenen Illustrierten „Quick" und schließlich als Chefredakteur der ebenfalls populären „Revue" fortsetzen können. Nun schilderte er unter der Überschrift „Die goldene Pest" den Auftritt einer Jazz-Band vor offenkundig weitgehend schwarzen GIs. Ein journalistisches Schmierenstück, das in seiner Diktion fast nahtlos, und vor dem Hintergrund der Biografie des Verfassers nicht zufällig an die erst zehn Jahre zurück liegende Hetze der NS-Propaganda erinnerte. Ich zitiere ungern: „Die Musikanten der Jazz-Band wanden sich, als hätten sie Bauchkrämpfe. Mit hervorquellenden Augen und krebsroten Gesichtern bliesen sie in ihre chromblitzenden Instrumente und wiegten sich im Takt des New-Orleans-Blues. Im dunkelroten Licht der verhangenen Tiefstrahler tanzte eine fast nackte Frau. (...) Die Neger ringsum pfiffen und johlten entfesselt, daß selbst die schrillen Instrumente der Musik übertönt wurden. (...) Im Dunst der Rauchschwaden waren die Gesichter der erregten Neger glänzende, verzerrte Masken. Sie hatten alle Geld, die Neger, die hier verkehrten. (...) Da gab es Neger, die sahen aus, als wären ihre Anzüge in eine glänzende Schokoladenmasse getaucht worden; andere bevorzugten ein kremfarbenes Bananengelb oder ein intensives Veilchenviolett. Allen gemeinsam aber war der katzenartige Gang, mit dem sie zwischen den Tischen behende hin und her schlenderten, wenn sie auf der Jagd nach weißen Frauen unruhig das Lokal durchstreiften." Einmal in Rage geschrieben, setzte Wundshammer mit grundsätzlichem Rassismus nach – gelernt war schließlich gelernt. Er wandte sich ganz offensichtlich an jene Leser, denen der Umgang mit dem „schwarzen Mann" bis dato noch gänzlich unbekannt geblieben war: „Wer da glaubt, daß

Neger einfach schwarz sind, der ist im Irrtum. Da gibt es welche, deren Gesichter glänzen wie poliertes Ebenholz. Da gibt es andere, die sehen aus wie abgestandener Milchkaffee. Da gibt es wieder welche, deren Köpfe in rötlichem Mahagoniton schimmern. Nur ganz selten sieht man eine pechschwarze Haut, stumpf wie Asche. Da gibt es Gentlemen mit langen Schädeln und überdimensionalen Hinterköpfen; ihr Profil sieht aus, als sei es in eine römische Kamee geschnitten. Da gibt es feiste Rundschädel mit Hängebacken, die aussehen wie überfressene Hamster, und wieder welche, deren Gesicht zur größten Hälfte aus vorgeschobenen wulstigen Lippen zu bestehen scheint. Wenn sie singen, dann blitzen prachtvolle Raubtiergebisse, und das Gaumenfleisch leuchtet rot wie Tomatensaft. Die weißen Frauen waren ihre Beute, eine allzu leichte Beute." Vermutlich um seine weiblichen Landsleute vor Schlimmerem zu bewahren, erfährt der Leser zu schlechter Letzt auch den Ort dieses ruchlosen Geschehens: „Ist dies eine Szene aus Afrika oder aus den Südstaaten der USA? Ein Bericht aus dem Wilden Westen oder aus der Hauptstadt einer Negerrepublik? Nein. Die Bar, die Neger und die Mädchen befinden sich auf deutschem Boden. Genauer beschrieben: in der Pfalz. Ganz genau gesagt: in Kaiserslautern."

Sicher ein besonders markantes, nicht zwingend gemeingültiges Beispiel des offenen Rassismus, aber eben auch Zeichen weit verbreiteter Ressentiments gegen Ausländer in der Bundesrepublik. Bis heute zeigen Umfragen zum Thema einen konstant hohen Anteil von Befragten, die Ängste vor vermeintlicher „Überfremdung" oder gar generelle Ablehnung von Immigranten artikulieren, gleichgültig ob aus Asylgründen befristet oder als Arbeitnehmer dauerhaft in der Bundesrepublik ansässig. Wie brüchig das Fundament der zunehmenden „Internationalisierung der [bundesdeutschen] Gesellschaft" (Axel Schildt) noch Ende der 1960er-Jahre war, konnten die Wahlerfolge der rechtsextremen NPD und ihrer fremdenfeindlich ausgerichteten Programmatik beweisen. Die „instrumentelle Öffnung" (Konrad Jarausch) durch Anwerbung ausländischer Arbeitskräfte schützte nicht vor Ressentiments, zumal die Politik bis in die jüngste Vergangenheit an der Illusion eines Nichteinwanderungslandes festhielt. Mordanschläge auf

Ausländer waren und sind kein Alleinstellungsmerkmal des Ostens. Beispiele gibt es viele, wie etwa das Attentat auf ein von einer türkischen Familie bewohntes Haus in Solingen am 29. Mai 1993, bei dem fünf Menschen in den Flammen umkamen. Allerdings hat sich innerhalb der westdeutschen Gesellschaft insbesondere seit den 1970er-Jahren eine starke Gegenöffentlichkeit entwickelt, die sich fremden Einflüssen und Kulturen gegenüber weit aufgeschlossener zeigt. Und sie reagiert in aller Regel auf rechtsradikale Aufmärsche und kriminelle Aktivitäten mit entschiedenem Protest. Sicher auch ein Ergebnis der Realität des Einwanderungslandes Bundesrepublik, „mit welchen Wortklaubereien konservative Politiker diesen Tatbestand auch immer zu umgehen suchen", wie Axel Schildt festgehalten hat. Und das sei, so Schildt weiter, ein „wichtige[r], nachwirkende[r] soziokulturelle[r] Unterschied zur DDR".

„Aus dem Ordnungsstaat entlassen, gnadenlos in den Wind der Neuzeit gestellt, flüchten viele Ostler zu vertrauten Instinkten", kommentierte der bereits zitierte Christoph Dieckmann die Welle fremdenfeindlicher Vorkommnisse in den ostdeutschen Ländern. Am Ende der DDR bezeichneten sich laut Umfragen des Leipziger „Zentralinstituts für Jugendforschung" knapp zwei Prozent aller DDR-Jugendlichen als rechtsextrem. Diese Zahl ist im Verlaufe des Umbruchs drastisch gestiegen und noch fast 25 Jahre nach der Wiedervereinigung sehr hoch. Befeuert wurde dieser Prozess freilich nicht zuletzt durch die zwar weitgehend erfolglose, aber etablierte rechtsradikale Szene des Westens. Bereits seit November 1989 hatten sich Nazis aus der Bundesrepublik unter die Leipziger Montagsdemonstrationen gemischt, um Propagandamaterial und Parolen an den Mann, weniger die Frau zu bringen. Sie trugen zumindest zu einer weiteren Verfestigung latent vorhandener, jetzt auch offen bekannter Ausländerfeindlichkeit bei. Richard Schröder wies 2007 darüber hinaus darauf hin, dass von neun im sächsischen Landtag vertretenen Abgeordneten der rechtsradikalen NPD immerhin vier aus dem Westen übergesiedelt seien; dasselbe gelte, so fügte Schröder hinzu, für die meisten Fraktionsmitarbeiter.

Es ist wohl nicht von der Hand zu weisen, dass rechtsradikale Tendenzen im Osten Deutschlands sichtbarer sind als in den westlichen

Bundesländern. Und dass es bis heute Regionen in den neuen Ländern gibt, in denen Ausländern, die als solche zu erkennen sind, der Aufenthalt nicht empfohlen werden kann, bestreiten nur dort ansässige Politiker, die um Investitionen in ihre Stadt, ihren Kreis oder ihre Gemeinde fürchten. Dies alles, obwohl der Bevölkerungsanteil von Ausländern im Osten nach wie vor verschwindend gering ist. Auf Dauer jedoch wird sich auch dort, in einer nun offenen Gesellschaft, eine Gegenöffentlichkeit etablieren, die sich den verheerenden rechtsextremen Leitbildern entgegenstellt; dieser Prozess hat auch in der alten Bundesrepublik Jahrzehnte in Anspruch genommen.

IRRTUM 20

Die DDR war ein „Leseland"

Glaubt man Statistiken zum Leseverhalten, die in den frühen 1990er-Jahren in Ost wie West erhoben wurden, lasen befragte Ostdeutsche mehr und zeigten darüber hinaus eine höhere kulturelle Affinität als Westdeutsche. Solche Ergebnisse spiegeln sich noch heute in der populären Vorstellung vom „Leseland" DDR wider, in dem es „durch die langjährigen Bildungsbemühungen (…) gelungen [war], viele Menschen an das Buch heranzuführen und über ein dichtes Netz von Volksbuchhandlungen und Bibliotheken mit Lektürestoff zu versorgen" (Christoph Links). Bei näherer Betrachtung zeigt sich auch hier zum wiederholten Male, dass dieser Mythos ebenfalls nur unter den Vorzeichen des Ost-West-Konflikts erwachsen konnte und sein realer Hintergrund sich nach Ende der Konfrontation rasch in Luft auflöste. Blicken wir zurück:

Dem physischen Hunger ging im gesamten Nachkriegsdeutschland ein unbändiger Hunger auf Kultur voran. So stand der kulturelle Neuanfang bereits in voller Blüte, während sich die dramatische Ernährungskrise in allen vier Besatzungszonen erst im Winter 1945/46 vollends Bahn brach. Kultur erwies sich als wichtiges „Überlebensmittel" (Hermann Glaser) der ersten Nachkriegsjahre in Ost und West. In zwölf Jahren kulturpolitischer Verwüstung zwischen 1933 und 1945 hatte sich, zumindest in deutschen Großstädten, offenkundig ein Bedürfnis nach kultureller Vielfalt angestaut – schon unmittelbar nach dem Ende der Kampfhandlungen gab es eine Fülle von Aktivitäten in Theater, Kunst, Literatur und Film. Die Besatzungsmächte sahen die Kultur als integralen Bestandteil der „Umerziehung". Nach dem Verbot aller Einrichtungen nationalsozialistischer „Kulturpolitik" ließen sie die schlagartig freigesetzten Energien auf diesem Gebiet nicht nur zunächst weitgehend unbedrängt fließen, sondern förderten sie sogar im Rahmen finanzieller und struktureller Möglichkeiten. Der Nachkriegs-Volksmund verklärte den Widerspruch zwischen kulturellem Aufbruch und materieller Entbehrung in den ersten Jahren nach 1945 als „Zeit der schönen Not". Der Schauspieler Bernhard Minetti erinnerte sich an seinen Neuanfang am Kieler Stadttheater: „Es war damals die dürftigste Zeit. Der Hunger plagte uns. Wäre der Krämer in der Nähe nicht ein Theaternarr gewesen, hätte er uns nicht ab und zu mit Kartoffeln und Gemüse, das nicht rationiert war, geholfen, ich hätte die Zeit nicht so durchgestanden. Ich spürte, was es heißt, nicht ernährt zu sein. Das Gedächtnis funktionierte nur schwer, es mangelte an der täglichen Kraft für die Rollen. Die Butter fehlte, Kaffee. Aber ich war noch jung und begeistert; es war auch eine Zeit schönster menschlicher Erlebnisse (…) Es war damals fast leicht, Theater zu machen. Theater war die große Abwechslung, als Geschenk im nur notdürftig zu bestehenden Alltag. Für Schauspieler und fürs Publikum. Man spürte das Bedürfnis nach Literatur und nach Stücken, die bisher in Deutschland nicht zu sehen waren. Man wollte wieder die Verbindungen zu dem, was in den zwölf Jahren ‚draußen' passiert war. Die Besatzungsmächte brachten durch ihre Kulturoffiziere die Theater wieder in Gang, kontrollierten sie auch, vermittelten aber auch die ausländischen Stücke (…) Wir spielten nicht, um nun eine neue Ära des Theaters zu begründen, einen neuen Stil, sondern aus Freude, mit anderen zusammen überhaupt wieder künstlerisch frei arbeiten zu können."[18] Dieser Enthusiasmus spiegelte sich gleichermaßen in einer großen Zahl lizenzierter Bühnen als auch im großen Publikumszuspruch wieder. Alleine in der von den Sowjets besetzten Zone wurden bis Ende 1945 fast 2 000 Bühnen bespielt, und das nicht selten mit zwei Aufführungen täglich. Kabaretts hatten Konjunktur, denn die „Themen lagen auf der Straße wie die Kippen, (…), wie die früheren Nazis – Hei, was war es eine Lust, das alles zu verulken! Und die Kabaretts schossen denn ja auch allerorten wie das Unkraut auf den Schutthalden der Städte empor", erinnerte sich der „Münchener Merkur" im März 1949, als das alles schon wieder vorbei war. Auch in der bildenden Kunst brachen die Dämme, die in den Jahren zuvor gegen die Einflüsse der Moderne errichtet worden waren. In den größeren Städten zeigten mithilfe der Alliierten zusammengestellte Ausstellungen die gerade noch verfemte Kunst, ob abstrakt oder expressionistisch. Auf der größten ihrer Art, der Dresdener „Allgemeinen Deutsche Kunstausstellung" im Spätsommer 1946, drängten sich fast 75 000 Besucher bei der Präsentation ehedem als „entartet" diffamierter Werke von Barlach, Klee, Kokoschka, Kollwitz und anderen.

Bücher erschienen zunächst nur wenige – bedingt durch den Papiermangel und die erschwerten Vertriebsbedingungen. Bis zum September 1947 genehmigte die sowjetische Militäradministration etwa 100 Neuveröffentlichungen, von denen sich die meistverkauften Schriften mit der nationalsozialistischen Vergangenheit auseinandersetzten. Allein Theodor Pleviers Antikriegsroman „Stalingrad" brachte es auf immerhin 154 000 Exemplare. Zum zeittypischen Genre wurde die „Trümmerliteratur" – mit einem aus amerikanischen Short Stories bekannten lakonischen Sprachstil. Als Pendant auf der Leinwand flimmerten die „Trümmerfilme", teilweise gedreht vor der realistischen Kulisse zerstörter Städte. Der erste Film dieser Art, das 1945/46 entstandene Werk „Die Mörder sind unter uns", ist ein noch heute beeindruckendes Frühwerk der kulturellen Auseinandersetzung mit den Folgen der totalen Niederlage. In allen deutschen Großstädten, vor allem in Berlin, herrschte eine bunte Vielfalt kultureller Angebote, die selbst die professionelle Kritik überforderte. Musikkritiker hetzten von Termin zu Termin, ebenso die „Kollegen von der Theaterkritik", obwohl sie „fast in jeder Redaktion der 14 Berliner Tageszeitungen doppelt vertreten" seien, wie sich Hans Rümelin für das Jahr 1947 erinnerte. Und erst die Filme, so jene „der rührigen DEFA, die mit russischer Lizenz arbeitet und einen gewaltigen Apparat aufgebaut hat; das Studio 45, das britische Lizenz besitzt; die Objectiv-Film-Gesellschaft, die mit amerikanischer, die Herold-AG, die mit französischer Erlaubnis tätig ist. Sie alle drehen in Berlin. In Babelsberg, in Johannistal, in Tempelhof. Im Freien, in allen Straßen, auf allen Plätzen. Am liebsten im abgeholzten Tiergarten und am verödeten Potsdamer Platz. Und dazwischen sehen wir die neuen Filme aus Italien, Österreich, aus der Schweiz. Wir sind das Filmparadies! Hoch leben die Sektoren!"[19]

Hinter dieser vordergründig beeindruckenden Blüte des Kulturlebens in Ost und West stand jedoch häufig weniger der Wille zur kritischen Rückschau, sondern vielmehr der so schlichte wie nachvollziehbare Wunsch nach Zerstreuung inmitten der „Zusammenbruchsgesellschaft" (Christoph Kleßmann). Mehr noch: Im kurzfristigen Erfolg der unterschiedlichsten Spielarten der Kultur spiegelte sich gleichzeitig die mangelnde Bereitschaft vieler Deutscher, sich politisch zu engagieren. Sie „diente den Deutschen zur Kompensation politischer Enttäuschungen und damit zugleich, wie Max Frisch schrieb, als Alibi" (Wolf Lepenies). In den Bühnenstücken und Musikwerken offenbarte sich das „andere", bessere Deutschland des 18. und 19. Jahrhunderts, an das man sich angesichts einer trostlosen Gegenwart und vermeintlich düsteren Zukunft klammerte. Die Oldenburger Chorsängerin Wilma Havekost erinnerte sich an ihren ersten Auftritt nur zwei Monate nach Kriegsende: „Wir sangen 20 Madrigale aller Meister. (…) Der Schloßsaal war voll besetzt. Wir sangen uns eine Last von der Seele, und es schien uns, als wenn auch die Zuhörer sich unter den Klängen innerlich befreiten." So war es kein Wunder, dass die bereits als qualitativ fragwürdige „Kunstinflation" kritisierte Scheinblüte der Kultur zumindest im neu entstehenden westlichen Teilstaat in der Folge der Währungsreform vom Juni 1948 rasch ein Ende fand. Die Zeit, in der nahezu jedes kulturelle Angebot wahrgenommen wurde, in den sarkastischen Worten der Zeitschrift „Der Ruf" der „unnatürliche Zustand, dass ein Mann in die Oper geht, weil es keine Hosenträger zu kaufen gibt, oder dass ein mangelhaftes Blatt von den Mitteln lebt, die der Mangel an Lebensmitteln freisetzt", ging vorbei. Das abrupte Ende des Kulturbooms hatte sich freilich bereits lange angekündigt: Ein bezeichnendes Indiz war der immense Erfolg der von Rudi Schuricke interpretierten Schnulze „Capri-Fischer", mit dem anspruchsvolle, geschweige denn moderne Werke nicht einmal ansatzweise konkurrieren konnten. Gleiches galt für die Kinos, in denen „Trümmerfilme" nur konkurrenzfähig waren, solange das Angebot an Unterhaltungsfilmen überschaubar blieb. Je mehr Hollywood, ja selbst die alten Konserven der Ufa in die Kinosäle Einzug hielten, umso schneller verschwand der zeitgenössische deutsche Film – zumindest vorläufig – von den Leinwänden.

Unter den spätestens seit 1948 eskalierenden Bedingungen des Ost-West-Konfliktes ließen sich die Bemühungen der ostdeutschen Kommunisten um eine entideologisierte Kulturpolitik nicht länger aufrechterhalten. Während sich in den Westzonen bereits sehr früh eine Politik der kulturellen Abgrenzung gegen einige als „kommunistische Agenten" diffamierte Künstler wie Bertolt Brecht vorläufig durchgesetzt hatte, zog das SED-Regime fast zeitgleich, seit Mitte 1947, ideologisch nach. Gegen die „amerikanische Barbarei" und „Dekadenz" der westlichen Massenkultur suchte man jetzt den Aufbau einer „sozialistischen Nationalkultur" zu setzen. Kulturelle Aktivitäten wurden von nun an verstärkt von der Warte des „Klassenstandpunktes" beurteilt und konnten gegebenenfalls wegen „volksfeindlichen Kosmopolitismus" oder „formalistischer Tendenzen" bekämpft werden. Die Richtung gab der spätere sowjetische Hohe Kommissar in der DDR, Wladimir S. Semjonow, in einem Beitrag der „Täglichen Rundschau" vom 21. Januar 1951 über „Wege und Irrwege der modernen Kunst" vor: „Die realistische Entwicklung wird gestört durch den Einfluß formalistischer Maler, die in der bildenden Kunst der DDR führende Stellungen einnehmen. (...) Jeder normale Mensch wird derartige Werke ohne Schwanken als gesellschaftsfeindlich und antiästhetisch bezeichnen. Objektiv sind sie auf die Zerstörung der Malerei in der DDR, auf ihre Liquidierung gerichtet." Bilder dieser Art seien „Absurditäten", ja „Kleckserei, die den Menschen und die Gesellschaft" verachte. Gegen die von Semjonow als „Kult des Hässlichen" diskreditierte Kunst der Moderne setzte die SED folgerichtig die Parole, dass die „Idee der Kunst (...) der Marschrichtung des politischen Kampfes folgen" müsse, wie Ministerpräsident Otto Grotewohl bereits im März 1951 ergänzte. Der „Grau-in-grau-Malerei" als „Ausdruck des kapitalistischen Niedergangs" (Walter Ulbricht), setzte die Führung fortan die Förderung eines „sozialistischen Realismus" entgegen, der den Bedürfnissen von Arbeitern und Bauern, so die Annahme, stärker entspräche. Natürlich handelte es sich um einen propagandistisch verbrämten Begriff: Gewünscht war keine realistische Widerspiegelung des Alltags im real existierenden Sozialismus, vielmehr die Illusion der kommunistischen Gesellschaft. Nicht die ernüchternde Realität, sondern das sozialistische Heldentum sollte zur Darstellung kommen, das Leben von leistungswilligen und politisch sauberen Aktivisten auf Leinwand, Papier, Bühnenbretter oder Celluloid gebannt werden. Elogen auf den „geliebten" Sowjetführer bildeten die groteske Spitze des Eisberges: Im Juli 1950, auf dem II. Schriftstellerkongress in Ostberlin wetterte der Präsident des DDR-Kulturbundes, Johannes R. Becher, über die „literarisch getarnte[n] Gangster" des Westens und feierte den „genialen Autor [der] 800 Millionen-Sprache des Friedens: Stalin!". Er wies damit die vorläufige Richtung der ostdeutschen Kulturpolitik bis zur Entstalinisierung der späten 1950er-Jahre. Und je mehr der innenpolitische Druck angesichts der schlechten wirtschaftlichen Lage und der politischen Repressionen zunahm, desto eher schien die SED gewillt, die „Genossen Künstler" an die Beschlüsse der Partei- und Staatsführung zu binden, wie ZK-Sekretär Paul Wandel im Juli 1955 betonte. Selbst vor Kulturgranden wie Bertolt Brecht machte der über die gesamten 1950er-Jahre anhaltende kulturpolitische Kahlschlag in der DDR nicht halt: Seine von Paul Dessau komponierte Oper „Das Verhör des Lukullus" wurde des „Formalismus" bezichtigt und konnte erst nach gründlicher Überarbeitung am 12. Oktober 1951 an der Berliner Staatsoper uraufgeführt werden. Auch der Aufstand des 17. Juni 1953 milderte die starre Haltung der Partei nur kurzfristig. Die staatlich gelenkte Kultur brachte allerdings überwiegend Werke hervor, die beim breiten Publikum selten die gewünschte Resonanz erzielten.

Der als „volksnah" angepriesene Weg der Kulturpolitik entpuppte sich schnell als volksferne Sackgasse. Einen Ausweg suchte die Staatsführung im sogenannten „Bitterfelder Weg", benannt nach einer Autorenkonferenz im VEB Chemiekombinat Bitterfeld im April 1958. Die offensichtliche Kluft zwischen Hand- und Kopfarbeit zu überwinden, war zumindest offiziell das wesentliche Anliegen; der Beitrag der Arbeiter und Bauern am Aufbau des Sozialismus sollte demnach auch kulturell seinen Niederschlag finden. Werktätige sollten zur Feder, Literaten zum Spaten greifen, um die spezifische „sozialistische deutsche Nationalkultur" zu schaffen. „In Wahrheit aber", so urteilt Literaturkritiker und Publizist Manfred Jäger, diente die Kampagne „zur ideologisch-politischen Abstützung eines Wirtschaftsprogramms (...) und zur Mobilisierung der Bereitschaft der Arbeiter, im sozialistischen Wettbewerb Höchstleistungen zu erstreben". Kritische Betrachtung blieb dabei nicht ausgeschlossen, solange der „Klassenstandpunkt" gewahrt wurde. Immerhin ließ diese sanfte Öffnung der kulturpolitischen Leitlinien seit den frühen 1960er-Jahren gewisse Spielräume für anspruchsvolle, auch international anerkannte Literatur – zum Beispiel Christa Wolfs „Geteilter Himmel", Erwin Strittmatters „Ole Bienkopp" und „Die Aula" von Hermann Kant. Die geradezu kulturrevolutionäre Idee, auch kulturferne Schichten zur Feder oder zum Pinsel greifen zu lassen, konnte man jedoch nur ansatzweise verwirklichen, selbst wenn der Staat bis zu seinem Ende um die Schaffung einer „Breitenkultur" bemüht blieb. Dass die Werktätigen bei der „Erstürmung der Höhen der Kultur" jedoch kaum erreicht wurden, musste die Leipziger Musikerin Helga Brachmann erfahren: „Ich erinnere mich an die Brikettfabrik in Profen, südlich von Leipzig, wo man zum 150. Todestag von Beethoven 1977 um ein Programm bat. (...) Im Saal waren Tische festlich gedeckt mit Wein-, Sekt- und Schnapsgläsern! Ein Mann kam und fragte, was wir denn für seine Leute im Programm bringen würden, es sei die Auszeichnungsfeier seiner Gleisrückbrigade, die im sozialistischen Wettbewerb einen Ehrentitel erworben habe. Und er sei der Brigadier. Nun, ich erwiderte, der Kulturhausleiter hat unser Beethoven-Programm ausgewählt. Was für ein Idiot, schnaubte der Mann, wissen die bei der Kultur denn nicht, was für eine Knochenarbeit meine Leute beim Gleisrücken leisten müssen? Dauernd müssen die Gleise für den Abtransport der Braunkohle hier im Tagebau verlegt werden! BEETHOVEN! Und das zur Brigadefeier! Meine Leute, das sind die vorzeitigen Schulabgänger. Die hart mit den Händen zupacken! BEETHOVEN! Habt Ihr denn nichts Lustiges? Nun zum Glück konnten mein Partner und ich allerhand auswendig, und wir einigten uns dann mit dem Brigadier auf Titel aus MY FAIR LADY, auf lustige Volkslieder, auf Bekanntes von Wilhelm Busch und ich spielte statt des Beethovens die 2. Ungarische Rhapsodie von Franz Liszt. Und macht mir nicht länger als höchstens 30 Minuten Kultur, meine Leute wollen feiern! verlangte der Mann. Mit etwas bänglichem Blick auf die vielen Trinkgläser begannen wir dann – und wir waren überrascht, wie diszipliniert die Menschen zuhörten. Der Brigadier hatte seine Leute tatsächlich gut im Griff, bedankte sich hinterher überschwänglich und lud uns zur Feier ein. Wir mussten aber ablehnen, denn im benachbarten ZEITZ war Beethoven dann am Abend im Kulturbund gefragt – wo nur halb so viele, aber sehr musikbegeisterte Hörer auch wirklich Beethoven hören wollten!"[20]

Die Förderung der Kultur in der DDR blieb bis zum Ende an die weitgehende Linientreue der Kulturschaffenden geknüpft. Der Mauerbau 1963 und der Machtwechsel von Ulbricht zu Honecker 1971 läuteten zwar jeweils kulturelles Tauwetter ein, das aber in beiden Fällen nach kurzer Zeit wieder in Frost überging. Den Höhepunkt der staatlichen Sanktionen gegen trotzige Künstler markierte die Ausbürgerung des Liedermachers Wolf Biermann, in deren Folge ein beispielloser Exodus kultureller „Arbeiter der Stirn" aus der DDR einsetzte. Es spricht für den fortwährend labilen Zustand der sozialistischen Republik, dass die offizielle Kulturpolitik jedoch selten umfassend gegen Unbotmäßigkeiten durchgriff: Während der ausharrende Stefan Heym immer wieder gemaßregelt wurde, konnten Christa Wolf oder Stephan Hermlin trotz bisweilen unbequemer Beiträge weitgehend unbehelligt arbeiten. Darüber hinaus entstand seit den frühen 1980er-Jahren insbesondere in Berlin, Leipzig und Dresden eine alternative Szene junger Künstler, die sich durch Spontaneität den Fängen der Staatsmacht zu entziehen suchte, rasch jedoch der Kontrolle durch die Staatssicherheit ausgeliefert war. In diesem Klima von Zensur und Überwachung, so eine bis heute gängige Vermutung, bildete sich in der DDR ein besonders anspruchsvolles Publikum heran, das gelernt hatte, in gründlich gelesenen Texten ebenso geschätzter wie gefährdeter Literaten zwischen den Zeilen Systemkritisches zu deuten. Im Westen dagegen – dies die Kehrseite des Mythos – dominierte längst der kommerzielle literarische Massenmarkt, der sich zudem seit den späten 1950er-Jahren der Konkurrenz des Massenmediums Fernsehen ausgesetzt sah. Der Autor und Kulturfunktionär Hermann Kant prägte den Begriff vom „Leseland" auf dem 7. Schriftstellerkongress 1978. Als Indizien für diese Umschreibung gelten gemeinhin die hohen, bei herausragenden Werken bis zu einer Million Exemplare gehenden Auflagen und die subventionierten Buchpreise. Eine Fülle von Veranstaltungen rund ums Lesen, die in regelmäßigen „Wochen des Buches" gipfelten sowie mit 7 000 eine zumindest auf dem Papier bemerkenswerte Bibliotheksdichte. Auch in anderen kulturellen Bereichen ließen sich vergleichbare Belege für einen im Vergleich zur Bundesrepublik hohen Stellenwert der DDR-Kultur finden. So lag nach Angaben der Statistischen Jahrbücher beider Staaten der durchschnittliche Theaterbesuch im Osten zeitweise deutlich höher als im Westen. Auf der anderen Seite waren die hohen Buchauflagen mit einem vergleichsweise geringen Angebot an Büchern zu erklären. Das Publikum griff häufig ohne groß zu zögern nach dem, was gerade neu erschienen war. Auch die Ausstattung der Bibliotheken war vor allem in der Provinz äußerst bescheiden. Und die – häufig organisierten – Theaterbesuche standen eher im Zeichen geselligen Beisammenseins. Zurecht hat Kaspar Maase in seiner Untersuchung zum „Aufstieg der Massenkultur" in Deutschland darauf hingewiesen, dass auch in der DDR die meisten kulturellen Veranstaltungen „an der großen Mehrheit der DDR-Bürger" vorbeigingen: „Ihre Lebensweise und vor allem ihre Vergnügungswünsche zeigten die gleichen Muster wie bei abhängig Beschäftigten in westlichen Industriegesellschaften – und sie wurden in der Ära Honecker zunehmend mit denselben Produkten befriedigt."

Zeit ihres Bestehens verblieb die DDR im Schatten des ökonomisch erfolgreichen und innenpolitisch weitgehend befriedeten westlichen

Nachbarn. Die wirtschaftliche Konkurrenz war auf lange Sicht nicht zu gewinnen, das verhinderten ungünstige Startbedingungen und planwirtschaftliches Regiment. Die Staatsführung suchte die Auseinandersetzung mit dem „Klassenfeind" daher vorzugsweise auf dem Feld der Kulturpolitik. Die Schaffung einer „sozialistischen Nationalkultur" der DDR stand spätestens seit Mitte der 1950er-Jahre auf der Agenda, nach dem die anfänglich enge Anlehnung an kulturpolitische Vorgaben des großen Bruders etwas gelockert worden war. Die Eigenständigkeit definierte sich auch durch scharfe Abgrenzung vom Erfolg der kommerzialisierten Massenkultur des Westens, die man als „Kriegshetzer-Kultur" verketzerte: „Der amerikanische Raubimperialismus, dessen Ideal die Weltherrschaft, die Vorbereitung und Entfesselung eines neuen Weltkrieges, die Ausrottung anderer Völker ist, hat eine dementsprechende ‚Kultur' geschaffen. Die Höchstwerte dieser Kultur sind der Dollar und die nackte Gewalt, der Bakterienkrieg und die Verbreitung des Kartoffelkäfers, die Erschießung friedlicher Menschen, die bestialische Bombardierung von Krankenhäusern und Schulen, Kindern und Greisen, also der Meuchelmord."[21] Diesen „Verfall" sah man auch in der „Bonner Kulturpolitik des Imperialismus" verwirklicht. Dagegen setzte das SED-Regime laut Walter Ulbricht den „Prozess der Festigung des Bewusstseins und der Entwicklung der Persönlichkeit zugleich mit der Formung des ästhetischen Geschmacks", natürlich stets orientiert an marxistisch-leninistischen Dogmen. Das Ziel sei, so hatte Erich Honecker im Dezember 1965 propagiert, ein „sauberer Staat", dessen Kulturleben von allen als schädlich angesehenen Tendenzen des „Skeptizismus" und des „Gammlertums" rein gehalten werden sollte. Dazu zählte seit der Gründung der DDR auch der Versuch, die „sozialistische Nationalkultur", die seit 1968 gar Verfassungsrang besaß, als eigentliche Nachfolgerin der klassischen deutschen Kultur herauszuheben. Die revolutionären Brüche in der Gesellschafts- und Wirtschaftspolitik sollten durch die Übernahme des „humanistischen Erbes" abgefedert und auf diesem Wege die Legitimation des sozialistischen deutschen Staates stets aufs Neue betont werden. Es ist daher kein Zufall, dass sich die Kulturpolitik der Pflege dieses Erbes besonders zu einem Zeitpunkt annahm, als die DDR im Sog der Freiheitsbewegungen in einigen Bruderstaaten seit Beginn der 1980er-Jahre immer stärker in eine Legitimationskrise hineintrieb. Die Lutherfeiern des Jahres 1983 oder die Entschärfung des Preußenbildes standen dafür ebenso stellvertretend wie die Restauration der Dresdner Semperoper, die im Februar 1985 in Anwesenheit der gesamten Staatsspitze mit Webers „Freischütz" glanzvoll wieder eröffnet werden konnte. Diese Überbetonung des klassischen Erbes, bei gleichzeitiger Unterdrückung moderner Entwicklungen, wirkte offensichtlich weit über das Ende des real existierenden Sozialismus hinaus. In einer Umfrage aus dem August 1999 betonte jeder vierte Ostdeutsche, ein Werk Goethes zu besitzen, während dies im Westen nur jeder Fünfte von sich behauptete. Ebenfalls 25 Prozent der befragten Ostdeutschen konnten ein Goethe-Gedicht rezitieren, in Westdeutschland lediglich zehn Prozent.

Die Aussagekraft solcher Umfragen war freilich begrenzt. Mochten ehemalige DDR-Bürger auch in klassischer Kultur intensiver „beschult" worden sein, fehlten ihnen auf der anderen Seite die Erfahrungen in der Auseinandersetzung mit vielen Trends der kulturellen Moderne, die vor 1989 in Leipzig, Dresden oder Ostberlin lediglich in alternativen, oppositionellen Nischen gelebt wurde. Während sich die Kulturfunktionäre zum Wohle der werktätigen Massen noch an „sozialistischem Realismus" und „Klassik" abarbeiteten, waren Kultur und Gesellschaft der Bundesrepublik spätestens seit Ende der 1960er-Jahre in der Postmoderne angelangt. Dahinter „verbarg sich eine Erosion von allgemeingültigen Maßstäben, die zugleich befreiende wie desorientierende Folgen hatte. ‚Anything goes' lautete der postmoderne Schlachtruf. Das Positive: ein größeres Maß an persönlicher Freiheit. Das Negative: fehlende Wertorientierung". (Edgar Wolfrum) Kulturkritiker sahen in dieser „neuen Unübersichtlichkeit" (Jürgen Habermas) nicht selten die Gefahr der Banalisierung des Kulturlebens. Im Zeitalter der Massenmedien, insbesondere des Fernsehens, ließ sich jedoch eine Vorrangstellung einer elitären, von maximal drei bis vier Prozent der Bevölkerung wahrgenommenen Hochkultur nicht mehr begründen. Diesbezüglich war es schon bemerkenswert, dass auch im westdeutschen Staat der „ernste" Kulturbetrieb an Theatern, auf Opernbühnen, in Kunsthallen oder durch vielfältige Förderprogramme mit öffentlichen Mitteln nicht nur aufrechterhalten, sondern vielmehr noch ausgebaut wurde. Allerdings stehen die Kulturetats von Bund, Ländern und Gemeinden seit geraumer Zeit verstärkt unter dem Diktat der angespannten Haushaltslage. Wenn sich die öffentliche Hand immer wieder zur Errichtung mehr oder weniger spektakulärer Repräsentationsbauten der Kultur, etwa Museen oder Kunstgalerien, hinreißen lässt, so kann deren dauerhaft großzügige Finanzierung in der Regel nicht gesichert werden. Unter diesen ökonomischen Zwängen wandeln sich die auch öffentlich geförderten Kultureinrichtungen in ganz Deutschland spätestens seit den 1990er-Jahren immer stärker zu kommerzialisierten Unterhaltungsstätten, deren elitärer Anspruch nach Orientierung und Sinngebung für die Gesellschaft in den Hintergrund zu geraten droht. Dies gilt auch und gerade für die von der öffentlichen Hand unterstützten Institutionen im Osten Deutschlands. Deren dauerhafter Erhalt für die von massiven Umbrüchen nach 1990 geplagte Bevölkerung scheint umso wichtiger, da sie einen wichtigen Ankerpunkt der eigenen Identität markieren und – das beweist die Geschichte der vergangenen zwanzig Jahre – „die mit Amerikanismen durchsetzte andere Identität der westdeutschen Mittelstandsgesellschaft" (Karin Thomas) nicht einfach übernommen werden konnte.

Bleibt die Frage: Lesen, hören oder betrachten Ostdeutsche anders als Westdeutsche? Ja und Nein. Natürlich gibt es aufgrund unterschiedlicher Sozialisation der Erlebnisgeneration andere Seh- oder Lesegewohnheiten. Doch spätestens seit den 1970er-Jahren wurde ein großer Teil der Bevölkerung in der DDR durch die weitgehend freie Empfangbarkeit des westdeutschen Fernsehens freiwillig akkulturiert, war also über das kulturelle Leben in der Bundesrepublik durchaus informiert. Das Kulturangebot wurde zwar rasch an die unwillkürlich wachsenden Unterhaltungsbedürfnisse angepasst, etwa mit aufwendigen Fernsehshows wie „Ein Kessel Buntes" oder anspruchsvollen Krimiserien wie „Polizeiruf 110". Die Grundorientierung vieler DDR-

Bürger blieb jedoch bis zum Zusammenbruch des Staates westlich geprägt, die vom Staat stets bekämpften Produkte der kapitalistischen Kulturindustrie strahlten in die meisten ostdeutschen Wohnzimmer. Bezeichnend ist auch der Erfolg des westlichen, vor allem amerikanischen Unterhaltungsfilms in den Kinos der DDR, nachdem dessen Aufführung in den 1980er-Jahren erleichtert worden war. Nach den Aufzeichnungen der Filmhochschule Potsdam-Babelsberg waren „Beverly Hills Cop", „E.T." und „Dirty Dancing" in den Jahren 1987 bis 1989 die jeweils größten Kinoerfolge im Osten. Etwas differenzierter gestaltet sich das Bild auf dem Gebiet der Literatur. Hier hatte sich in den vier Jahrzehnten der staatlichen Existenz unabhängig von Repression und Überwachung eine eigenständige, auch in der Bundesrepublik wahrgenommene und geschätzte Szene entwickelt, geprägt von Namen wie Christa Wolf, Stefan Heym, Christoph Hein, Jurek Becker, Ulrich Plenzdorf oder Stephan Hermlin. Zumindest in diesem Bereich lassen sich bis heute Unterschiede im Kulturkonsum ausmachen, wie ein Blick auf die Bestsellerlisten des ostdeutschen Buchhandels in der Parteizeitung der „Linken", dem „Neuen Deutschland", bis in die Gegenwart zeigt. Aber, wie Karim Saab, seines Zeichens Kulturredakteur der „Märkischen Allgemeinen Zeitung" zutreffend daraus folgert: „Gibt es ihn also doch, den typischen Ost-Leser, der neben Charlotte Roche und Ken Follett auch noch zu Eva Strittmatter, Irina Liebmann und Heinz Florian Oertel greift? Ja, es gibt ihn, genauso wie den West-Leser, dem derzeit Erinnerungsbücher über die RAF und 1968 wichtiger sind." Gerade mit Blick auf die gesamtdeutsche Generation, die nicht mehr in der geteilten Nation sozialisiert worden ist, muss man also kaum vermuten, dass sich der Trend von „Goethe zum Gameboy", wie ihn eine Allensbach-Umfrage im August 2008 unter Jugendlichen in ganz Deutschland feststellte, in Zukunft nach Ost und West getrennt ausprägen wird. Und auch das wird wohl allen kulturkritischen Unkenrufen zum Trotz bleiben: Ein stattliches Angebot an Hochkultur – von vielen gewünscht, aber nur von einem elitären Zirkel der Bevölkerung wahrgenommen. Das gehörte bereits in beiden Teilen Deutschlands zwischen 1949 und 1989 trotz aller ideologisch gepuschten Gegensätze zur gemeinsamen Geschichte.

Anmerkungen

1 Karl Jaspers: Hoffnung und Sorge. Schriften zur deutschen Politik 1945–1965, München 1965, S. 29.
2 Otl Aicher: Planung in Misskredit. Zur Entwicklung von Stadt und Land, in: Hans Werner Richter (Hg.): Bestandsaufnahme. Eine deutsche Bilanz 1962, München, Wien, Basel 1962, S. 398–420, hier: S. 398.
3 Saul K. Padover: Lügendetektor. Vernehmungen im besiegten Deutschland 1944/45, München 2001, S. 46.
4 Axel Schildt: Ankunft im Westen. Ein Essay zur Erfolgsgeschichte der Bundesrepublik, Frankfurt/Main 1999, S. 106.
5 Auszug aus einem Vortrag von Oberstudiendirektor Kurt Hahn, Hattingen-Ruhr, anläßlich des Lehrgangs für Sexualerziehung der Jugend auf der Jugendburg Bilstein/Sauerland am 14.9.1950, in: Christoph Kleßmann, Georg Wagner (Hg.): Das gespaltene Land. Leben in Deutschland 1945–1990. Texte und Dokumente zur Sozialgeschichte, München 1993, S. 296–298, hier: S. 297f.
6 Martin Machowecz: Akt-Fotografie in der DDR: „Der Staat ließ damit Luft aus dem Ventil". Interview mit Harald Hauswald, in: Die Zeit vom 10.01.2013.
7 Ulrich Stock: Endlich Sex! In Leipzig eröffnet der erste Pornoladen der DDR, in: Die Zeit vom 22.06.2013.
8 Gespräch mit Frau Held, ehem. Zeltplatzleitergattin aus Pegau bei Leipzig: http://www.mdr.de/damals/artikel75508_dosArt-artikel75512_zc-9520471a.html
9 Katja Iken: Deutsche Heiligtümer: Mythos Malle: http://einestages.spiegel.de/static/topicalbumbackground/767/mythos_malle.html
10 Hans Pleschinski: Die Wirtschaftswundergesellschaft, in: Eckart Conze, Gabriele Metzler (Hg.): Deutschland nach 1945. Ein Lesebuch zur deutschen Geschichte von 1945 bis zur Gegenwart, München 1997, S. 187f.
11 Interview von Gaby Dürmeier mit Gojko Mitic: http://www.gojkomitic.de/interview.htm

12 Gabriel F. Marquez: Diesseits und jenseits des Eisernen Vorhangs, in: Christoph Kleßmann, Georg Wagner: Das gespaltene Land. Leben in Deutschland 1945–1990. Texte und Dokumente zur Sozialgeschichte, S. 508–510, hier: S. 509f.
13 Isolde Dietrich: Hammer, Zirkel, Gartenzaun. Die Politik der SED gegenüber den Kleingärtnern, Berlin 2003, S. 378f.
14 David Wagner: Westdeutsche Niederlage, in: Jan Brandt (Hg.): Doppelpass. Geschichten aus dem geteilten Fußballdeutschland, S. 111–118, hier: S. 112.
15 Welles Hangen: DDR. Der unbequeme Nachbar, München 1967, S. 79.
16 Jutta Voigt: Der Geschmack des Ostens. Vom Essen, Trinken und Leben in der DDR, Berlin 2005, S. 10f.
17 Rolf Henrich: Der vormundschaftliche Staat. Vom Versagen des real existierenden Sozialismus, Reinbek 1989, S. 140.
18 Bernhard Minetti: Erinnerungen eines Schauspielers. Auszug zitiert nach: Hermann Glaser: 1945. Beginn einer Zukunft. Bericht und Dokumentation, Frankfurt/Main 2004, S. 273.
19 Zit. Nach Christoph Kleßmann, Georg Wagner (Hg.): Das gespaltene Land. Leben in Deutschland 1945–1990. Texte und Dokumente zur Sozialgeschichte, München 1993, S. 139f.
20 Helga Brachmann (Arbeitsgruppe Zeitzeugen des Seniorenstudiums der Universität Leipzig): Die Werktätigen erstürmen die Höhen der Kultur: http://www.uni-leipzig.de/fernstud/Zeitzeugen/zz147.htm
21 Tägliche Rundschau v. 06.06.1951, zit. nach: Manfred Jäger: Kultur und Politik in der DDR 1945–1990, Köln 1994, S. 43.

Weiterführende Literatur

Bender, Peter: Deutschlands Wiederkehr. Eine ungeteilte Nachkriegsgeschichte 1945–1990, Stuttgart 2007.
Benz, Wolfgang: Auftrag Demokratie. Die Gründungsgeschichte der Bundesrepublik und die Entstehung der DDR 1945–1949, Berlin 2009.
Dieckmann, Christoph: Das wahre Leben im falschen. Geschichten von ostdeutscher Identität, Berlin 2000.
Großbölting, Thomas (Hrsg.): Friedensstaat, Leseland, Sportnation? DDR-Legenden auf dem Prüfstand, Berlin 2009.
Jarausch, Konrad: Die Umkehr. Deutsche Wandlungen 1945–1995, München 2004.
Graf Kielmannsegg, Peter: Nach der Katastrophe. Eine Geschichte des geteilten Deutschland, Berlin 2000 (= Siedler Deutsche Geschichte, Bd. 7: Die Deutschen und ihre Nation).
Kleßmann, Christoph, Wagner, Georg (Hrsg.): Das gespaltene Land. Leben in Deutschland 1945–1990; Texte und Dokumente zur Sozialgeschichte, München 1993.
Kowalczuk, Ilko-Sascha: Endspiel. Die Revolution von 1989 in der DDR, München 2009.
Schildt, Axel: Annäherungen an die Westdeutschen. Sozial- und kulturgeschichtliche Perspektiven auf die Bundesrepublik, Göttingen 2011.
Wengst, Udo, Wentker, Hermann (Hrsg.): Das doppelte Deutschland. 40 Jahre Systemkonkurrenz, Berlin 2008.
Wolle, Stefan: Aufbruch nach Utopia. Alltag und Herrschaft in der DDR 1961–1971, Berlin, 2011.
Wolle, Stefan: Die heile Welt der Diktatur. Herrschaft und Alltag in der DDR 1971–1989, 3., aktualisierte und überarb. Aufl., Berlin 2009.
Wolfrum, Edgar: Die geglückte Demokratie. Geschichte der Bundesrepublik Deutschland von ihren Anfängen bis zur Gegenwart, Bonn 2007.

Register

A

Aalto, Alvar 21
Abusch, Alexander 169
Ackermann, Volker 18
Adenauer, Konrad 18, 44, 67, 149, 170
Aicher, Otl 25
Alz, Götz 47
Amendt, Günter 68
Asmussen, Fips 119

B

Baring, Arnulf 11
Barlach, Ernst 177
Barsch, Sebastian 52
Bartning, Otto 19
Bebel, August 106, 113
Becher, Johannes R. 65, 71, 180
Beckenbauer, Franz 129
Becker, Boris 129
Becker, Jurek 187
Behling, Heinz 118
Bender, Peter 9
Biedenkopf, Kurt 151
Biermann, Wolf 62, 182
Bloch, Ernst 169
Böse, Claudia 110
Boyes, Roger 115
Brachmann, Helga 181
Brandt, Willy 160
Brecht, Bertolt 179, 180
Brehme, Andreas 129
Bülow, Vicco von 121
Bussiek, Hendrik 148

C

Carstens, Karl 43
Cook, Thomas 76

D

Dahn, Daniela 112
Dean, James 56
De Funès, Louis 94
Degener, Carl 76
Dessau, Paul 180
Dieckmann, Christoph 9, 10, 127, 128, 150, 167, 173
Dietrich, Isolde 98
Dirks, Christian 46
Dönhoff, Marion Gräfin 149, 156
Dos Passos, John 39
Dressel, Birgit 130
Drummer, Kurt 142
Ducke, Peter 129

E

Eckart, Rainer 113
Eggert, Heinz 100

Eilert, Bernd 121
Eisler, Gerhard 169
Eisler, Hanns 169
Engels, Friedrich 106, 113
Enzensberger, Hans-Magnus 77, 78
Erhard, Ludwig 33, 35

F

Falck, Uta 70
Farin, Klaus 55
Fest, Joachim 128
Finck, Werner 120
Flassbeck, Heiner 49
Franco, Francisco 81
Frei, Norbert 37
Freisler, Roland 44
Frisch, Max 178
Frodien, Ulrich 54

G

Garton Ash, Timothy 150
Gaus, Günter 9, 95, 96
Geißler, Günter 75
Geitel, Klaus 59
Gernhardt, Robert 121
Gertz, Holger 10
Geyer, Eduard 128
Giordano, Ralph 41, 47
Glaser, Hermann 175
Goebbels, Joseph 15, 75
Goethe, Johann Wolfgang von 83, 185, 187
Graf, Steffi 129
Greve, Anna 119
Gries, Rainer 12
Grönemeyer, Herbert 61
Gropius, Walter 21
Grosser, Alfred 14
Grotewohl, Otto 180
Gutschow, Konstanty 20

H

Habermas, Jürgen 185
Hahn, Kurt 67
Haley, Bill 56
Hangen, Welles 134
Harris, Arthur 16
Hauswald, Harald 70, 71
Havekost, Wilma 178
Hein, Christoph 187
Heine, Heinrich 83, 114
Hennecke, Adolph 154
Hennig, Christoph 78
Henrich, Rolf 158
Herder, Johann Gottfried 83
Herf, Jeffrey 37
Hermlin, Stephan 182, 187
Heuss, Theodor 14
Heym, Stefan 169, 182, 187
Hildebrandt, Dieter 120, 121
Hillebrecht, Rudolf 25
Hitler, Adolf 100
Höcherl, Hermann 43
Holland-Moritz, Renate 118
Honecker, Erich 50, 93, 100, 124, 136, 152, 182, 183, 184
Honecker, Margot 111
Humphrey, Hubert 59
Hutzler, Andreas 118

J

Jäger, Manfred 181
Jakobs, Hans-Jürgen 64, 72
Jarausch, Konrad 10, 53, 59, 172
Jaspers, Karl 11, 15
Jessen, Jens 115
Jungblut, Michael 29, 159

K

Kant, Hermann 181, 183
Kästner, Erich 120
Kelly, Petra 161
Kerr, Alfred 17
Ketman, Per 71
Kielmannsegg, Peter Graf 10

Kiesinger, Kurt Georg 43, 148
Kirsten, Ulf 128
Klee, Paul 177
Kleinschmidt, Hannelore 69
Kleßmann, Christoph 7, 9, 34, 57, 178
Klier, Freya 170
Klötzer, Sylvia 116
Knorr, Peter 121
Kochan, Thomas 145
Kocka, Jürgen 12
Kohl, Christiane 157
Kohl, Helmut 69, 152
Kokoschka, Oskar 177
Kolle, Oswalt 68
Kollwitz, Käthe 177
Kowalczuk, Ilko-Sascha 9, 135
Kraus, Peter 56
Krockow, Christian Graf von 35
Kuczynski, Jürgen 18, 36, 101
Kuhn, Volker 125

L

Lampugnani, Vittorio 25, 26
Lautzas, Peter 7, 9
Le Corbusier 16, 20, 24
Lenin, Wladimir Iljitsch 69, 106, 153
Leonhardt, Rudolf Walther 156
Lepenies, Wolf 178
Lichtenberg, Georg Christoph 114
Liebmann, Irina 187
Lindenberg, Udo 61
Links, Christoph 175
Lohse, Paul 139
Lübbe, Hermann 12

M

Maase, Kaspar 183
Maron, Monika 157
Marquez, Gabriel F. 95
Marx, Karl 87, 106, 113, 158
Mayer, Hans 169
Mehlan, Karl-Heinz 71
Menge, Wolfgang 121
Michaelis, Andreas 126

Minetti, Bernhard 176
Mitic, Gojko 93
Mitscherlich, Alexander 16, 74
Mitscherlich, Margarete 43
Möhring, Maren 141
Morgenstern, Christian 114
Müller, Gerd 129
Müller-Westernhagen, Marius 61
Münkler, Herfried 8, 37

N

Nena 61
Netzer, Günter 130
Neumann, Günter 116
Neuss, Wolfgang 120
Niemeyer, Oscar 21
Niethammer, Lutz 39
Noll, Hans 87
Norden, Albert 57, 169
Noske, Wilhelm 42
Nuhr, Dieter 121

O

Oberländer, Theodor 43, 46
Oertel, Heinz Florian 128, 187
Opaschowski, Horst 74
Otto, Manfred 138

P

Padover, Saul K. 36
Paul, Jean 114
Peiler, Renate 145
Pelé 129
Peter, Peter 140, 143
Pieck, Wilhelm 107
Plenzdorf, Ulrich 187
Pleschinski, Hans 89
Plevier, Theodor 177
Polt, Gerhart 120
Port, Andrew 49
Prack, Rudolf 94

R

Raeder, Erich 44
Reichow, Hans-Bernhard 19
Renft, Klaus 60
Reutter, Otto 120
Richert, Ernst 148
Roche, Charlotte 187
Roethe, Thomas 152
Rössler, Günter 70, 71
Rummenigge, Karl-Heinz 129

S

Sabrow, Martin 10
Sack, Manfred 27
Salomon, Ernst von 40
Sammer, Matthias 128
Schallück, Paul 35
Scharnow, Wilhelm 76
Scharoun, Hans 21
Scheel, Walter 43
Scheremet, Wolfgang 49
Schildt, Axel 42, 172, 173
Schiller, Karl 43
Schlezer, Hanns Martin 43
Schlie, Ulrich 12
Schlüter, Andreas 22
Schnabl, Siegfried 72
Schoeps, Julius H. 170
Schöne, Gerhard 167
Schröder, Gerhard 43
Schröder, Richard 173
Schubert, Helga 73
Schuricke, Rudi 75, 179
Schur, Täve 129
Schuster, Hans 130
Schwarze, Hanns Werner 51
Schwarzer, Alice 109
Seeler, Erwin 123
Seghers, Anna 65, 169
Seikowski, Kurt 64
Selbert, Elisabeth 108
Semjonow, Wladimir S. 179
Siebeck, Wolfram 140
Siedler, Wolf Jobst 16
Sommer, Theo 156
Sparwasser, Jürgen 127

Speer, Albert 19, 25
Spode, Hasso 83
Springsteen, Bruce 62
Stalin, Josef 180
Stock, Ulrich 72
Stoph, Willi 155
Strack, Heinrich 22
Straguhn, Gerhard 114
Streit, Josef 103
Strittmatter, Erwin 181
Strittmatter, Eva 187
Süsterhenn, Adolf 67

T

Tamm, Friedrich 20
Thälmann, Ernst 93
Thom, Andreas 128
Thomas, Karin 186
Torriani, Vico 75
Trampert, Rainer 161
Traxler, Hans 121
Tucholsky, Kurt 114, 115, 120

U

Uhse, Beate 68, 72
Ulbricht, Walter 38, 51, 58, 91, 124, 180, 182, 184

V

Valente, Catarina 75
Valentin, Karl 120
Voigt, Jutta 144

W

Waalkes, Otto 94, 121
Waechter, Friedrich Karl 121
Wagner, David 129
Wagner, Horst 116
Wandel, Paul 180
Weber, Carl Maria von 185
Wedel, Mathias 66

Wegner, Bettina 61, 62
Wehler, Hans-Ulrich 10
Wengst, Udo 9
Wentker, Hermann 9
Wilder, Billy 114
Wilmenrod, Clemens 142
Winkler, Gerhard 75
Winkler, Heinrich-August 10
Winkler, Willi 118
Wissmach, Andreas 71
Witt, Katharina 129
Woldeck, Klaus 56
Wolf, Christa 181, 182, 187

Wolfrum, Edgar 39, 86, 185
Wolle, Stefan 9, 70, 119, 138, 148
Wuermeling, Franz-Josef 67
Wundshammer, Benno 171

Z

Zetkin, Clara 69
Ziemann, Sonja 94
Zimmermann, Horst 85
Zweig, Arnold 169